Christoph Schulz
Carolina Graf

NACHHALTIG LEBEN

DIE CHALLENGE

70 Dinge, die du konkret tun kannst, um die Welt zu retten

mvgverlag

Bibliografische Information der Deutschen Nationalbibliothek
Die Deutsche Nationalbibliothek verzeichnet diese Publikation in der Deutschen Nationalbibliografie.
Detaillierte bibliografische Daten sind im Internet über http://d-nb.de abrufbar.

Für Fragen und Anregungen
info@mvg-verlag.de

Klimaneutral
Druckprodukt
ClimatePartner.com/13415-2003-1002

MIX
Aus verantwortungsvollen Quellen
FSC® C106954

Originalausgabe
1. Auflage 2020

Nymphenburger Straße 86
D-80636 München
Tel.: 089 651285-0
Fax: 089 652096

Redaktion: Kerstin Brömer
Umschlaggestaltung: Manuela Amode
Umschlagabbildung: shutterstock.com/Tasty_Cat, HappyPictures, bosotochka, Katy Flaty, cosmaa
Fotos: Shutterstock
Illustrationen Innenteil: Götz Rohloff, Die Buchmacher - Atelier für Buchgestaltung, Köln
Layout und Satz: Ortrud Müller, Die Buchmacher - Atelier für Buchgestaltung, Köln
Druck: Florjancic Tisk d.o.o., Slowenien
Printed in the EU

ISBN Print 978-3-7474-0181-1

Weitere Informationen zum Verlag finden Sie unter

www.mvg-verlag.de

Beachten Sie auch unsere weiteren Verlage unter www.m-vg.de

INHALT

BEVOR ES LOSGEHT

»Das Geheimnis des Vorwärtskommens besteht darin, den ersten Schritt zu tun.«

MARK TWAIN

NACHHALTIG LEBEN?

Klar! Da sagt doch niemand Nein.

Nachhaltig leben – das heißt doch, an die Umwelt zu denken. An die anderen. Nicht nur an sich selbst.

Es bedeutet, im Einklang mit den Tieren und Pflanzen zu leben – die ihren Planeten im Gegensatz zu uns nicht mit Zeug zumüllen, das noch in Jahrtausenden die Umwelt vergiften wird. Die nicht Raubbau an der Natur betreiben, sodass ganze Tier- und Pflanzenarten aussterben und damit für das ökologische Gleichgewicht unwiederbringlich verloren sind.

Nachhaltig leben heißt, ein Leben so zu führen, dass unsere Kinder und Kindeskinder auch im Jahr 2090 noch einen Planeten vorfinden werden, auf dem sie gern leben möchten – und es vor allem auch können.

Toller Gedanke, aber wie geht das denn konkret? Im Alltag?

Dieses Buch umfasst 70 Challenges, die dazu dienen, einen kleinen Beitrag dazu zu leisten, diese Welt ein Stückchen besser zu machen. Es sind kleine Schritte, die aus der Sackgasse herausführen, in die wir uns begeben, wenn wir unseren Urlaub auf stinkenden Kreuzfahrtschiffen verbringen, Tonnen von Lebensmitteln wegwerfen, für ein Wochenende Spaß nach London fliegen, Klamotten shoppen, die wir gar nicht brauchen, tagtäglich Unmengen von Fleisch essen und in der randvollen Badewanne rosa Blubberbläschenträumen nachhängen, während anderswo Menschen verdursten.

Bist du bereit, es anders zu machen?

Bist du bereit, die Welt Schritt für Schritt zu verändern und so ein Vorbild für andere zu sein?

Denn nur, wenn wir uns gemeinsam auf den Weg machen, haben wir eine Chance, etwas zu verändern.

Schließlich haben wir nur diese eine Erde!

Christoph Schulz und Carolina Graf

WIE DIESES BUCH FUNKTIONIERT

Die verschiedenen Herausforderungen, die kleinen und größeren Schritte, zu denen dieses Buch dich einlädt, sind in Kapitel wie »Einkaufen«, »Ernährung« und »Unterwegs« und und und eingeteilt. Sie sollen dir eine Orientierung geben, welche Bereiche deines Lebens du mithilfe dieser Challenges nachhaltiger gestalten kannst. Du musst dabei nicht der Reihe nach vorgehen. Lies quer, spring von einem Kapitel zum anderen. Wenn du eine Challenge findest, die dich anspricht, dann nimm sie in Angriff – falls nicht, dann hebe sie dir für ein andermal auf.

Dabei sind nicht alle Challenges für jeden geeignet – zum Beispiel kannst du getrost die Herausforderung überblättern, deinen Garten naturnah zu gestalten, wenn du in einem kleinen WG-Zimmer ohne Garten wohnst.

Mit jeder Herausforderung kannst du übrigens Nachhaltigkeitspunkte sammeln. Wie viele das jeweils sind, steht immer oben rechts beim Titel jeder Challenge. Diese Punkte haben zum einen die Funktion, dir einen groben Eindruck zu vermitteln, wie schwer eine Aufgabe von uns eingeschätzt wird (für dich kann sie sich jedoch viel leichter oder noch deutlich schwieriger anfühlen), zum anderen sollen sie dir zeigen, wie weit du auf deinem Weg zu einem nachhaltigen Leben bereits vorangeschritten bist. Eine Auflösung dazu findest du am Ende des Buches.

Wichtig: Diese Punkte lassen sich nicht exakt in eingesparte CO_2- oder Wassermengen umrechnen – vor allem, weil manche der Herausforderungen gar nicht den Zweck haben, eine konkrete Reduktion herbeizuführen, sondern ganz allgemein dein Bewusstsein für manche Problematiken schärfen wollen. Denn vorbei ist die große Challenge, nachhaltig zu leben, für dich selbst am Ende dieses Buches nicht, denn unsere Aufgabe, unseren blauen Planeten zu retten, hört niemals auf.

Deine Challenge

EINE KLEINE CHALLENGE FÜR DEN ANFANG

Um gleich zu Beginn die Motivation hochzuhalten, beginnen wir mit einer ganz einfachen Herausforderung.

Berechne deinen ökologischen Fußabdruck.

Dauer der Challenge: 5 bis 10 Minuten

Das musst du nicht selbst machen

Online findest du zahlreiche Möglichkeiten, um deinen ökologischen beziehungsweise deinen CO_2-Fußabdruck zu berechnen.

Zum Beispiel auf der Seite www.fussabdruck.de der Organisation »Brot für die Welt« oder auf www.wwf.de/themen-projekte/klima-energie/wwf-klimarechner.

So groß ist dein Fußabdruck

Das ist ...

- größer als gedacht? Ja, es fliegt sich eben doch nicht so folgenlos dreimal im Jahr. Auf den folgenden Seiten findest du wertvolle Tipps, wie du deinen Fußabdruck reduzieren kannst.
- genauso viel wie vermutet? Sehr schön! Du kannst dich hervorragend einschätzen. Nutze diese Fähigkeit, um zu überlegen, wie du die folgenden Challenges am besten in dein Leben einbauen kannst.
- kleiner als erwartet? Das ist sehr gut – allerdings noch kein Freibrief für dich. Weniger geht immer! Auf den folgenden Seiten findest du zahlreiche Anregungen, mit deren Hilfe du deinen Fußabdruck noch weiter verkleinern kannst.

Viel Spaß – und Durchhaltevermögen – bei den anderen Herausforderungen in diesem Buch!

ZU HAUSE UND IM BÜRO

»Heimat ist da,
wo man sich nicht
erklären muss.«

JOHANN GOTTFRIED HERDER

Deine Challenge

5 Punkte

EISFREIER KÜHLSCHRANK

Über 40 Prozent unseres Stromes werden inzwischen aus erneuerbaren Energien gewonnen – der Rest allerdings nicht. Das heißt, in Atomkraftwerken entsteht Atommüll, Kohlekraftwerke blasen schwarzen Rauch in die Atmosphäre, wenn sie den Strom produzieren, den du verschwendest, indem du beispielsweise deinen Kühlschrank nicht enteist. Denn eine dicke Eisschicht im Kühlschrank oder im Gefrierfach sorgt nicht nur für ein Platzproblem, sie wirkt auch isolierend und steigert deinen Stromverbrauch damit signifikant.

Enteise deinen Kühlschrank – und das Gefrierfach gleich mit.

Dauer der Challenge: 1 Stunde

Und wie geht das?

> Der schnelle Denker schließt daraus folgerichtig: 35 Grad im Schatten sind kein guter Zeitpunkt, um den Kühlschrank zu enteisen. Warte auf den Herbst.

- Iss Kühlschrank und Gefrierfach so weit wie möglich leer. Die restlichen Dinge kannst du dann während des Abtauens auf dem Balkon lagern.
- Schalte den Kühlschrank aus und stelle eine Schüssel mit heißem Wasser hinein. Der Dampf sorgt dafür, dass sich die Eisschollen von der Wand lösen.
- Sie lösen sich nicht? Dann ist eine zweite Runde Wasserdampf fällig. Bitte verwende auf keinen Fall ein Messer. Damit machst du nur den Kühlschrank kaputt.
- Entferne die Eisstücke und wische Kühlschrank und Eisfach mit Essigwasser aus.
- Wische alles gründlich trocken, um zu verhindern, dass sich gleich neue Eiskristalle bilden.

Großartig!

Sieht er nicht wundervoll aus, dein neuer, sauberer und energiesparender Kühlschrank?

Wann willst du dich an diese Challenge wagen?

Du hast die Challenge durchgezogen?
Sehr gut! Das spart nicht nur Strom, sondern es gibt auch 5 Punkte auf dein Nachhaltigkeitskonto.

To-dos für dich nach der erfolgreichen Enteisungsaktion

- Lass Lebensmittel abkühlen, bevor du sie in den Kühlschrank stellst.
- Bewahre Lebensmittel in luftdichten Behältnissen auf, damit keine Feuchtigkeit entweichen kann, die dann nur wieder festfriert.

Und ganz allgemein: Positioniere den Kühlschrank nicht direkt neben Heizung oder Herd – dann muss er nämlich gegen diese Wärmequellen anheizen und verbraucht deutlich mehr Energie.

Deine Challenge

6 Punkte

RICHTIG HEIZEN

Wenn du stolzer Besitzer eines Eigenheimes bist, dann bieten sich für dich zahlreiche Möglichkeiten, nachhaltig zu handeln – schließlich gehen in Privathaushalten 85 Prozent der Energie für Heizung und Warmwasser drauf.

Gut isolierte Fenster, eine Wärmepumpe statt Holz- oder Ölheizung, Sonnenkollektoren auf dem Dach – die Möglichkeiten sind zahlreich.

Aber beginnen wir doch mit einer ganz einfachen, kleinen, alltäglichen Sache, die du machen kannst, auch wenn du »nur« Mieter bist.

Heize – und lüfte – in der nächsten Woche richtig.

Dauer der Challenge: 1 Woche

Aber was bedeutet das konkret?

- ***Selektieren.***
  - Welche Räume musst du wirklich beheizen? Im Schlafzimmer reichen 18 Grad Celsius.
  - Musst du das Wohnzimmer den ganzen Tag heizen, auch wenn du nur abends darin sitzt?
  - Bei welchen Räumen hast du Einsparpotenzial?
- ***Austesten.***
  - Wie warm ist warm genug? Brauchst du wirklich 24 Grad und T-Shirt beim Fernsehschauen? Reichen nicht vielleicht 20 und eine schöne Kuscheldecke? Die meisten Wohnungen verfügen inzwischen über Thermostate, über die du die Temperatur regeln kannst.
    Bei viel Grad fühle ich mich noch wohl?
  - Wenn du einen alten Heizkörper und keinen Thermostat hast:
    Welche Stufe reicht mir, um mich wohlzufühlen?
  - Türen schließen.
    Halte die Wärme im Raum, indem du die Türen immer schließt.

- ***Stoßlüften.***
  - Verzichte auf gekippte Fenster und lüfte stattdessen ein- bis zweimal pro Tag die Wohnung komplett durch.

Lüftplan

Wenn du noch kein passionierter Lüfter bist, kann dir dieser kleine Lüftplan für die kommende Woche helfen.

	Tag 1	Tag 2	Tag 3	Tag 4	Tag 5	Tag 6	Tag 7
1. Lüften							
2. Lüften							

Wann willst du diese Challenge in Angriff nehmen?

....

Hast du die Challenge durchgezogen?

Sehr gut, damit senkst du nicht nur deine Heizkosten, sondern tust auch der Umwelt etwas Gutes. Dementsprechend gibt das 6 Punkte auf deinem Weg zu mehr Nachhaltigkeit.

Deine Challenge **5 Punkte**

GUT VERPACKT

Ob zu Geburtstagen oder zum Weihnachtsfest: Geschenke wollen ansprechend verpackt werden. Doch welches Geschenkpapier nehme ich nur? Das mit den Herzen? Das mit den lustigen Clowns? Oder doch lieber das beschichtete mit dem edlen Metallic-Effekt?

Stopp!
Diese Verschwendung muss nicht sein!

Packe deine Geschenke bei der nächsten Gelegenheit nachhaltig ein.

Dauer der Challenge: 15 Minuten

Was du dafür brauchst:

Stufe 1: *Ein bisschen nachhaltig*

- Gebrauchtes Geschenkpapier vom letzten Weihnachtsfest
- Tesafilm

Stufe 2: *Ziemlich nachhaltig*
- Alte Zeitungen
- Tesafilm

Stufe 3: *Richtig nachhaltig*
- Ein Stück Stoff
- Kordel

Damit es richtig toll aussieht …
… garnierst du das Ganze noch mit einem Zweig, einer Blume, einem Tannenzapfen aus deinem Garten oder dem Wald.

Einfach perfekt!

Die perfekte Gelegenheit für diese Challenge:

……………………………………………………

Du hast die Challenge durchgezogen?
Hervorragend! Denn während wir Deutschen 1991 noch »nur« 70 Kilogramm Papier pro Jahr und Kopf verbraucht haben, waren es 2019 verrückte 243 Kilogramm. Da hilft nur: sparen, sparen, sparen.
Du jedoch erhältst 5 Punkte auf deinem Weg zu mehr Nachhaltigkeit.

Deine Challenge 8 Punkte

SCHLUSS MIT WÄSCHEWASCHEN

Hast du schon mal von Hand gewaschen? Ganz schön anstrengend, oder? Wenn du an all den Schweiß denkst, den die Handwäsche dir auf die Stirn getrieben hat, dann kannst du dir vorstellen, wie viel Strom notwendig ist, um eine Waschmaschine am Laufen zu halten.

Davon mal abgesehen …

… wie viel Wasser jeder Waschgang verbraucht.

… wie viele Plastikflaschen jedes Jahr im Müll landen, weil wir zum Waschen in der Regel auch Waschmittel benötigen.

Wasche in den nächsten vier Wochen nur Wäsche, die es wirklich nötig hat.

Dauer der Challenge: 4 Wochen

Was heißt denn nun »wirklich« nötig?

Die folgenden Fragen können dir helfen, das herauszufinden:

Warum willst du das Kleidungsstück waschen?

1. Ich habe es getragen.
→ Das ist kein Grund. Lege das Kleidungsstück wieder ordentlich zusammen und zurück in den Schrank.

2. Es stinkt.
→ Hänge es auf einem Kleiderbügel zum Lüften raus.

3. Es ist schmutzig.
→ Das ist schon ein besserer Grund. Aber wie schmutzig ist es?

- Kann man es vielleicht abbürsten? → Dann tu das.
- Oder den Fleck mit einem feuchten Mikrofasertuch herausbekommen? → Dann tu das.
- Nichts davon ist möglich? → Dann ab damit in die Waschmaschine.

Aber!

1. Wasche erst, wenn du genügend Kleidungsstücke für einen vollen Waschgang hast.
2. Wasche normal verschmutzte Kleider bei 30 Grad. Im Gegensatz zu 60-Grad-Wäsche sparst du 67 Prozent Strom.
3. Wasche im langsamen Energiesparmodus. Das heißt: Plane deine Wäsche so, dass sie nicht »ganz dringend« nach einer Stunde fertig sein musst.

Wann willst du diese Challenge wagen?

Du hast die Challenge durchgezogen?
Sehr schön! 850 000 Tonnen Waschmittel verbrauchen wir Deutschen pro Jahr - wie gut, dass du gelernt hast, mit mehr Sinn und Verstand zu waschen. Und Wasser und Strom hast du auch noch gespart. Das gibt 8 Punkte auf deinem Weg zu mehr Nachhaltigkeit.

Deine Challenge **6 Punkte**

WÄSCHE RICHTIG TROCKNEN

Du bist stolzer Besitzer eines Wäschetrockners? Nun ja, das ist nicht unbedingt etwas, auf das man stolz sein sollte, denn so ein Trockner verbraucht zwischen zwei und vier Kilowattstunden pro Ladung. Damit kann man locker zwei bis vier Stunden staubsaugen.

Ganz schön viel, oder?

Verzichte in den nächsten vier Wochen auf den Wäschetrockner.

Dauer der Challenge: 4 Wochen

Was du stattdessen brauchst:

- Eine Wäschespinne oder einen Wäscheständer
- Wäscheklammern – natürlich aus Holz

Und Sonnenschein?

Nein! Den brauchst du dafür nicht. Natürlich trocknet Wäsche in der Sonne besser, aber auch Wind kann die Wäsche trocken blasen.

Und im Winter gefrieren die Kleider zwar zunächst, dann jedoch geht das Eis sofort in den gasförmigen Zustand über. Das Ganze nennt man Sublimation. Das heißt, auch bei zehn Grad minus trocknet deine Wäsche auf der Wäscheleine.

Falls es doch einmal der Trockner sein muss

- Lass das Gerät nie nur halbvoll laufen.
- Schleudere deine Wäsche vorher gründlich, sodass der Trockner möglichst wenig zu arbeiten hat.
- Reinige den Trockner (Flusensieb & Co.) regelmäßig, damit er so effizient wie möglich funktioniert.
- Nutze den Energiesparmodus, falls vorhanden.

Wann willst du diese Challenge in Angriff nehmen?

....

Du hast es geschafft, komplett auf den Wäschetrockner zu verzichten?

Das gibt 6 Punkte auf deinem Weg zu mehr Nachhaltigkeit.

Deine Challenge

5 Punkte

ENTPLASTIFIZIERUNG

Hier geht es nicht um den alltäglichen Plastikmüll, sondern um den langfristigen. Die Zitronenpresse. Aus Plastik. Diese tolle Transportbox für Kuchen. Natürlich aus Plastik. Der Kleiderbügel. Aus Plastik. Der Kartoffelstampfer. Aus Plastik.

Trenne dich im Laufe der nächsten Jahre von allen Dingen in deinem Haushalt, die aus Plastik sind.

Dauer der Challenge: unbegrenzt

Wichtig!

Tu das natürlich erst, wenn sie kaputtgehen! Vorher gilt das Prinzip der Müllvermeidung.

Achte außerdem darauf …

… dass du keine neuen Geräte und Dinge aus Plastik anschaffst.

Natürlich ist der Shaker total praktisch. Aber stell dir – wie bei allen anderen Dingen – in Zukunft die Fragen:

- Gibt's den nicht vielleicht aus Glas (oder einem anderen, nachhaltigeren Material)?
- Brauche ich den wirklich?

Dein Erfolg

Diese Dinge aus Plastik habe ich ersetzt:

....

....

....

Wann willst du mit dieser Challenge beginnen?

....

Du hast es geschafft, innerhalb eines halben Jahres nichts Neues aus Plastik nachzukaufen?

Sehr gut! Das gibt 5 Punkte auf deinem Weg zu mehr Nachhaltigkeit.

Deine Challenge 4 Punkte

OHO FÜR DEN PO!

Ja, ich weiß schon. Das war eine echte Erleichterung, als du endlich die Schule hinter dir gelassen hattest und damit das schreckliche, schmirgelpapierartige Toilettenpapier, das – neben so vielen anderen Dingen – in deinem Schüleralltag für Höllenqualen gesorgt hatte.

Doch sei kein Frosch und trau dich.

Recyceltes Toilettenpapier gibt es inzwischen auch in weich und mehrlagig.

Kaufe eine Packung recyceltes Toilettenpapier und benutze dieses.

Dauer der Challenge:

So lange die Packung reicht.

Worauf du sonst noch achten solltest:
Inzwischen gibt es sogar Hersteller, die auf eine Plastikverpackung verzichten und die Rollen in recyceltes Papier einwickeln.

Wann willst du dir recyceltes Toilettenpapier anschaffen?

....

Du hast die Challenge durchgezogen?
Pro Kilo Papier kannst du 70 Prozent Wasser sparen, wenn du statt normalen Papiers recyceltes verwendest. Das gibt 4 Punkte auf deinem Weg zu mehr Nachhaltigkeit.

Deine Challenge 4 Punkte

SCHALTE DEINEN LAPTOP AUS!

Ja, es nervt, wenn du den Laptop gerade ausgeschaltet hast und dir dann doch noch etwas Wichtiges einfällt – und du eine gefühlte Ewigkeit warten musst, bis dein PC wieder hochgefahren ist.

Da lässt du ihn doch lieber gleich eingeschaltet, oder?

Nein! Auch im Stand-by-Modus verbraucht dein PC oder Laptop weiterhin Energie – die sich summiert. Vor allem, wenn noch allerhand weitere Geräte dranhängen.

Daher gilt: Wenn klar ist, dass du deinen PC über mehrere Stunden nicht nutzen wirst, dann fahre ihn komplett herunter.

Schalte in den kommenden vier Wochen deinen Laptop richtig aus.

Dauer der Challenge: 4 Wochen

Wie du sonst noch beim Computer Strom sparen kannst:

- Behalte deinen alten PC so lange wie möglich – denn allein für die Herstellung eines normalen Computers müssen Tausende von Kilowattstunden Strom aufgebracht werden.
- Tut es statt eines Desktop-PCs eventuell ein Laptop? Der braucht viel weniger Strom.
- Weg mit Röhrenmonitoren oder alten Flachbildschirmen. Die sind echte Stromfresser.
- Weg vom Strom: Schalte deine Geräte nicht nur aus, sondern trenne sie komplett vom Stromkreis, zum Beispiel mithilfe einer Steckdosenleiste mit Schalter. So können sie nicht weiter Strom ziehen.
- Router nachts ausschalten. Wer schläft, braucht kein Internet. Bei neuen Routern kannst du die Uhrzeiten festlegen, zu denen diese sich ausschalten – und somit Strom sparen.
- Nutze den Energiesparmodus. Damit kannst du bis zu 90 Prozent der Energie sparen.

Wann willst du dich an diese Challenge wagen?

....

Du hast die Challenge durchgezogen?
Sehr gut! Das gibt 4 Punkte auf deinem Weg zu mehr Nachhaltigkeit.

Deine Challenge 7 Punkte

FRISCH IN DEN TAG

Wir hatten es schon - aber weil es so schön ist, noch einmal: 85 Prozent unseres Energieverbrauchs in Privathaushalten gehen für Warmwasser und Heizung drauf. Das schreit nach einer Challenge.

Dusche eine Woche lang kalt.

Dauer der Challenge: 7 Tage

Der Vorteil

Indem du kalt duschst, sparst du nicht nur die Energie, die benötigt wird, um dein Wasser auf Temperatur zu bringen - nein, du tust auch deinem Kreislauf etwas Gutes und verbrauchst vor allem deutlich weniger Wasser! Denn mal ehrlich: Kaltes Wasser lässt man sich einfach nicht so gern minutenlang auf den Rücken plätschern ...

Ab wann willst du eiskalt in den Tag starten?

....

Du hast die Challenge durchgezogen?
Sehr gut! Nicht nur, weil's abhärtet, sondern auch, weil du so einen ersten Schritt in die richtige Richtung machst, nämlich den gesamten durchschnittlichen direkten Wasserverbrauch einer Person von über 120 Litern pro Tag zu reduzieren. Das gibt 7 Punkte auf deinem Weg zu mehr Nachhaltigkeit.

Deine Challenge

8 Punkte

SCHLUSS MIT DEM WINDELMÜLL

Du bist stolze Mama oder stolzer Papa eines zuckersüßen Babys geworden?

Herzlichen Glückwunsch!

Allerdings hat selbst das knuffigste Baby seine Nachteile. Es schreit nicht nur manchmal aus unerfindlichen Gründen und hat quasi ständig Hunger – nein, es ist auch undicht.

Wie gut, dass die Windel erfunden wurde!

Tatsächlich?

Zähle einen Tag lang mit:

Wie viele Windeln hat dein Baby heute verbraucht?

Rechne: Wie viele sind das im Monat?

Rechne: Wie viele in einem Jahr?

Ganz schön viele, oder?

Verzichte bei deinem Sprössling einen Monat lang auf Wegwerfwindeln.

Dauer der Challenge: 1 Monat

Windelfrei

Doch wie soll das gehen? Nun, du könntest dein Kind windelfrei aufwachsen lassen. Dabei geht es darum, schon bei Neugeborenen ganz gezielt auf deren Körpersprache zu achten und sie dann rechtzeitig übers Töpfchen zu halten.

Funktioniert aber auch nicht immer …

Und wie wäre es mit Stoffwindeln?

Keine Sorge, damit sind nicht diese komischen undichten Mulltücher gemeint, die wie in Comics mit einer Sicherheitsnadel befestigt werden. Nein! Heute trägt man Überhöschen mit schicken Mustern und Baumwolleinlagen.

Deine Stoffwindel-Checkliste

- [ ] Besorge 20 Stoffwindeln

  Auch mit Stoffwindeln wechselt man etwa alle drei Stunden die Windel – in der Nacht seltener, sodass du ungefähr sechs Windeln pro Tag benötigst. Bei 20 Windeln wäschst du etwa alle drei Tage Windeln. Das ist doch vertretbar, oder?

- [ ] Besorge 3 Überhöschen
  Denn natürlich halten die Baumwolleinlagen nicht dicht. Dafür sind die Höschen da.

Das war's auch schon.

Wann willst du diese Challenge in Angriff nehmen?

....

Du hast die Challenge durchgezogen?
Sehr gut! Du hast einen Schritt in die richtige Richtung gemacht. Denn bis ein Kind mit etwa zweieinhalb Jahren sauber wird, braucht es ungefähr 6000 Windeln, die nicht recycelt werden können, sondern in der schwarzen Tonne landen und verbrannt werden. Darauf zu verzichten gibt 8 Punkte auf deinem Weg zu mehr Nachhaltigkeit.

Deine Challenge

7 Punkte

STECKER RAUS

Kennst du das auch? Stromausfall! Der Fernseher: schwarz. Wenigstens der Laptop hat noch etwas Akkuleistung. Aber was bringt das, wenn das Internet tot ist? Bleibt nur dein Smartphone. Aber das macht auch nicht mehr lange – nur noch 10 Prozent ...

Was wäre, wenn das der Normalfall wäre?

Versuche, einen Tag komplett ohne Strom auszukommen.

Dauer der Challenge: 24 Stunden

Das heißt für dich:

- Licht aus
- Laptop aus
- Wecker aus
- Handy aus
- Rasiert wird heute nass oder gar nicht

- Kein Tee oder Kaffee zum Frühstück, denn auch der Wasserkocher und die Kaffeemaschine bleiben aus
- Fernseher aus
- Ja, auch deine Armbanduhr bleibt heute im Nachtkästchen liegen.

Denn auch Batterien sind Strom! Bleib also im Bett liegen, bis die Sonne aufgeht. Ja, so eine Challenge hat auch ihre angenehmen Seiten, zumindest im Winter.

Wann willst du dich an diese Challenge wagen?

Du hast es durchgezogen?
Sehr gut! Das gibt 7 Punkte auf deinem Weg zu mehr Nachhaltigkeit – und zwar nicht, weil du heute so unglaublich viel Strom eingespart hast, sondern weil dich diese Challenge hoffentlich dafür sensibilisiert hat, wie verrückt viel Strom wir tagtäglich verbrauchen.

Deine Challenge 8 Punkte

SAUBERE ALTERNATIVE

Die Werbung verspricht gern die herrlich einfache Beseitigung jeglichen Schmutzes. Einfach sprühen, wischen, weg!

Dumm nur, dass diese Wunderputzmittel in der Regel in aufwendigen Einwegplastikverpackungen stecken und scharfe, erdölbasierte Tenside sowie chemische Duft-, Farb- und Konservierungsstoffe enthalten.

Und die sind leider gar nicht gut für die Umwelt.

Probiere in den nächsten vier Wochen nachhaltige Alternativen zu den üblichen Reinigungsmitteln aus.

Dauer der Challenge: 4 Wochen

Dein Einkaufszettel

- Natron
- Essig
- Soda

Und wie genau funktioniert das?

Grobes Natron kannst du perfekt zum Scheuern verwenden. Außerdem löst Natron Fett oder Kalk.

Mit einer 1:1-Mischung aus Essig und Natron kannst du Duschköpfe entkalken. Wenn du Natron in den Abfluss gibst und Essig hinterherschüttest, bekommst du den Abfluss frei.

Mit Soda bekommst du zum Beispiel hartnäckige Verkrustungen aus Töpfen und Pfannen (1 Löffel auf einen Liter Wasser und aufkochen) oder den ekligen, festsitzenden Schweißgeruch aus T-Shirts (1 Löffel Waschsoda auf 5 Liter Wasser, nach einer halben Stunde Wäsche dazugeben, über Nacht einwirken lassen und danach normal waschen - aber Achtung, es kann bleichend wirken).

Rezepte! Rezepte! Rezepte!

Online findest du zahlreiche Rezepte, wie du aus diesen einfachen Zutaten - und weiteren Dingen - noch mehr wirkungsvolle Reinigungsmittel herstellen kannst.

Wann willst du dir die alternativen Reinigungsmittel besorgen?

Du hast die Challenge durchgezogen?
Das gibt 8 Punkte auf deinem Weg zu mehr Nachhaltigkeit. Und wenn du willst, kannst du nun nach und nach deine Putzutensilien ersetzen. Aufwendige – und wenig nachhaltige – Putzschwämme brauchst du nicht. In der Regel reichen Baumwolltücher.

Du benötigst unbedingt einen Putzschwamm? Dann besorge dir einen aus biologisch abbaubarer Zellulose, der Agaven-Faserpflanze Sisal und einem etwas geringeren Anteil an recyceltem Kunststoff.

Deine Challenge **5 Punkte**

NIMM DIE TREPPE!

»Wie bitte?«, fragst du dich jetzt vermutlich, »geht es in diesem Buch um Nachhaltigkeit oder um Fitness?«

In diesem Fall um beides. Hier schlägst du zwei Fliegen mit einer Klappe. Denn indem du selbst die Energie aufbringst, um deinen Körper in eine andere Etage zu hieven, muss der Fahrstuhl diese Energie nicht aus dem Stromnetz ziehen. Und das ist …? Ja, richtig: nachhaltig!

Lass in den nächsten vier Wochen den Aufzug stehen und nimm stattdessen die Treppe.

Dauer der Challenge: 4 Wochen

Wenn wir schon dabei sind:

- Kehre deine Wohnung selbst, anstatt dir einen Strom fressenden Staubsaugroboter anzuschaffen.

- Ein elektrischer Dosenöffner ist überflüssig!
- Mach deine Rollläden selbst zu, anstatt es einen Motor erledigen zu lassen.
- Mähe den Rasen mit einem mechanischen Rasenmäher (und sowieso so selten wie nur möglich) und verzichte auf Motoren oder – noch schlimmer – einen Rasenmähroboter.
- Batteriebetriebene Salz- und Pfefferstreuer sind alles andere als nachhaltig. Streuen kannst du auch selbst!

Die Ausnahme von der Regel!

Doch nicht immer ist die händische Variante die bessere. Die Spülmaschine braucht für das Spülen im Schnitt 50 Prozent weniger Wasser und fast 30 Prozent weniger Energie, als wenn wir mit der Hand spülen.

Ab wann willst du die Beine in die Hand nehmen?

....

Du hast die Challenge durchgezogen?
Herzlichen Glückwunsch zur besseren Kondition und zu 5 Punkten auf deinem Weg zu mehr Nachhaltigkeit.

Deine Challenge

4 Punkte

DRUCK MACHEN

So eine Akte liest sich auf Papier eben einfach am besten. Wichtige Mails drucke ich mir immer aus - sicher ist sicher! Und für die Sitzung bringe ich für jeden Mitarbeiter das Memo noch einmal ausgedruckt mit - nur so kann ich doch sicherstellen, dass mir auch wirklich jeder folgen kann. Zehn Büromitarbeiter, die fleißig ausdrucken, sorgen dafür, dass pro Jahr 18 Bäume dran glauben müssen. Das geht doch besser, oder?

Bestandsaufnahme

Dokumentiere eine Woche lang dein Druckverhalten:

	Tag 1	Tag 2	Tag 3	Tag 4	Tag 5	Tag 6	Tag 7
Blätter							

Das ergibt einen Tagesschnitt von

....

Drucke vier Wochen lang gar nicht oder so wenig wie möglich.

Dauer der Challenge: 4 Wochen

Darauf solltest du achten:

- Drucke nur Dinge aus, die du wirklich auf Papier brauchst.
- Stelle an deinem Drucker beidseitigen Druck ein.
- Drucke zwei oder sogar noch mehr Seiten pro Blatt.
- Drucke nur die Seiten, die du wirklich brauchst. Ein typischer Fall für Seiten, auf die man beim Ausdrucken verzichten kann, sind die Signaturen bei E-Mails oder die allgemeinen Informationen am Ende eines Kontoauszugs.

Schon gewusst?

Pro Tag verarbeitet ein Baum in Mitteleuropa zwischen 30.000 und 40.000 Kubikmeter Luft. Sie sind damit unsere wichtigsten Soldaten im Kampf gegen die Klimaerwärmung. Da sollten wir doch wirklich etwas nachhaltiger mit ihnen umgehen, oder?

Ab wann willst du deine Papierverschwendung reduzieren?

....

Du hast die Challenge durchgezogen?
Um wie viele Blätter Papier hast du deinen durchschnittlichen Verbrauch reduziert?

....

Das gibt 4 Punkte auf deinem Weg zu mehr Nachhaltigkeit.

Deine Challenge

7 Punkte

EIN ANSTÄNDIGER BERUF

Du musst nicht Waffenhändler, Atomkraftwerkingenieur oder Leiter eines Legehennenbetriebs sein, um möglicherweise irgendwann zu erkennen, dass dein Berufsleben sinntragender sein könnte.

Es gibt tausend gute Gründe, um sich nach einem neuen Job zu sehnen. Und wenn du sowieso schon dabei bist ...

Suche dir einen Job mit Sinn.

Dauer der Challenge:

1 Klick (für den ersten Schritt)

Zum Beispiel ...

- ... im Bereich erneuerbarer Energien
- ... in der Entwicklungshilfe
- ... im Kampf gegen Kinderarmut
- ... im Klimaschutz
- ... im Kampf gegen häusliche Gewalt

- ... in einer Behindertenwerkstatt
- ... bei der Bekämpfung lebensbedrohlicher Krankheiten

Aber ich bin doch weder Arzt noch Ingenieur!
Keine Sorge. Ob Marketing, Buchhaltung, Personalabteilung: Es gibt viele Bereiche, in denen du einen Beitrag leisten kannst, ohne ein Fachmann im Kerngeschäft des jeweiligen Unternehmens zu sein.

Hier lang ...

Schau doch einfach einmal unter www.careelite.de/nachhaltige-jobs-stellenangebote/ nach. Dort findest du Jobangebote, sortiert nach Kategorien wie »Wissen vermitteln«, »Gesellschaft fair gestalten« oder »Umwelt schützen«.

Wann willst du dich auf Jobsuche machen?

....

Du hast einen Job mit Sinn gefunden?
Deine neue Stelle trägt ihre Belohnung bereits in sich. Dennoch gibt das außerdem 7 Punkte auf deinem Weg zu mehr Nachhaltigkeit.

EINKAUFEN

„Das Glück liegt in uns, nicht in den Dingen."

SIDDHARTHA GAUTAMA

Deine Challenge

6 Punkte

OHNE TÜTE

Du weißt natürlich, dass Plastiktüten schlecht sind. Daran ersticken Meeresbewohner, und über die Nahrungskette landen winzige Plastikteilchen letztendlich auf unserem Teller – mit nicht absehbaren Folgen für unseren Stoffwechsel. Deshalb verwendest du auch keine Plastiktüten, oder?

»Na ja, manchmal muss ich spontan etwas einkaufen und habe keine Tasche dabei – dann muss ich doch wohl oder übel eine Plastiktüte mitnehmen.«

Zum Selbstausrechnen: Warum es sich finanziell lohnt, zum Stoffbeutel zu greifen.

- Durchschnittlicher Preis eines Stoffbeutels: 1 Euro
- Durchschnittlicher Preis einer Plastiktüte: 15 Cent

Richtig gerechnet! Schon beim 7. Einkauf sparst du also mit einem Stoffbeutel bares Geld und du kannst ihn unbegrenzt weiternutzen.

Erwirb einen Jutebeutel und trage ihn in den nächsten vier Wochen ständig bei dir.

Dauer der Challenge: 4 Wochen

Was soll daran die Herausforderung sein?
Hier kommt sie:

Wenn du den Jutebeutel daheim vergisst, darfst du dir keine neue Tasche kaufen. Nein, auch keinen Jutebeutel. Du trägst sämtliche Einkäufe mit den bloßen Händen heim, die Nudeln unter dem Arm, den Camembert auf dem Kopf balancierend.

Lerneffekt

Dein Hirn muss darauf trainiert werden, dass du deinen Jutebeutel ständig bei dir zu tragen hast, so wie dein Handy oder deinen Haustürschlüssel.

Dinge, die ich immer dabeihaben muss:

- ☐ Schlüssel
- ☐ Geldbeutel
- ☐ Handy
- ☐ Stoffbeutel
- ☐ ....
- ☐ ....

Hier darfst du in den kommenden 4 Wochen Häkchen setzen für jeden Tag, an dem du erfolgreich deinen Stoffbeutel mitgenommen hast:

☐ ☐ ☐ ☐ ☐ ☐ ☐
☐ ☐ ☐ ☐ ☐ ☐ ☐
☐ ☐ ☐ ☐ ☐ ☐ ☐
☐ ☐ ☐ ☐ ☐ ☐ ☐

Wann willst du dich an diese Challenge wagen?

....

Du hast die Challenge durchgezogen?
Respekt! Mit dieser Challenge hast du dem Wachstum der Müllstrudel in den Meeren dieser Welt - der Great Pacific Garbage Patch wird auf 700.000 bis mehr als 15.000.000 Quadratkilometer geschätzt - wieder ein kleines bisschen mehr entgegengewirkt. Das gibt 6 Punkte auf deinem Weg zu mehr Nachhaltigkeit.

Deine Challenge 7 Punkte

KONSUMBREMSE

Beobachte dich, bevor du diese Challenge in Angriff nimmst, eine Woche lang selbst. Wie viele Dinge hast du diese Woche gekauft?

Bestandsaufnahme - meine Einkäufe in dieser Woche:

Trage auf dieser Seite alle Einkäufe ein oder hefte sogar die Kassenzettel mit einer Büroklammer daran fest.

....

....

....

Fertig?

Jetzt ist es Zeit für eine Analyse:

Welche Dinge hast du gekauft, die für dich eigentlich absolut verzichtbar sind? Markiere diese mit Rot.

Auf welche Dinge - zum Beispiel Brot - kannst du nicht verzichten? Markiere diese mit Grün.

Es bleiben Posten übrig? Versuche, diese der einen oder anderen Gruppe zuzuordnen. Das geht nicht? Markiere diese mit Orange.

Ziehe die Konsumbremse und kaufe in der kommenden Woche nur noch Dinge, die für dich absolut unumgänglich sind, die du also grün markiert hast.

Dauer der Challenge: 1 Woche

Frage dich außerdem bei jedem dieser Käufe:

- Kann ich das irgendwo gebraucht kaufen?
- Kann ich mir das ausleihen?

Ab wann willst du deinem Konsum einen Riegel vorschieben?

....

Du hast die Challenge durchgezogen?

Der Konsum in Deutschland steigt und steigt und steigt. Du hast den Schritt aus der Reihe gewagt. Das gibt 7 Punkte auf deinem Weg zu mehr Nachhaltigkeit.

Deine Challenge 9 Punkte

HAUSMEISTER 2.0

Vielleicht hast du ja Glück und hast einen handwerklichen Beruf erlernt – und damit ein gewisses Gespür dafür entwickelt, wie man mit Dingen umgeht, damit man möglichst lang seine Freude daran hat.

Du weißt …

- … wie man Fenster nachzieht, wenn diese sich verzogen haben.
- … wie man ein Fahrrad so putzt, dass nicht bereits nach wenigen Monaten der Flugrost daran nagt.
- … wie man Silikonfugen im Bad ansehnlich erhält.
- … wie du einen defekten Mixer wieder zum Laufen kriegst.
- … wie du dein Auto so wartest, dass es sich einer langen Lebenszeit erfreut.

Du weißt das nicht?

Werde zum Instandhaltungsweltmeister.

Dauer der Challenge:

1 langer Nachmittag bis mehrere Wochen

Und das geht so:

Für all jene mit großer Schwellenangst gibt es inzwischen für so ziemlich alles YouTube-Tutorials. Das Problem dabei ist, dass du leider nicht nachfragen kannst, wenn du dir bei einem Arbeitsschritt nicht sicher bist.

Alternativ kannst du bei einer handwerklich begabten Freundin oder einem ebensolchen Freund nachfragen und dir eine Einweisung in grundlegende Handgriffe und Arbeitsschritte geben lassen.

In vielen Städten gibt es inzwischen zudem Repair Cafés oder vergleichbare Einrichtungen, die nicht nur Kurse anbieten, sondern darüber hinaus die Möglichkeit, gemeinsam Dinge zu reparieren und so von den anderen zu lernen.

Schau doch einfach mal nach unter www.reparatur-initiativen.de.

Und beim Einkaufen:
Falls du aber doch einmal etwas Neues kaufen musst, weil sich das alte Gerät partout nicht reparieren lässt, dann achte dabei auf seine »Reparierbarkeit«. Der Akku ist so verbaut, dass er nicht ausgetauscht werden kann? Finger weg!

Wann willst du diese Challenge in Angriff nehmen?

....

Du bist zum Instandhaltungsweltmeister aufgestiegen?
Herzlichen Glückwunsch! Du hast einen gewaltigen Schritt weg von der Wegwerfmentalität hin zu einem nachhaltigen Umgang mit den Ressourcen dieser Welt getan. Das gibt 9 Punkte auf deinem Weg zu mehr Nachhaltigkeit.

Deine Challenge 6 Punkte

REGIONAL EINKAUFEN

Regional einzukaufen hat unglaublich viele Vorteile:

- Du weißt - ein bisschen besser -, was du bekommst.
- Du unterstützt lokale Produzenten.
  - ... indem du überhaupt von ihnen kaufst.
  - ... indem du direkt bei ihnen kaufst, weil der Anteil, den die Zwischenhändler für sich abzwacken, wegfällt.
- Du sorgst dafür, dass weniger CO_2 ausgestoßen wird, weil lange Transportwege wegfallen.
- Du kaufst automatisch saisonal, denn im Dezember wachsen in Thüringen eben kaum Himbeeren.

Kaufe bei deinem nächsten Einkauf nur regionale Lebensmittel ein.

Dauer der Challenge: 1 Einkauf

Wo kaufe ich am besten regional ein?

Das kannst du zum Teil auch im Supermarkt tun. Manchmal werden jedoch selbst die dort angebotenen regionalen Produkte weite Strecken durch die Gegend gekarrt, weil sie erst zum Zwischenhändler gebracht werden müssen.

Besser ist es …

- … auf dem Wochenmarkt einzukaufen.
- … direkt beim Produzenten einzukaufen, zum Beispiel auf dem Bauernhof oder bei einer Gärtnerei.

Erkundige dich nach alternativen Angeboten in deiner Gegend. So gibt es zum Beispiel Milchtankstellen, bei denen du einfach mit einer Glasflasche Milch zapfen kannst, die die Bauern dort selbst eingespeist haben.

Aber!

Die Vorteile beim Wochenmarkt liegen auf der Hand: Das Gemüse ist unverpackt, daher sparst du reichlich Plastikmüll. Um sicher zu wissen, ob das Gemüse auch wirklich regional ist, frag aber lieber nach!
Du fährst direkt zum Bauernhof? Mit dem Rad? Perfekt. Falls du mit dem Auto fährst, solltest du kritisch hinterfragen, ob der Wochenmarkt in der Stadt nicht die bessere Option für dich wäre.

Wann willst du die Challenge in Angriff nehmen?

....

Du hast komplett regional eingekauft?
Sehr gut. So kommt dein Gemüse frisch und ohne reichlich CO_2-Wegzoll bei dir an. Das gibt 6 Punkte auf deinem Weg zu mehr Nachhaltigkeit.

Deine Challenge 5 Punkte

FRÖHLICHES KLEIDERTAUSCHEN

Sich zu treffen und abgelegte Klamotten zu tauschen, hat doch gar nichts mit einkaufen zu tun? Doch! Denn es hilft dir eben, nicht einkaufen zu gehen, und fühlt sich genauso toll an wie eine ausgedehnte Shoppingrunde.

Veranstalte eine Kleidertauschparty.

Dauer der Challenge: 1 herrlicher Abend lang – aber die Freude währt länger

Schritt 1: Was will ich alles loswerden?
Durchsuche deinen Kleiderschrank. Welche Klamotten hast du schon ewig nicht mehr angezogen und könntest sie daher ebenso gut weggeben?

Schritt 2: Wen willst du einladen?
Wichtig: Ihr solltet ungefähr die gleiche Größe haben, sonst ergibt das Tauschen nicht viel Sinn.

Schritt 3: Wann wollt ihr euch treffen?
Ihr habt einen Termin gefunden?
Hervorragend! Viel Spaß beim fröhlichen Tauschen!

> **Du hast keine Freunde mit derselben Kleidergröße?**
>
> Online – zum Beispiel auf Facebook – findest du Hinweise auf Kleidertauschpartys, die über enge Freundeskreise hinausgehen.

Wann willst du dich an die Partyplanung machen?

....

Ihr habt die Kleidertauschparty erfolgreich hinter euch gebracht?
Großartig! 40 bis 70 Kleidungsstücke kauft jeder Deutsche etwa pro Jahr. Durch eure Party habt ihr euren Anteil daran gesenkt. Das gibt 5 Punkte auf deinem Weg zu mehr Nachhaltigkeit.

Deine Challenge

4 Punkte

VERSAND MIT VERSTAND

Nenne drei Nachteile des Versandhandels. Du hast zehn Sekunden.

3 - 2 - 1 - Los!

Der viele Verpackungsmüll. Der CO_2-Ausstoß durch den Versand von bis auf kleinste Einzelsendungen aufgeteilte Bestellungen. Die hohen Rücksendequoten, die wiederum dafür sorgen, dass CO_2 in die Atmosphäre geblasen wird. Rücksendungen, die einfach vernichtet werden, weil das weniger Aufwand bedeutet. Und dazu oft schlechte Arbeitsbedingungen für die Beschäftigten ...

Huch! Das waren ja schon mehr als drei.

Ja, der so herrlich einfache, unkomplizierte Versandhandel hat so einige Nachteile ...

Nutze in den nächsten vier Wochen den Versandhandel mit Verstand.

Dauer der Challenge: 4 Wochen

Und das geht so:

Schritt 1: Stelle dir zunächst, wie eigentlich immer, die Frage aller Fragen: Brauche ich das wirklich?

Schritt 2: Kannst du das Objekt deiner Begierde auch bei einem Einzelhändler in deiner Nähe erwerben – idealerweise, indem du sogar mit dem Fahrrad hinfährst?

Schritt 3: Es geht nicht anders? Okay. Informiere dich über grüne Onlineshops, die nicht nur nachhaltige Produkte anbieten, sondern auch die Verpackung nachhaltig zu gestalten versuchen.

Schritt 4: Du bist dort nicht fündig geworden und musst bei einem »normalen« Onlineshop bestellen? Dann versuche, deine Bestellung so nachhaltig wie möglich zu gestalten, indem du zum Beispiel ein Kleid nicht in zwei unterschiedlichen Größen bestellst, so dass du auf jeden Fall eines zurückschicken musst.

Ab wann willst du dein Bestellverhalten ändern?

Du hast die Challenge durchgezogen?

Das Volumen des Versandhandels in Deutschland wächst und wächst und wächst. Du hast den ersten Schritt getan, dabei nicht länger mitzumachen. Das gibt 4 Punkte auf deinem Weg zu mehr Nachhaltigkeit.

Deine Challenge 9 Punkte

GESCHICKT MIT NADEL UND FADEN

Was hat denn nähen mit einkaufen zu tun? Wie auch die Kleidertauschparty soll es dich davon abhalten, im Übermaß zu shoppen.

Denn wenn aus Alt Neu wird, brauchst du irgendwann gar nichts Neues mehr kaufen.

Lerne nähen.

Dauer der Challenge: Je nachdem, wie geschickt du dich anstellst – und wie viel du übst.

Dinge, die du nicht lernen sollst

Worum es bei dieser Challenge nicht in erster Linie geht, ist aus bunten Stoffbahnen süße Hütchen und Höschen für Neugeborene zu zaubern. Das kann zwar auch nachhaltig sein, aber hier geht es um andere Dinge.

Nämlich darum, dass du Kleider nicht mehr wegwerfen musst, weil du es nicht schaffst, sie ordentlich zu nähen oder zu stopfen. Es geht um den Riss, den ein Nadel-und-Faden-Legastheniker nie so geflickt bekommt, dass man das Hemd guten Gewissens in der Öffentlichkeit tragen könnte. Um die Hose, die immer so gut saß, aber deren Beine inzwischen einen Tick zu weit sind, um noch als modern zu gelten ...

Dinge, die du lernen solltest:

- Wie man einen Knopf annäht
- Wie man einen Reißverschluss austauscht
- Wie man eine offene Naht schließt – auch an schwer erreichbaren Stellen
- Wie man Socken stopft
- Wie man einen Riss unsichtbar näht
- Wie man grundlegende Änderungen an Kleidungsstücken vornimmt ...
  ... die zu eng geworden sind
  ... deren Schnitt nicht mehr modern ist
- Gibt es noch weitere Dinge, die du gern mit Nadel und Faden bewerkstelligen könntest?

....

....

Du hast zwei Möglichkeiten:

- Such dir einen Nähkurs. Aber einen, bei dem es wie gesagt nicht um Babyhöschen geht.
- Lass dich von jemandem anlernen. Hast du beispielsweise eine Oma oder eine Tante, die etwas von diesem Handwerk versteht? Oder einen guten Freund, der sich bestens auskennt?

Wen könntest du fragen?

....

....

Wann wirst du deine Transformation zum Nähprofi in Angriff nehmen?

....

Du hast alle Dinge gelernt, die du lernen wolltest? Herzlichen Glückwunsch! Um ein einziges Baumwoll-Shirt herzustellen, werden fast 3000 Liter Wasser benötigt – für das Shirt, das du jetzt höchstselbst ausbessern kannst, fallen die schon mal nicht an. Das gibt 9 Punkte auf deinem Weg zu mehr Nachhaltigkeit.

Deine Challenge 10 Punkte

»DAS IST DOCH NOCH GUT!«

Eigentlich ist es zu gut zum Wegwerfen. Bei eBay-Kleinanzeigen hast du es bereits angeboten – erfolglos. Freunde und Verwandte haben auch kein Interesse. Bleibt also doch nur der Wertstoffhof – oder?

Veranstalte einen Nachhaltigkeitsbasar.

Dauer der Challenge: 1 Tag und etwas Vorbereitungszeit

Ein Basar, auf dem nichts etwas kostet
Und das funktioniert so:

Veranstalte einen Basar – zum Beispiel im Rahmen des Sommerfests eurer Firma –, zu dem jeder all jene noch funktionsfähigen Dinge mitbringen kann, für die er in seinem Leben keine Verwendung, in seiner Wohnung keinen Platz mehr hat.

Um einen großen Müllberg zu vermeiden …

… liegt ein besonderer Fokus auf dem Aspekt »noch funktionsfähig«! Hier soll niemand versuchen, sein kaputtes Fahrrad an den Mann zu bringen. Es geht um Dinge, die für andere noch einen echten Nutzen haben.

Außerdem werden natürlich alle Gegenstände entsprechend markiert, sodass Dinge, die wider Erwarten keinen neuen Besitzer gefunden haben, wieder von ihren Eigentümern mitgenommen werden können.

Und wie finanziert man das?

Zum Beispiel durch Eintritt oder Kuchenverkauf.

Wann willst du mit der Planung beginnen?

Du hast es geschafft?

455 Kilogramm Haushaltsabfälle haben wir im Jahr 2018 in Deutschland pro Kopf produziert. Deine Altlasten, die mithilfe des Basars einen neuen liebevollen Besitzer gefunden haben, fallen dieses Jahr schon mal raus. Das gibt 10 Punkte auf deinem Weg zu mehr Nachhaltigkeit.

Deine Challenge

7 Punkte

OH DU FLÖHLICHE!

Einen ganzen Basar zu organisieren, ist dir doch einen Tick zu heftig?

Dann fang doch einfach etwas kleiner an.

Nimm an einem Flohmarkt teil.

Dauer der Challenge: wenige Stunden.

Zu schüchtern?

Du hast ganz und gar keine Lust, dich hinter deinem Stand anstarren zu lassen und mit Wildfremden um Preise zu feilschen?

Keine Sorge!

Inzwischen gibt es zum Beispiel Mutter-Kind-Basare, bei denen du nicht selbst als Verkäufer auftrittst, sondern deine Waren zum Verkauf ablieferst und zugunsten des Organisators auf einen Anteil deines Gewinns verzichtest.

Werde Flohmarkt-Käufer!

Und natürlich darfst du Flohmärkte auch als Käufer besuchen. Du brauchst eine neue Handtasche? Werkzeuge? Robuste Küchengeräte? Dekoration?
Auf dem Flohmarkt wirst du fündig – häufig in besserer Qualität als bei neueren, auf Verschleiß ausgerichteten Produkten.

Diese großartigen Schnäppchen habe ich auf dem Flohmarkt gefunden:

....

Wann findet der nächste Flohmarkt statt, der für dich infrage kommt?

....

Du hast deinen alten Kram auf dem Flohmarkt zu Geld gemacht?
Herzlichen Glückwunsch. Da freut sich nicht nur dein Geldbeutel, sondern auch dein Nachhaltigkeitskonto – und zwar über 7 Punkte.

Deine Challenge 4 Punkte

BLEIB DEINEM HANDY TREU!

Für die meisten sind zum Glück die Zeiten vorbei, als man wie ein fanatischer Jünger dem neuesten Smartphone entgegenfieberte. Dennoch: Der Anblick eines neuen Handys lässt immer noch viele Herzen höher schlagen. Die Geschwindigkeit, die Kamera ... Aber ist es das wirklich wert?

18 Monate

So lange dauert es im Schnitt, bis wir uns ein neues Smartphone anschaffen.

Wie lange besitzt du dein aktuelles Handy bereits?

Kaufe dir so lange wie möglich kein neues Handy.

Dauer der Challenge: so lange wie möglich

Damit das auch funktioniert:

- Behandle dein Handy pfleglich. Besorge ihm Schutzfolie und Hülle, und achte darauf, es nicht fallen oder nass werden zu lassen.
- Das Display hat einen Riss? Solange die Touch-Funktion noch intakt ist, ist das kein Grund, das Handy nicht mehr zu benutzen.
- Setze, um den Akku zu schützen, das Handy keinen extremen Temperaturen aus.
- Das Handy wird langsamer und langsamer? Zeit für ein Reset.
- Du kannst manche Funktionen nicht mehr nutzen? Überlege, wie wichtig dir diese sind. Reichen Telefonieren, SMS und ein paar wenige Apps nicht vielleicht aus?

Wenn es gar nicht mehr geht:

Irgendwann ist jedoch der Punkt erreicht, an dem dir niemand mehr widersprechen wird, dass mit deinem alten Handy nichts mehr anzufangen ist.

Nicht einfach in den Müll!
Schicke das Handy stattdessen an den NABU oder www.handys-fuerdieumwelt.de, die sich für eine sinnvolle Weiterverwendung der im Handy enthaltenen Rohstoffe einsetzen.

Aber wie wäre es in diesem Fall mit einem gebrauchten Handy?

Oder mit dem niederländischen Fairphone, einem umwelt- und sozialverträglichen Smartphone, das auch bedeutend leichter zu reparieren ist?

Du bist nicht rückfällig geworden und hast dein Handy wirklich bis zum letzten Atemzug behalten? Wie lange war das?

Sehr gut! 22,8 Kilogramm Elektroschrott produzieren wir Deutschen jährlich, weil wir unsere Elektrogeräte viel zu kurz verwenden. Du hast es anders gemacht. Das gibt 4 Punkte auf deinem Weg zu mehr Nachhaltigkeit.

Deine Challenge

4 Punkte

GANZ OHNE PLASTIK

Ja, von den eingeschweißten Gurken lässt du schon seit einiger Zeit die Finger, aber wie sieht es mit deinen anderen Einkäufen aus? Wie viel Plastik ist da drum und dran?

Kaufe komplett plastikfrei ein.

Dauer der Challenge: 1 Einkauf

Die Plastiktüte ist damit schon mal raus ...

... und auch viele andere Sachen:

- Das Duschgel in der Plastikflasche
- Nudeln in der Plastiktüte
- Kekse aus der Plastikbox, auch wenn die noch mal – was für eine Verschwendung – in einem Karton steckt
- Flüssigwaschmittel aus der Plastikflasche
- ...

Und jetzt?

Es wird Zeit, nach Alternativen zu suchen:

- Viele Putz- und Waschmittel lassen sich zum Beispiel durch einfache Hausmittel ersetzen (siehe auch Seite 44f.).
- Wieder andere Dinge bekommst du in anderen Läden möglicherweise ohne Plastikverpackung. Das muss nicht einmal ein Unverpackt-Laden sein. Nudeln gibt es von vielen Herstellern zum Beispiel auch im Karton.
- Und manche Sachen brauchst du vielleicht gar nicht.

Diese Dinge konnte ich nicht kaufen:	**Das könnte ich als Ersatz verwenden:**
....	....
....	....
....	....
....	....

Wann willst du plastikfrei einkaufen gehen?

Dein plastikfreier Einkauf hat dich zum Umdenken angeregt?

Hervorragend! In unseren Weltmeeren schwimmen Forschern zufolge bereits 100 Millionen Tonnen Plastikmüll. Du leistest durch dein geändertes Einkaufsverhalten einen Beitrag dazu, diese Müllinseln nicht noch weiter anwachsen zu lassen. Das gibt 4 Punkte auf deinem Weg zu mehr Nachhaltigkeit.

Deine Challenge 7 Punkte

ALLES NUR GELIEHEN

Da ist sie endlich, die lang ersehnte Hochzeitseinladung.

Du bist ein Mann? Mit etwas Glück kannst du 20 Jahre lang denselben Anzug tragen, ohne dass es jemandem auffällt. Die Damen haben es da schon etwas schwerer. Vor allem, wenn der Dresscode so oder so ähnlich lautet: »Bitte in Pudertönen«, »Dresscode: orange«, »No black«.

Wie gut, dass du immer ein orangefarbenes Abendkleid im Schrank hängen hast … »Hust, hust«.

Leihe im kommenden halben Jahr Kleidung aus, statt sie zu kaufen.

Dauer der Challenge: ½ Jahr

Auch im Alltag

Beim orangefarbenen Abendkleid leuchtet das sofort ein. Auf Seiten wie www.chic-by-choice.com oder www.dresscoded.com findest du Unmengen an festlichen Kleidern zum Ausleihen.

Aber Alltagskleidung? Einfach ausleihen? Ja, das geht. Zum Beispiel auf www.kilenda.de. Das ist natürlich vor allem für Baby- und Kinderkleidung sinnvoll, aus denen die Kleinen sowieso schnell herauswachsen, aber auch Modefans, die neue Teile kaum länger als drei Monate tragen, sind hier perfekt aufgehoben.

So viele Kleidungsstücke habe ich in diesem halben Jahr ausgeliehen und damit faktisch nicht gekauft:

....

Wann fängst du damit an, Kleidung nur noch zu leihen?

....

Du hast ein halbes Jahr lang neue Kleidung nur geliehen?

Sehr gut! Wusstest du, dass 40 Prozent unserer Kleidungsstücke nie oder nur sehr selten getragen werden? Wer leiht, reduziert den Anteil der wenig nachhaltigen Mottenfänger in seinem Kleiderschrank und kassiert zugleich 7 Punkte auf sein Nachhaltigkeitskonto.

Deine Challenge

6 Punkte

NACHHALTIG SHOPPEN

Leihen - schön und gut. Aber einige Kleidungsstücke würdest du doch gern besitzen?

Kaufe deine Kleidung ein halbes Jahr lang nachhaltig.

Dauer der Challenge: ½ Jahr

Darauf solltest du Wert legen:

- Achte auf Textilsiegel
  - Das IVN-Best-Siegel - es beurteilt den kompletten Herstellungs- und Lieferprozess im Hinblick auf ökologische und soziale Faktoren.
  - Das GOTS-Siegel - mit diesem Siegel dürfen nur Kleidungsstücke ausgezeichnet werden, die maximal 30 Prozent recycelte Kunststofffasern enthalten.

- Das »PETA-approved Vegan«-Siegel für tierfreundliche Mode.
- Das Fairtrade-Siegel.
- Kaufe nachhaltige Marken, zum Beispiel Wijld, Bleed, Hess Natur oder Greenality.
- Bestelle bei nachhaltigen Shops wie Avocadostore.de.
- Beachte beim Onlinekauf allgemein die Regeln zum Versand mit Verstand, die du auf Seite 69f. kennengelernt hast.

Du konntest einige Dinge, die du wolltest, wegen dieser strengen Vorgaben nicht bekommen?
Mal ehrlich: Hast du sie wirklich gebraucht oder bist du nicht genauso gut auch ohne sie ausgekommen?

Ab welchem Zeitpunkt willst du nur noch nachhaltig Klamotten shoppen?

Du hast deine Kleidung ein halbes Jahr lang nur nachhaltig gekauft?
Sehr gut. Schon allein der Verzicht auf synthetische Kleidung lohnt sich. Bei jedem Waschgang verliert ein Kleidungsstück aus Fleece etwa 2000 Mikroplastikteilchen, die in unserem Wasser landen. Das gibt 6 Punkte auf deinem Weg zu mehr Nachhaltigkeit.

ERNÄHRUNG

»Nichts wird die Gesundheit der Menschen und die Chance auf ein Überleben auf der Erde so steigern wie der Schritt zur vegetarischen Ernährung.«

ALBERT EINSTEIN

Deine Challenge 3 Punkte

KALTES KLARES WASSER

Wasser aus Plastikflaschen ist aus vielen Gründen schlecht für dich. Erstens schleppst du dich fast kaputt, zweitens kann das Mineralwasser Mikroplastik enthalten und drittens gibst du dadurch großen Konzernen die Möglichkeit, sich durch die Privatisierung von Wasserquellen auf Kosten der Armen zu bereichern.

Trinke in den nächsten vier Wochen nur Leitungswasser.

Dauer der Challenge: 4 Wochen

Du zweifelst an der Qualität deines Leitungswassers?
Benutze einen Wasserfilter oder lasse von deinen örtlichen Wasserbetrieben eine Wasserprobe untersuchen.

Du magst es lieber sprudeliger?
Dann sind Wassersprudler eine Option für dich.

Die sprudeln nicht so gut? Doch wenn du das Wasser sofort nach dem Aufsprudeln trinkst und dafür sorgst, dass die Kartusche, mit der das Wasser aufgesprudelt wird, gut gefüllt ist.

Prüfe dich selbst:
Hake jeden Tag ab, an dem du wirklich *nur* Leitungswasser trinkst:

1. Woche ☐ ☐ ☐ ☐ ☐ ☐ ☐
2. Woche ☐ ☐ ☐ ☐ ☐ ☐ ☐
3. Woche ☐ ☐ ☐ ☐ ☐ ☐ ☐
4. Woche ☐ ☐ ☐ ☐ ☐ ☐ ☐

Wann soll es losgehen?

....

Du hast die Challenge durchgezogen?
Damit hast du übrigens nicht nur der Natur, sondern auch deinem Geldbeutel eine Freude gemacht. Das gibt 3 Punkte auf deinem Weg zu mehr Nachhaltigkeit.

Deine Challenge

2 Punkte

RICHTIG SNACKEN

Eigentlich sollte diese Challenge »Vorbildlich auf dem Spielplatz« heißen, weil ja gerade kleine Kinder ständig Hunger haben und man immer etwas zum Knabbern dabeihaben muss.

»Mamaaaa, kann ich einen Keks haben?«

Aber seien wir doch mal ehrlich: Der kleine Hunger überkommt uns alle immer wieder.

Übe in der nächsten Woche, richtig zu snacken.

Dauer der Challenge: 1 Woche

Auf diese Dinge solltest du dabei achten:

1. Kaufe nicht irgendwelchen Quatsch, nur weil du hungrig bist.
2. Vor allem kein aufgeschnittenes Obst in Plastikbechern, keine fragwürdigen Burger mit noch frag-

würdigerem Fleisch - natürlich in mit Plastik beschichtetem Papier eingewickelt ...

3. Nein! Du nimmst dir etwas gegen den Hunger zwischendurch von zu Hause mit.

Und das ist ...
... kein Würstchen in einer Plastikverpackung.
... keine in Frischhaltefolie gewickelte Stulle.
... kein Fruchtquetschi im praktischen Plastikbeutel.

Sondern:
Ein Apfel. Unverpackt. Ungeschält. Schale kann man mitessen.

4. Alternativen wie ein belegtes Brot in der Vesperbox, die natürlich nicht aus Plastik ist, oder Nüsse im Einweckglas sind natürlich auch erlaubt.

Wann willst du mit dem richtigen Snacken loslegen?

....

Du hast die Challenge durchgezogen?
Gut gemacht! Nicht nur dein Körper, sondern auch die Umwelt freut sich darüber. Das gibt 2 Punkte auf deinem Weg zu mehr Nachhaltigkeit.

Deine Challenge 9 Punkte

DIY-GEMÜSE

Eingeschweißte Gurken, Tomaten in kleinen Plastikeimerchen, Zucchini im Kunststoffnetz - natürlich könntest du stattdessen auf den Wochenmarkt gehen, um dort dein Gemüse zu kaufen. Oder du kümmerst dich gleich komplett selbst darum ...

Bau dein Gemüse selbst an.

Dauer der Challenge:
die Frühlings- und Sommermonate

Aber ich habe doch gar keinen Garten!
Diese Ausrede gilt nicht. Denn einen Balkon hast du doch bestimmt?

Dort lassen sich zum Beispiel ganz großartig Tomatenpflanzen ziehen. Auch Pflücksalate, Bohnen oder Paprikapflanzen sind gut für Balkone geeignet.

Du hast keinen Balkon? Dann aber sicherlich ein Fensterbrett, oder? Wie wäre es mit ein paar Kräutertöpfen? Oder einem Blumenkasten voll Radieschen?

Informiere dich!
Welches Obst und Gemüse kannst du unter den Bedingungen, die sich dir bieten, anpflanzen?

Vergiss deine Kinder nicht!

Weise ihnen einen Teil des Beets oder eine eigene Pflanzkiste zu, um die sie sich kümmern müssen. Was Hänschen lernt, wird für Hans um einiges leichter - und selbstverständlicher.

Wann willst du diese Herausforderung in Angriff nehmen?

Du hast die Challenge durchgezogen?
Gut gemacht! Es schmeckt nichts besser als das erste selbst gezogene Radieschen, oder? Das gibt 9 Punkte auf deinem Weg zu mehr Nachhaltigkeit.

Deine Challenge 1 Punkte

EIS, EIS, BABY

An einem heißen Sommertag gibt es nichts Schöneres als eine leckere Kugel Eis von deiner Lieblingseisdiele? Aber muss es ernsthaft der Becher mit Löffel sein?

Iss heute ein Eis.

Dauer der Challenge: 15 Minuten

Die einzige Vorgabe:
Es muss offenes Eis sein. Aus der Waffel. Ohne Plastiklöffel.

Enjoy!

Du kommst am Löffel nicht vorbei?
Zum Beispiel, weil dein Nachwuchs es nur mit Löffel schafft, sich sein Eis ohne große Unfälle einzuverleiben?

Schritt 1: Versuche, bereits daheim daran zu denken, einen Löffel einzupacken.

- Damit du das nicht vergisst, kannst du dir zum Beispiel eine Erinnerung mit dem Hinweis »Löffel nicht vergessen« in den Kalender deines Handys eintragen.

Schritt 2: Du hast den Löffel trotzdem daheim vergessen? Dann packe den Plastiklöffel, den du erhalten hast, sorgfältig ein und verwende ihn beim nächsten Mal wieder.

Wann beginnt deine Eiszeit?

Du hast die Challenge durchgezogen?

Diese Herausforderung war zwar nicht sonderlich schwer, doch auch mit kleinen Schritten kommen wir unserem Ziel einer nachhaltigeren Welt ein bisschen näher. Das gibt 1 Punkt auf deinem Weg zu mehr Nachhaltigkeit.

Deine Challenge **8 Punkte**

FLEISCHFREI

Du bist Vegetarier oder sogar Veganer? Herzlichen Glückwunsch! Du darfst diese Challenge getrost überblättern.

Alle anderen sind herzlich zu einer kurzen Bestandsaufnahme eingeladen.

Beobachte dich eine Woche lang:
Hast du heute Fleisch gegessen?

Tag 1	Tag 2	Tag 3	Tag 4	Tag 5	Tag 6	Tag 7

An wie vielen Tagen pro Woche isst du Fleisch?

Hättest du deinen Fleischkonsum so eingeschätzt?

☐ Ja ☐ Nein

Falls nein: Hättest du mehr oder weniger erwartet?

☐ mehr ☐ weniger

Iss in den kommenden drei Monaten mindestens einen Tag zusätzlich kein Fleisch. Das heißt: Du hast bisher an vier Tagen kein Fleisch gegessen? Iss jetzt an fünf oder mehr Tagen kein Fleisch.

Dauer der Challenge: 3 Monate

Ein Tipp
Lege dir zu Beginn jeder Woche fest, an welchen Tagen du kein Fleisch essen willst. Das macht die Herausforderung planbarer und erleichtert es dir durchzuhalten.

Diese vegetarischen Gerichte möchte ich ausprobieren:

....

....

Wann beginnt deine fleischfreie Zeit?

....

Du hast die Challenge durchgezogen?
Vorbildlich – immerhin leben und sterben allein in Deutschland jährlich 745 Millionen Tiere in Massentierhaltung. Das gibt 8 Punkte auf deinem Weg zu mehr Nachhaltigkeit.

Deine Challenge **5 Punkte**

ISS DEINEN TELLER LEER!

Wie bitte? Die Zeiten, in denen jeder seinen Teller leer essen musste, damit am nächsten Tag die Sonne scheint, hatten wir doch längst hinter uns gelassen, oder? Ja. Und das ist auch gut so. Hier geht es vielmehr darum, nur so viel zu kochen und nur so viel zu kaufen, dass der Teller gar nicht erst zu voll wird.

Beobachte dich eine Woche lang selbst:

Wie viele Lebensmittel hast du im Laufe dieser Woche weggeworfen?

....

....

....

Verrückt, oder?

Wirf vier Wochen lang keine Lebensmittel weg.

Dauer der Challenge: 4 Wochen

Deine To-do-Liste für den Weg zu diesem Ziel

1. Überlege dir zu Beginn der Woche, was du an welchem Tag essen möchtest.

Tag 1	Tag 2	Tag 3	Tag 4

Tag 5	Tag 6	Tag 7

2. Kaufe nur diese Dinge ein. Geh also nicht hungrig einkaufen, um dich nicht zu Impulskäufen hinreißen zu lassen.
3. Informiere dich, wie du deine Lebensmittel optimal lagern kannst. Dass dein Joghurt im Kühlschrank länger hält, weißt du. Aber wusstest du zum Bei-

spiel, dass Zitrusfrüchte Kälte ganz und gar nicht abkönnen? (Mehr dazu auf Seite 109)

4. Koche nur so viel wie nötig. Übergroße Portionen sind eher ein Problem der älteren Generation. »Wenn nichts übrig bleibt, können ja gar nicht alle satt geworden sein.« Nimm Abstand von diesem Irrglauben. Leere Töpfe sind ein gutes Zeichen.
5. Es ist doch etwas übrig geblieben? Wirf die Reste nicht einfach weg. Selbst eine Handvoll Reis lässt sich für eine andere Mahlzeit noch sinnvoll verarbeiten.
6. Denke nach, bevor du Lebensmittel wegwirfst: Die Banane ist matschig? Zerdrückt, mit Honig und Joghurt, schmeckt sie immer noch großartig.

Ab welchem Zeitpunkt endet für dich die Lebensmittelverschwendung?

Du hast in den 4 Wochen tatsächlich nichts weggeworfen?

Gut gemacht! Immerhin landen laut WWF etwa 18 Millionen Tonnen Lebensmittel im Abfall. Deinen Anteil daran hast du reduziert. Das gibt 5 Punkte auf deinem Weg zu mehr Nachhaltigkeit.

Deine Challenge **4 Punkte**

GEMEINSAM!

Gemeinsame Mahlzeiten machen uns nicht nur aufmerksamer für die Emotionen anderer, wir entspannen uns dabei auch und öffnen unseren Horizont für die Interessen anderer.

Doch gemeinsam zu essen ist auch nachhaltiger: Wir essen gesünder, weniger Fast Food und Süßkram und produzieren dadurch weniger Müll, weil wir beim gemeinsamen Essen nicht auf verpackungsreiche Singlepacks zurückgreifen müssen und es ja gerade Süßigkeiten und Fast Food sind, die besonders aufwendig verpackt sind.

Koche und iss gemeinsam mit einem lieben Menschen.

Dauer der Challenge: 2 Stunden

Ja – auch ein Kollege kann ein lieber Mensch sein!
Ihr habt im Büro eine Küche? Sehr gut! Gemeinsam zu kochen stärkt euren Zusammenhalt als Team.

Das möchten wir kochen:

....

Das brauchen wir dafür:

....

Wann willst du dich an diese Challenge wagen?
Viel Spaß! Neben all den Vorteilen gibt das noch 4 Punkte auf deinem Weg zu mehr Nachhaltigkeit.

Deine Challenge 8 Punkte

GO VEGAN!

Fleischesser wundern sich ja oft und gern darüber, wie Veganer überhaupt überleben können.

Es wird Zeit, nicht mehr zu fragen, sondern es auszuprobieren.

Ernähre dich eine Woche lang vegan.

Dauer der Challenge: 1 Woche

Was war jetzt noch mal vegan?
Bei einer veganen Ernährung geht es darum, keine tierischen Produkte – also auch keine Butter, Gelatine oder Milch – zu sich zu nehmen.

Dann darf ich ja nichts Normales mehr essen?
Nur, wenn du Kartoffeln, Spinat, Reis, Linsen, Klöße, Zucchini, Nudeln, Bohnen als »nicht normal« empfindest. Denn tatsächlich gibt es viele – ganz klassische –

Gerichte, die von Natur aus vegan sind oder bei denen auch die vegane Variante hervorragend schmeckt.

Linseneintopf zum Beispiel, Ratatouille, Kartoffelsuppe, Nudeln mit Pesto, Flammkuchen mit Mandelschmand statt normalem Schmand.

Online findest du viele hervorragende vegane Rezepte, die auch Fleischessern sehr gut schmecken dürften.

Folgende vegane Gerichte werde ich diese Woche ausprobieren:

Tag 1 ....
Tag 2 ....
Tag 3 ....
Tag 4 ....
Tag 5 ....
Tag 6 ....
Tag 7 ....

Wann beginnt deine vegane Woche?

....

Du hast dich eine Woche lang ohne tierische Produkte ernährt?
So schlimm war es doch gar nicht, oder? Und ganz schön lecker! Außerdem braucht es zum Beispiel 15 000 Liter Wasser, um ein Kilo Rindfleisch zu produzieren – vom Tierleid einmal ganz abgesehen. Für dich gibt das 8 Punkte auf deinem Weg zu mehr Nachhaltigkeit.

Deine Challenge
3 Punkte

EINE KLEINE SPENDE

Dir reicht es nicht, in deiner eigenen Lebenswelt durch den nachhaltigen Umgang mit Lebensmitteln und eine Reduzierung deiner ganz persönlichen Lebensmittelverschwendung einen Beitrag zum Kampf gegen den Hunger in der Welt zu leisten?

Spende an die Welthungerhilfe.

Dauer der Challenge: Nicht einmal 1 Minute

25 Euro reichen bereits aus, um Saatgut und Werkzeuge für die nächste Ernte einer ganzen Familie zu finanzieren.

Wann willst du dich an diese Challenge wagen?

Du hast gespendet?
Eine gute Entscheidung! Wenn wir alle zusammenarbeiten, erreichen die Vereinten Nationen vielleicht doch noch ihr Ziel, den Hunger auf der Welt bis zum Jahr 2030 zu eliminieren. Vorerst gibt es für dich zumindest 3 Punkte auf deinem Weg zu mehr Nachhaltigkeit.

Deine Challenge 2 Punkte

ORDNUNG IM KÜHLSCHRANK

Im Kühlschrank ist es nicht überall gleich warm. Manche Stellen sind eher mild temperiert, andere wiederum ziemlich kalt, sodass du für jedes Lebensmittel den perfekten Platz in deinem Kühlschrank findest, an dem es möglichst lange hält.

Räume deinen Kühlschrank auf.

Dauer der Challenge: ½ bis 1 Stunde

So machst du es richtig

- Im separaten Gemüsefach ganz unten im Kühlschrank herrschen in der Regel 10 bis 13 Grad. Dort hier kannst du hervorragend Gemüse und Obst aufheben.
- Aber aufgepasst: Zitrusfrüchte mögen Kühlschränke gar nicht. Und auch Tomaten schmecken viel

besser, wenn sie nicht im Kühlschrank gelagert werden. Außerdem nicht in den Kühlschrank gehören Brot, Kartoffeln, Kürbisse, Zwiebeln.

- Der Bereich oberhalb des Gemüsefachs ist mit 4 bis 5 Grad in der Regel am kältesten, hier solltest du Fleisch, Fisch, aber auch Wurst aufbewahren.
- Im mittleren Teil des Kühlschranks lagern bei 6 bis 7 Grad Milchprodukte optimal.
- Ganz oben ist es am wärmsten. Hier kannst du Dinge unterbringen, die keiner großen Kühlung bedürfen und die nicht so leicht verderben, zum Beispiel Einmachgläser.
- In den Türfächern ist es ebenfalls eher warm. Auch hier kannst du weniger leicht verderbliche Lebensmittel unterbringen – oder Dinge, die für die Verwendung sowieso nicht so kalt sein sollten wie beispielsweise Butter.

Wenn du schon dabei bist, dann enteise deinen Kühlschrank doch gleich noch.

Wie das geht, erfährst du auf Seite 18f.

Wann willst du deinen Kühlschrank umräumen?

Du hast in deinem Kühlschrank Ordnung geschaffen? Sehr gut. Für jedes Lebensmittel, das du richtig einräumst, sinkt das Risiko, dass du es wegwerfen musst, weil es vor der Zeit »vergammelt« ist. Für dich gibt das 2 Punkte auf deinem Weg zu mehr Nachhaltigkeit.

Die richtige Position macht's

Wir hatten es ja bereits, aber weil es so schön ist noch mal: Achte darauf, dass dein Kühlschrank nicht unbedingt neben dem Herd steht, dann muss er nicht gegen dessen Hitze ankühlen. Natürlich sind die Geräte heute viel besser isoliert, aber es geht auch um die Wärme, die in den Kühlschrank eindringt, wenn du ihn öffnest.

Deine Challenge

4 Punkte

INS GRAS BEIßEN

Wenn du beim folgenden Überkapitel »Freizeit und Natur« alles richtig machst, wirst du bald einen herrlich verwilderten Naturgarten voller Unkraut haben - aber was fängst du dann damit an?

Einfach aufessen!

Das schmeckt nicht nur lecker, sondern ist auch unglaublich nachhaltig!

Iss Unkraut!

Dauer der Challenge: 1 Stunde

Einfach ausprobieren - die folgenden Pflanzen kann man wirklich essen:

- Brennnessel: Sie ist hervorragend geeignet für Tee. Ob frisch oder getrocknet, einfach mit heißem Wasser aufgießen.
- Gänseblümchen: Sie bereichern jeden Salat mit ihrem herrlich nussigen Geschmack.

- Löwenzahn: Ja, die Stängel darfst du tatsächlich nicht essen, dafür aber die Blätter, zum Beispiel ebenfalls als Tee, als Salat oder als lecker-frischen Brotbelag.
- Pimpinelle: Dieses kleine Pflänzchen wird zwar nach dem Pflücken schnell welk, es schmeckt aber ganz hervorragend in Kräuterbutter, Quark oder frisch auf dem Butterbrot.
- Sauerampfer: Den pflückt man am besten, wenn er noch jung ist. Dann passt er hervorragend in Salate oder auch in Eintöpfe und Suppen.

Wann machst du deinem Unkraut den Garaus?

Du hast alles Unkraut aus deinem Garten aufgegessen?
Sehr gut. Jetzt heißt es warten, bis Neues nachkommt. Bis dahin gibt das 4 Punkte auf deinem Weg zu mehr Nachhaltigkeit.

Deine Challenge

7 Punkte

GUT EINGEKOCHT

Wie herrlich, wenn im Gemüsegarten alles wächst und gedeiht! Und wie lecker schmeckt die erste Gurke aus dem eigenen Garten – die zweite auch. Bei der zehnten denkt man sich jedoch vielleicht: »Müssen die unbedingt alle gleichzeitig reif werden?«

Anstatt dir den Magen zu verderben, solltest du lieber die nächste Challenge in Angriff nehmen …

Lerne einkochen.

Dauer der Challenge:
variiert je nach Rezept und »Ruhezeiten«

Als Grundausstattung brauchst du dazu:

- Einen Einkochtopf oder -automaten mit Thermometer
- Einkochgläser mit passenden Gummis

Außerdem hilfreich:

- Ein Glasheber, damit du dir die Finger nicht so leicht verbrennst
- Eine Schöpfkelle - im Idealfall mit spitz zulaufender Ausgießöffnung zum leichteren Befüllen deiner Gläser

Was kann man alles einkochen?
Einkochen kannst du so ziemlich alles, was dein Gemüsegarten zu bieten hat. Karotten, Fenchel, Radieschen, Gurken, Paprika.

Leckere Einkochrezepte mit den genauen Angaben zur Einkochdauer findest du zum Beispiel unter www.einkochhelden.de.

Wann willst du mit dem Einkochen beginnen?

....

Du hast zum ersten Mal dein eigenes Gemüse eingekocht?
Herzlichen Glückwunsch! Jetzt drücken wir gemeinsam die Daumen, dass es auch schmeckt, wenn du im Winter die Gläser öffnest. Bis dahin darfst du dich über 7 Punkte auf deinem Weg zu mehr Nachhaltigkeit freuen.

Deine Challenge 5 Punkte

FLEISCHFREI GRILLEN

Der Sommer ist ja die Zeit, in der wir mit Freude Steaks und Bratwürstchen auf den Grill werfen. Auch, wenn das Fleisch bio und aus nachhaltiger Züchtung ist, so richtig gut für die Umwelt ist das nicht.

Das geht auch anders.

Grille komplett vegetarisch!

Dauer der Challenge: 1 herrlicher Grillabend

Gerichte, die du dabei ausprobieren kannst:

(Die Rezepte dafür findest du online.)

- Gebackener Camembert
- Mit Käse gefüllte Kartoffeln
- Auberginencarpaccio
- Mit Mozzarella gefüllte Tomaten
- Grillbomben mit Fetakäse, Tomaten und Paprika
- Mit Polenta gefüllte Spitzpaprika
- Champignonspieße

- Spargel
- Vegetarisches Schaschlik mit Pilzen, Zucchini und Paprika
- Maiskolben
- Banane mit Schokolade

Statt auf Holzkohle grillst du übrigens besser auf einem Elektrogrill. Denn 2019 stammte ein Drittel der zum Grillen verwendeten Holzkohle aus tropischen Ländern. Du willst auf Holzkohle nicht verzichten? Dann achte auf das DIN-Prüfzeichen (DIN EN 1860-2), das besagt, dass in der Kohle auch wirklich nur drin ist, was drin sein soll. Das FSC- oder das PEFC-Siegel belegen die Herkunft aus nachhaltiger Waldwirtschaft.

Wann willst du vegetarisch grillen?

Du hast komplett fleischfrei gegrillt?
Hat gut geschmeckt, oder? Und das Tajima-Rind freut sich. Du wiederum lachst über 5 Punkte auf deinem Weg zu mehr Nachhaltigkeit.

FREIZEIT UND NATUR

»Niemand beging einen größeren Fehler als jener, der nichts tat, weil er nur wenig tun konnte.«

EDMUND BURKE

Deine Challenge **6 Punkte**

URLAUB AUF BALKONIEN

Du verzichtest, soweit es geht, auf Plastik, fährst Fahrrad, kaufst ausschließlich Bioware und isst nur einmal pro Woche Fleisch – wenn überhaupt? Dann hast du dir einen schönen Entspannungsurlaub verdient. Und weil du ein gebildeter und weltoffener Mensch bist, willst du von der Welt etwas sehen. Machu Picchu, die weißen Strände der Südsee, du willst mit Delfinen tauchen, Galapagosschildkröten bei der Paarung beobachten ...

Nein!

Wahre Liebe zur Natur, zur Welt zeigt sich darin, dass du die Natur in Ruhe lässt. Und das heißt für dich:

Fahre in den nächsten Ferien nicht in den Urlaub.

Dauer der Challenge:
die ganze Urlaubssaison

Nein, auch nicht in den Bayerischen Wald, an die Mecklenburgische Seenplatte oder in die Sächsische Schweiz.

Bleib daheim.

Und stelle fest, wie schön es zu Hause doch sein kann.

Dinge, die du im Urlaub daheim machen kannst ...
... die du aber nie gemacht hast, weil du ständig nach Thailand, Bali, Schweden, Kuba geflogen bist, um etwas von der Welt zu sehen.

1 ....

2 ....

3 ....

4 ....

5 ....

6 ....

7 ....

8 ....

9 ....

10 ....

Und sprich darüber!
Sei ein Vorbild für deine Mitmenschen. Zeig ihnen, dass ein Urlaub daheim, wenn auch vielleicht nicht ganz so interessant, so doch unfassbar erholsam sein kann.

Mache den Unterschied!

Von 2018 auf 2019 ist das Aufkommen an deutschen Flughäfen um 4,4 Prozent gewachsen. So viel zur Flugscham. Der deutsche Kreuzfahrtmarkt ist seit 2013 um 34 Prozent gewachsen. Wenn du daheimbleibst, ist das nur ein kleiner Schritt – doch er führt in die richtige Richtung!

Du hast die Challenge durchgezogen?
Sehr schön! Allein, um den Hinflug von Berlin nach Mumbai auszugleichen, hättest du fünf Bäume pflanzen müssen. Dass du auf eine Flugreise verzichtest hast, gibt 6 Punkte auf deinem Weg zu mehr Nachhaltigkeit.

Deine Challenge 9 Punkte

UPCYCLING

Egal, wie sehr du darauf achtest: Irgendwelche Art von Abfall wirst auch du produzieren. Einfach deshalb, weil selbst das fairste T-Shirt irgendwann verschleißt. Weil Schuhe sich durchlaufen. Weil sich manche Verpackungen einfach nicht vermeiden lassen.

Überlege bei allem, was du in den nächsten zwei Wochen wegwerfen willst, ob sich daraus nicht noch etwas Schönes basteln lässt.

Dauer der Challenge: 2 Wochen

Wie soll das funktionieren?

Du brauchst ein paar Anregungen?

Nun ja:

- Deine Schuhe sind komplett durchgelaufen? Lassen sich vielleicht noch ein paar Blümchen darin pflanzen?
- Aus einem alten T-Shirt lassen sich zum Beispiel ganz hervorragende Putzlappen machen.

- Aus alten Autoreifen lässt sich mit etwas handwerklichem Geschick ein ganz hervorragender Beistelltisch basteln.

Meine tollsten Upcycling-Ideen

Diese Dinge wollte ich eigentlich wegwerfen:	Das habe ich daraus gemacht:

Zu diesen Sachen ist mir gar nichts eingefallen:	Wie lässt sich dieser Müll in Zukunft vermeiden?

Wann beginnt deine abfallfreie Zeit?

Du hast die Challenge durchgezogen?
Sehr schön! Viel Spaß mit all den herrlichen Dingen, die du gebastelt hast. Außerdem gibt das 9 Punkte auf deinem Weg zu mehr Nachhaltigkeit.

Deine Challenge

8 Punkte

MÜLLWANDERUNG

Wie oft hast du bei einem Spaziergang oder bei einer Wanderung durch die Natur gedacht: »Oh mein Gott. Wie sieht es denn hier aus?« Zigarettenschachteln, Trinkdosen, Plastiktüten, wo dein Blick eigentlich nur auf Blumen, Bäume, Berge fallen sollte.

Jetzt ist es an der Zeit, sich nicht mehr nur zu ärgern, sondern zu handeln.

Brich – allein, noch besser mit Freunden oder der ganzen Familie – zu einer Müllwanderung auf.

Dauer der Challenge: ½ Tag

Was ihr dafür braucht:

- Gartenhandschuhe
- Eimer / große Stoffsäcke

Bitte fang jetzt nicht mit Einweghandschuhen und Müllbeuteln an!

- Eine ordentliche Brotzeit - natürlich in Mehrwegflaschen und Brotzeitboxen

Wen willst du alles dabeihaben?

- Mich
- ....
- ....
- ....
- ....

Welche Strecke willst du dir/wollt ihr euch vornehmen?

....

Augen auf!

Haltet im Vorfeld die Augen offen: Gibt es Orte, die euch immer wieder als besonders verschmutzt ins Auge gefallen sind?

Was es sonst noch zu beachten gibt:

- Ihr wollt die Natur unterstützen - achtet deshalb darauf, dass ihr zum Beispiel auf zurzeit für Menschen gesperrte Brutgebiete Rücksicht nehmt.
- Trampelt nicht querfeldein über Äcker.

Keine Sorge, die Straßengräben und Wegränder geben genug Material her!

Bring dich ein!

In Bayern gibt es zum Beispiel die Aktion »Rama dama« - »Räumen tun wir«, bei der man als Ehrenamtlicher mit anderen gemeinsam Müll sammeln kann. Achte auf die entsprechenden Aufrufe in den lokalen Tageszeitungen.

Wann willst du Müll sammeln gehen?

Du hast die Challenge durchgezogen?
Sehr schön! Denn nicht nur für die Tiere im Meer stellt unser Müll eine lebensbedrohliche Gefahr da. Das gibt 8 Punkte auf deinem Weg zu mehr Nachhaltigkeit.

Deine Challenge **3 Punkte**

»BITTE KEINEN STROHHALM FÜR MICH!«

Wie lange brauchst du durchschnittlich, um einen Cocktail durch einen quietschig bunt gemusterten Strohhalm zu schlürfen? Wobei – Strohhalm stimmt ja gar nicht: Plastikröhrchen ist wohl die passendere Bezeichnung.

Wie lange? Gar nicht lange, oder?

Und danach landet dieses Plastikröhrchen, für dessen Herstellung zuvor wertvolle fossile Ressourcen verwendet wurden, im Müll.

Lehne im Urlaub oder in der Cocktailbar das Röhrchen dankend ab.

Dauer der Challenge: Keine 5 Sekunden

Was brauchst du dafür?

- Nichts als ein freundliches Lächeln
- Und ein bisschen Mut

Wann hast du das nächste Mal die Gelegenheit, diese Herausforderung in Angriff zu nehmen?

....

Du hast die Challenge durchgezogen?
Herzlichen Glückwunsch! Wenn das jeder der 4,5 Millionen Malle-Urlauber machte, fünfmal am Tag, sieben Urlaubstage lang, dann würden wir diesem Planeten sage und schreibe 160 Millionen sinnfrei verschwendete Plastikröhrchen ersparen. Dein Beitrag dazu bringt dir 3 Punkte auf deinem Weg zu mehr Nachhaltigkeit ein.

Deine Challenge 10 Punkte

EIN TIERISCH GUTER GARTEN

Am lebenswertesten ist dein Garten für Tiere, wenn er naturnah ist, das heißt, wenn kein Rasenmäherroboter dort täglich seine Runden dreht, du nicht jedes Fitzelchen Unkraut ausrottest und Blättchen auch da sein dürfen, wo sie eigentlich »nicht hingehören«.

Das heißt für dich im Grunde: kaum Gartenarbeit, denn du musst weder Laub wegräumen, noch Unkraut jäten, noch regelmäßig Rasen mähen. Doch ein paar Dinge gibt es im Vorfeld schon zu erledigen.

Gestalte deinen Garten naturnah.

Dauer der Challenge:

Frühling, Sommer, Herbst und Winter

Diese sechs Schritte tragen dazu bei, deinen Garten naturnah zu gestalten:

- ***Lass im Herbst das Laub liegen.***
    - Denn es bietet zahlreichen Tieren einen sicheren Lebensraum und stellt außerdem einen großartigen Dünger dar.
    - Das macht es dir wiederum einfacher, den nächsten Punkt einzuhalten.

- ***Verzichte auf künstliche Dünger.***
    - Unsere Böden sind sowieso massiv überdüngt. Trage du nicht auch noch deinen Teil dazu bei, sondern verwende natürliche Dünger wie Kaffeesatz, Haare, Eierschalen oder Kartoffelwasser.

- ***Leg ein Wildblumenbeet an.***
    - Samenmischungen gibt es in jedem Supermarkt – gesät wird entweder im Spätsommer oder im Frühjahr. Und dann einfach wuchern lassen.

Wie sinnvoll das Nichtstun manchmal sein kann, zeigt der Rucola-Salat. Im Spätsommer nicht zurückschneiden, sondern einfach vor sich hinwachsen und blühen lassen – die Bienen stehen total drauf.

- ***Errichte einen Totholzstapel.***
  - Du hast im Herbst fleißig die Hecken zurückgeschnitten? Schichte das Holz in einer Ecke des Gartens zu einem Haufen auf und errichte so ein Überwinterungslager für kleine Gartengäste.

Oder du errichtest gleich eine »Benjeshecke«, also eine Totholzhecke.

- ***Lass Steine kullern.***
  - Und zwar nicht, indem du den Vorgarten mit Kies zuschüttest, sondern indem du kleine Steinhaufen anlegst, in denen sich allerhand Getier tummeln kann.

- ***Schaffe Nistmöglichkeiten.***
  - Für Vögel, Fledermäuse, Bienen. Wie das geht kannst du zum Beispiel auf www.nabu.de nachlesen - und in der Challenge auf Seite 150ff. lernen.

- ***Lege einen Komposthaufen an.***
  - Das reduziert nicht nur deinen Müll - du gewinnst so auch den „König aller Dünger“. Und die Würmer werden dich lieben!

Ziemlich einfach, oder?

Du willst noch einen Schritt weitergehen?

- Pflanze Hecken, die den Tieren Schutz bieten und deren Früchte ihnen als Nahrung dienen.
  - Du willst auch etwas davon haben? Dann entscheide dich zum Beispiel für Brom- und Himbeeren.
- Lege einen Gartenteich an, der Vogeltränke und Brutstätte für viele Insekten zugleich ist.

Wann willst du beginnen, deinen Garten zu einem Paradies für Tiere zu machen?

Du hast die Challenge durchgezogen?
Sehr schön! Eigentlich ist so ein Garten ja schon Belohnung genug. Zusätzlich gibt das 10 Punkte auf deinem Weg zu mehr Nachhaltigkeit.

Deine Challenge **5 Punkte**

FERNSEHER AUS!

Auch wenn uns das Internet wie eine große, wenig greifbare, wabernde Wolke vorkommt, ist es doch mit seinen endlosen Serverfarmen, die am Laufen gehalten und gekühlt werden müssen, ein gigantischer Stromfresser.

Das größte Problem ist nicht dein einzelner Post oder deine einzelne Mail, sondern es sind vor allem die Serien, Videos und Filme, die du streamst und die inzwischen 80 Prozent des Internetverkehrs ausmachen. Wie wäre es, wenn du einen wichtigen Beitrag zu mehr Nachhaltigkeit leistest, indem du einfach mal – nichts tust!

Lasse eine Woche lang den Fernseher oder Laptop aus.

Dauer der Challenge: 7 Tage

Was du stattdessen tun kannst:

- Dich mit einem lieben Menschen unterhalten
- Aufräumen
- Ein Buch lesen (am besten eines aus der Bücherei!)
- Sport treiben
- Nähen lernen
- ....
- ....
- ....
- ....
- ....

Ab wann bleibt bei dir der Fernseher aus?

....

Du hast die Challenge durchgezogen?
Herzlichen Glückwunsch! Auf diese Weise hast du reichlich CO_2 eingespart. Das gibt 5 Punkte auf deinem Weg zu mehr Nachhaltigkeit.

Deine Challenge

6 Punkte

WIDER DEN TIERISCHEN DURST

Im Winter hängen wir fleißig Meisenknödel in die Bäume und streuen Körner, um den armen hungrigen Vögelchen durch den bitterkalten Winter zu helfen. Doch so bitterkalt ist der gar nicht mehr – und eigentlich ist der Sommer das viel größere Problem.

Bau eine Vogeltränke!

Dauer der Challenge: 1 bis wenige Stunden

Das solltest du dabei beachten:

- Als Tränke kannst du so einiges verwenden:
    - Alte Teller – am besten mit einer rauen Oberfläche, damit die Vögel nicht ausrutschen
    - Blumentopfuntersetzer

  - Besonders ambitionierte Vogelfreunde gießen sogar blattförmige Schalen aus Beton oder formen diese aus Ton.
- Im Internet findest du großartige Bastelanleitungen. Es gibt aber auch fertige Vogeltränken im Baumarkt.
- Der Rand sollte relativ flach sein, damit die Vögel sich problemlos dem Wasser nähern können.
- Reinige die Vogeltränke regelmäßig. Schmutziges, verkeimtes Wasser tut auch Vögeln nicht gut.
- Damit die Vögel nicht beim Trinken von hungrigen Katzen überrascht werden, solltest du die Tränke auf mindestens 1,5 Metern Höhe anbringen.
- Noch besser: Hänge deine Tränke mit einem dünnen Seil an einem Baum auf.

Wann willst du mit dem Bau deiner Vogeltränke beginnen?

Du hast die Vogeltränke aufgehängt?
Viel Spaß beim Beobachten der Vögel. Außerdem gibt das 6 Punkte auf deinem Weg zu mehr Nachhaltigkeit.

Deine Challenge

5 Punkte

MACH DEN MUND AUF!

Und zwar nicht etwa, um nicht nachhaltig produzierte Lebensmittel aus Plastikverpackungen zu mampfen, sondern um darüber zu sprechen, was in unserer Welt in Sachen Nachhaltigkeit im Argen liegt.

Erhebe deine Stimme für die Umwelt.

Dauer der Challenge: 1 mutiger Augenblick

Eine Auswahl der Möglichkeiten

- Nimm an den #FridaysForFuture-Demonstrationen teil.
  Dafür bist du zu alt? Dafür ist man nie zu alt! Doch es gibt Alternativen:
- Onlinepetitionen
- Ein angezettelter Shitstorm gegen unsinnige Produkte

- Aufrufe in den sozialen Medien
- Im alltäglichen Gespräch

So geht das nicht!

Vielleicht hast du ja das Glück, dass deine Freunde und Verwandten genauso denken wie du und ihr Seite an Seite steht im Kampf für mehr Nachhaltigkeit. Vielleicht aber erzählen dir deine Kollegen am Montagmorgen stolz, dass sie das lange Wochenende beim Helikopter-Skiing verbracht haben oder im nächsten Sommerurlaub auf die Malediven fliegen. Hier ist mehr als nur Augenverdrehen gefragt.
Mach. Den. Mund. Auf.
Sag, weshalb du ein solches Verhalten nicht richtig findest.
Ja, das ist nicht immer einfach – aber es ist richtig. Und wichtig.

Du hast deinen Schwiegereltern gesagt, dass du von ihrer Karibikkreuzfahrt nichts hältst?
Unangenehm, oder? Trotzdem richtig. Für deinen Mut gibt das 5 Punkte auf deinem Weg zu mehr Nachhaltigkeit.

Deine Challenge

8 Punkte

DARF ICH SIE ÜBER DIE STRAßE TRAGEN?

Jedes Frühjahr, wenn die Temperaturen steigen, ist es wieder so weit: Die Kröten machen sich auf, um zu ihren Laichplätzen zurückzukehren. Rund 600 Meter am Tag, bis zu fünf Kilometer insgesamt - ein gefährlicher Weg, bei dem viele Kröten auf der Strecke bleiben.

Hilf im kommenden Frühjahr bei der Krötenwanderung!

Dauer der Challenge: 45 Minuten

Aber wozu braucht man diese Kröten?

Sie sind wichtiger Teil der Nahrungskette, indem sie einerseits Schädlinge verspeisen, andererseits vielen anderen Tieren zur Nahrung dienen.

Allein oder wie?
Sollst du dich jetzt an eine Straße stellen und darauf warten, dass dich eine Kröte bittet, sie über die Straße zu tragen?

Nein! Der NABU organisiert an besonders gefährlichen Stellen das »Krötensammeln«, um die Kröten, die durch Krötenzäune zurückgehalten werden, über die Straße zu tragen.

Schau doch einfach mal unter www.nabu.de nach – auch in deiner Nähe findet sich bestimmt ein Termin.

Was du dafür brauchst:

1. Zeit – die Aktionen finden jeweils morgens und am Abend statt.
2. Eine Warnweste.
3. Einen Eimer, um die Tiere über die Straße zu bringen.
4. Eine Taschenlampe, wenn du bei der Abendrunde dabei bist.
5. Handschuhe, falls du dich vor den Tieren ekelst.

So viele Kröten habe ich gerettet:

Tempo 30 für die Kröten

Kröten retten kannst du übrigens auch, indem du extra langsam fährst, wenn Kröten auf der Straße unterwegs sind. Diese sterben nämlich nicht etwa nur, wenn du sie überfährst, sondern bereits durch den Strömungswind, wenn ein Auto zu schnell über sie hinwegrast.

Wann willst du zum Krötentaxi mutieren?

Du hast die Challenge durchgezogen?
Herzlichen Glückwunsch! Du kannst dich jetzt stolz »Krötenpate« nennen. Außerdem gibt das 8 Punkte auf deinem Weg zu mehr Nachhaltigkeit.

Deine Challenge

7 Punkte

PFLANZE EINEN BAUM!

Wenn eine Fichte 100 Jahre alt wird, dann entzieht sie der Atmosphäre etwa 1,8 Tonnen CO_2. so viel, wie von einem Durchschnittsauto für eine Strecke von 9000 Kilometern ausgestoßen wird.

Was lernen wir daraus?

Die Welt braucht mehr Bäume.

Pflanze einen Baum!

Dauer der Challenge: wenige Stunden

Was du dafür brauchst:

- Einen geeigneten Ort
- Einen Baum, der dazupasst. Eine Trauerweide, die irgendwann mal zwölf Meter hoch wird, ist für deinen Vorgarten im Reihenhausviertel vermutlich nicht besonders gut geeignet.

- Du hast einen Baum ausgesucht? Pflanze ihn am besten im Herbst und wässere seine nackten Wurzeln am Tag vor dem Einpflanzen gründlich.
  Du hast einen Baum mit Wurzelballen gekauft? Dann reichen feuchte Tücher, um den Baum fit zu halten.
- Nimm einen Spaten und grabe ein großes Loch – ruhig doppelt so groß wie der Wurzelballen deines Baumes.
- Allerdings sollte das Loch nicht zu tief sein, sodass die Wurzeln auch weiterhin Sauerstoff aufnehmen können.
- Setze den Baum in die Grube und bedecke die Wurzeln mit Erde – falls vorhanden, gern auch mit Kompost.
- Tritt die Erde fest und wässere das Ganze gründlich – auch über die nächsten Wochen hinweg –, sodass Erde bis in den kleinsten Wurzelzwischenraum gespült wird.
- Stütze den Baum mithilfe von Pfosten und Seilen ab.

Bei dir scheitert es schon am ersten Punkt in der Liste?

Dann kannst du auch im Rahmen unterschiedlicher Projekte einen Baum für dich und die Umwelt pflanzen lassen. Zum Beispiel durch Treedom, Green Forest Fund oder PLANT-MY-TREE

Wann willst du einen Baum pflanzen?

Du hast die Challenge durchgezogen?
Sehr gut! So ein Baum wirkt im Sommer übrigens wie eine riesige natürliche Klimaanlage, genauer gesagt bringt er die Leistung von zehn Klimaanlagen. Noch dazu gibt das 7 Punkte auf deinem Weg zu mehr Nachhaltigkeit.

Deine Challenge

8 Punkte

AUSGEQUALMT

Du rauchst nicht? Dann darfst du in aller Ruhe weiterblättern. Für alle anderen heißt es, ihren Anteil an den laut WHO jährlich 340 bis 680 Millionen Kilogramm weggeworfenen Zigarettenstummeln zu reduzieren.

Hör auf zu rauchen!

Dauer der Challenge: dein ganzes Leben

Das wird nur funktionieren …

- … wenn du dir einen festen Starttermin setzt.
- … wenn du dir keine einzige Ausnahmezigarette erlaubst.
- … wenn du Strategien entwickelst, um mit den Folgen des Entzugs umzugehen.

Was tue ich, wenn die Gier mich packt?

Wenn ich Essen in mich hineinstopfen will?

Wenn ich richtig wütend werde?

Und du tust auch dir etwas Gutes!

Täglich sterben in Deutschland etwa 300 Menschen an den Folgen des Rauchens. Täglich. Also gestern 300. Heute 300. Morgen 300. Übermorgen …

Die ersten 100 Tage

So lange habe ich inzwischen nicht geraucht:

☐ ☐ ☐ ☐ ☐ ☐ ☐ ☐ ☐ ☐ ☐

Wann willst du mit dem Rauchen aufhören?

Du hast die Challenge durchgezogen?

Juhu! Ein paar Stummel weniger. Und deine Lunge lacht sowieso. Außerdem gibt das 8 Punkte auf deinem Weg zu mehr Nachhaltigkeit.

Deine Challenge

3 Punkte

ANDERS SUCHEN

Googeln und dadurch die Umwelt retten?

Ja, das geht – allerdings nur, wenn du eben nicht Google, sondern nachhaltige Suchmaschinen verwendest

Verwende ab sofort eine nachhaltige Suchmaschine!

Dauer der Challenge: dein ganzes Leben

Ecosia zum Beispiel

Die ökologische Suchmaschine Ecosia mit Sitz in Berlin nutzt die Suchergebnisse von Bing. Ein großer Teil der Werbeeinnahmen wird dafür verwendet, weltweit Bäume zu pflanzen. Im Schnitt reichen 45 Suchanfragen, um einen Baum zu finanzieren.

Deine Alternative zur Alternative

Natürlich gibt es auch andere nachhaltige Suchmaschinen. Gexsi (»Global Exchange for Social Investment«) zum Beispiel unterstützt mit einem Teil seiner Gewinne Projekte, die die Welt ein kleines bisschen besser machen – unter anderem durch die Bekämpfung des Hungers in der Welt.

Google bemüht sich auch

Der Fairness und Vollständigkeit halber: Google deckt einen großen Teil des Strombedarfs seiner Rechenzentren und Niederlassungen mit Strom aus erneuerbaren Energien und strebt hierbei die 100-Prozent-Marke an.

Wann willst du diese Challenge in Angriff nehmen?

Du hast eine nachhaltige Suchmaschine als deine Startseite eingerichtet?

Herzlichen Glückwunsch! Über 60 Millionen Bäume hat zum Beispiel Ecosia bereits pflanzen lassen – finanziert durch Suchanfragen. Für dich gibt das 3 Punkte auf deinem Weg zu mehr Nachhaltigkeit.

Deine Challenge 7 Punkte

VOGELHOTEL

Für die Vögel hast du, wenn du tatsächlich alle Challenges, die dir in diesem Buch bisher begegnet sind, auch durchgezogen hast, schon so einiges gemacht. Du hast für sie eine Tränke gebaut, ihnen Nistmöglichkeiten geschaffen.

Das reicht dir noch nicht?

Wie wäre es, wenn du Vogelhotelier wirst?

Hänge einen Nistkasten auf!

Dauer der Challenge: Wenn du möchtest, darfst du den Nistkasten natürlich selbst bauen. Im Internet gibt es dazu tolle Anleitungen. Dann dauert das Ganze etwas länger. Ansonsten: 30 Minuten beim Aufhängen, 15 Minuten beim Reinigen.

Was du dabei beachten musst:

- Hänge den Nistkasten so auf, dass die Vögel freien Anflug haben und sich nicht durch Dickicht kämpfen müssen.
- Hänge den Kasten sehr hoch auf, um Katzen und Mardern den Zugang zu erschweren.
- Richte den Kasten so aus, dass weder Wind noch Regen durch die kleine Öffnung gelangen – in der Regel kommen diese bei uns von Westen.
- Außerdem sollte sich der Kasten leicht nach vorn neigen – das macht es dem Regen noch schwerer einzudringen.
- Wenn du den Nistkasten an einem Baum befestigen willst, achte darauf, dass du den Baum so wenig wie möglich beschädigst. Verwende lieber Drahtbügel als Nägel.

Großputz

Doch mit dem Aufhängen ist es nicht getan. Wenn die Vögel nämlich im nächsten Jahr wieder ihr Nest bauen, errichten sie dieses auf dem alten Nest – und so wird ihr Gelege für Fressfeinde viel leichter erreichbar. Deshalb solltest du, sobald der Frost einsetzt, den Nistkasten gründlich reinigen. Dann kannst du übrigens erkennen, welcher Vogel bei dir genistet hat. Viel Moos, Tierhaare? Das lässt auf eine Meise schließen.

Die Ausnahme von der Regel!

Schwalben und Mauersegler verwenden immer wieder dieselben Nester, die sie im Frühjahr nur ausbessern. Diese Nester dürfen nicht entfernt werden.

Übrigens
Vielerorts gibt es Vereine, die sich um das Aufhängen und die Pflege von Nistkästen in den Wäldern kümmern. Vielleicht hast du Lust mitzumachen? Einfach mal googeln.

Wann willst du diese Challenge in Angriff nehmen?

Du fühlst dich wohl als Vogelhotelier?
Weiterhin viel Spaß dabei. Für dich gibt das 7 Punkte auf deinem Weg zu mehr Nachhaltigkeit.

Deine Challenge — 5 Punkte

BÜCHERFLAT

Ständig neue Bücher zu kaufen, kann nicht wirklich nachhaltig sein. Das Papier, der Druck, die – leider häufig immer noch verwendete – Plastikverpackung.

Stattdessen ein E-Reader? Noch ein elektrisches Gerät mehr. Vielleser können so zwar sicherlich eine Menge Papier einsparen, doch da muss es noch eine nachhaltigere Lösung geben.

Werde Mitglied in einer öffentlichen Bibliothek!

Dauer der Challenge: 15 Minuten für die Anmeldung (Personalausweis nicht vergessen!), dafür Spaß für ein ganzes Leben!

Ein Bibliotheksausweis hat viele Vorteile:

- Der Ausweis kostet pro Jahr in der Regel nur einen geringen Eurobetrag. Für Studenten, Kinder und Rentner ist er häufig sogar kostenlos.
- Von wegen altbacken! Bibliotheken bieten in der Regel die aktuellen Bestseller. Häufig führen sie auch Listen mit Anschaffungswünschen, falls es ein bestimmtes Buch wider Erwarten nicht gibt.
- Und dann wäre da immer noch die Fernleihe, um Bücher von anderen Büchereien und Bibliotheken zu beziehen.
- Außerdem gibt es in Büchereien DVDs, Blu-Rays, Zeitschriften, Zeitungen, Hörbücher und, und, und. Alles Dinge, die du nicht selbst kaufen oder energieintensiv streamen musst.

Wann willst du dich bei deiner Bücherei anmelden?

Du bist stolzer Besitzer eines Büchereiausweises? Herzlichen Glückwunsch! Für dich gibt das 5 Punkte auf deinem Weg zu mehr Nachhaltigkeit und ganz viel Lesefreude.

Deine Challenge

8 Punkte

URLAUB FÜR DIE UMWELT

Urlaub ist dazu da, um endlich mal wieder bei sich selbst anzukommen? Sich aus der Fremdbestimmung zu lösen? Einmal an die eigenen Bedürfnisse und nicht nur an die der anderen zu denken?

Wie wäre es stattdessen, wenn du in deinem Urlaub an dich *und* an die anderen denken würdest?

Arbeite gegen freie Kost und Logis auf einem ökologischen Bauernhof!

Dauer der Challenge: 1 Urlaub

Wwoofing

Bekannt ist das Ganze auch unter dem Begriff »Wwoofing« – abgeleitet von WWOOF (»World-Wide Opportunities on Organic Farms«), einer internationalen Bewegung, die sich der nachhaltigen Landwirtschaft verschrieben hat.

547 ökologische Bauernhöfe und Selbstversorger gibt es allein in Deutschland. Hier schlägst du mit der kurzen Anreise und der sinnvollen Tätigkeit gleich zwei Fliegen mit einer Klappe.
Doch die Bewegung ist international und die perfekte Gelegenheit, andere Länder und Gleichgesinnte kennenzulernen.

Das bekommst du außerdem:

- Naturnähe. Du bist als Stadtkind aufgewachsen, das bis zu seinem zehnten Geburtstag dachte, Kühe wären lila? Beim Wwoofing lernst du eine ganz neue Nähe zur Natur kennen.
- Fundiertes Wissen über ökologische Landwirtschaft durch ganz konkrete praktische Erfahrungen.
- Kräftige Oberarme, denn die Arbeit auf einem ökologischen Bauernhof ist intensiver als in einem normalen landwirtschaftlichen Betrieb.

Das ist dir doch etwas zu heftig?
Denke trotzdem in deinem Urlaub an die Natur, zum Beispiel indem du am Strand Müll sammelst.

Auf www.careelite.de findest du übrigens eine Weltkarte mit allen Clean-up-Organisatoren - ob in Deutschland, Südafrika, Indien oder Georgien.

Wann willst du diese Challenge in Angriff nehmen?

Du hast im Urlaub gewwooft?
Eine Erfahrung, die sich in Punkten auf deinem Weg zu mehr Nachhaltigkeit gar nicht erfassen lässt. Dennoch gibt es für diese Challenge 8 Stück für dich!

UNTERWEGS

Alle wollen zurück
zur Natur.
Aber keiner zu Fuß.

WERNER MITSCH

Deine Challenge — 8 Punkte

AUF SCHUSTERS RAPPEN

Welche Strecke, die du in den letzten Tagen mit dem Auto zurückgelegt hast, war im Grunde überflüssig?

Bist du an einem Tag eine Strecke dreimal gefahren, anstatt alle Erledigungen auf diesem Weg auf einmal in Angriff zu nehmen?

Bist du lieber mit dem Taxi aus dem Club nach Hause, anstatt eine halbe Stunde zu laufen?

Bist du schnell zum Supermarkt gefahren, um irgendeinen Kleinsteinkauf zu erledigen, obwohl erstens der Supermarkt gerade einmal einen Kilometer entfernt ist und zweitens dein Einkauf so ganz und gar nicht wichtig war?

Lege in der kommenden Woche so viele Strecken wie möglich zu Fuß zurück!

Dauer der Challenge: 1 Woche

Eine kurze Analyse

»So viele Strecken wie möglich« - das ist natürlich herrlich vage formuliert und ein großartiges Schlupfloch für deinen inneren Schweinehund. Daher hier eine kurze Analyse vorweg:

Welche Wege hast du heute zurückgelegt?	Wie hast du sie zurückgelegt?	Lassen sich diese Wege auch zu Fuß zurücklegen?
....	....	....
....	....	....
....	....	....
....	....	....

Natürlich werden dir Ausreden einfallen wie:

- Wenn ich zu Fuß gehe, wird es einfach zu knapp.
- Aber was mache ich bei Regen?
- Aber ich habe doch so viele Einkäufe zu schleppen.

Keine Sorge:

- Geh einfach rechtzeitig los!
- Zieh dich den Witterungsverhältnissen angemessen an. Wie war das mit »Es gibt kein schlechtes Wetter, es gibt nur ...«?

- Du hast sicherlich einen großartigen Rucksack, in den viel hineinpasst und den du bequem auf dem Rücken tragen kannst. Du bist stärker, als du denkst.

Wann willst du diese Challenge in Angriff nehmen?

Du hast die Challenge durchgezogen?
Sehr gut. Und dabei hast du auch gleich etwas für dich selbst getan. Denn statt der durchschnittlichen 1500 Schritte, die ein Büroangestellter täglich zurücklegt (empfohlen sind in etwa 7500 pro Tag), bist du viel mehr gelaufen. Und das tut neben der Umwelt auch deiner Gesundheit gut. Zudem gibt es 8 Punkte auf deinem Weg zu mehr Nachhaltigkeit.

Deine Challenge 6 Punkte

TUFF, TUFF, TUFF

Dein Ziel ist zu weit weg, um es zu Fuß oder mit dem Fahrrad zu erreichen?

Dann entscheide dich für die umweltfreundlichste aller Alternativen.

Fahre im nächsten halben Jahr lange Strecken nur noch mit der Bahn!

Dauer der Challenge: ½ Jahr

So viele Einwände …

Ja, das dauert manchmal länger.

Ja, das kann bisweilen unbequem sein.

Ja, die Bahn macht manchmal so ihre Sperenzchen.

Doch die Zahlen sprechen eine deutliche Sprache: Egal, ob es um Kohlenmonoxid, Stickoxide, Feinstaub oder flüchtige Wasserstoffe geht: So produziert die

Bahn davon am wenigsten. Nur bei den Treibhausgasen ist der Reisebus besser – aber auch nur, solange der Strom, mit dem die Bahn betrieben wird, nicht noch nachhaltiger hergestellt wird.

Zu teuer?

Dafür gibt es ja Bahncard, Sparpreis & Co. Ja, solche Fahrten muss man manchmal etwas vorausschauend planen. Aber das ist unser blauer Planet doch wert, oder?

Ein Ding der Unmöglichkeit?
Die Bahn ist einfach keine Alternative? Dann stell dir die Frage, ob du tatsächlich unbedingt zu diesem Ziel musst. Lässt sich die Konferenz nicht genauso gut über Skype abhalten?

Wann beginnt deine Bahnfahrzeit?

Du hast die Challenge durchgezogen?
Allein im Jahr 2017 wurden in Deutschland 642,4 Milliarden Kilometer mit dem Auto zurückgelegt. Du warst diesmal nicht mit dabei. Das gibt 6 Punkte auf deinem Weg zu mehr Nachhaltigkeit.

Deine Challenge

3 Punkte

BESSER FLIEGEN

Es gibt Gelegenheiten, da geht es nicht anders.

Mit dem Zug würdest du allein bis zur Küste mehrere Tage brauchen. Und dann wäre da immer noch ein Meer zu überqueren. Und leider hast du nicht die Zeit, es wie Greta Thunberg auf dem Katamaran zu überqueren.

Also musst du fliegen, sosehr es dir auch widerstrebt. Da kann man nichts machen – oder?

Kompensiere deinen CO_2-Ausstoß bei einem unvermeidlichen Flug durch eine Spende!

Dauer der Challenge: 1 Klick bei der Buchung

So geht's:

- Viele Fluggesellschaften bieten schon bei der Buchung die Möglichkeit an, eine Ausgleichszahlung zu leisten, die zum Beispiel für den Einsatz nachhaltiger Kraftstoffe oder für Wiederaufforstungsprojekte eingesetzt wird.
- Deine Fluggesellschaft bietet diese Möglichkeit nicht an? Dann kannst du zum Beispiel über Atmosfair, Primaklima oder Klima-Kollekte deinen CO_2-Ausstoß kompensieren.

Kein Persilschein

Doch nur, weil es möglich ist, einen Flug zu kompensieren, heißt das nicht, dass das Fliegen wieder eine neutrale Option für dich werden soll. Mache das Fliegen zu echten Ausnahmesituationen – zu persönlichen Highlights und besteige ein Flugzeug nur, wenn es wirklich keine Alternative für dich gibt!
Nein, der dringende Wunsch, deine Hochzeitsreise auf den Malediven zu verbringen, ist keine solche Zwangslage.

Und sonst so im Flugzeug?

Davon abgesehen, kannst du im Flugzeug darauf achten, wenigstens so wenig Müll wie möglich zu produzieren.

- Verzichte auf Getränke aus Plastikbechern!
- Bring stattdessen deine eigene Mehrwegflasche mit, die du befüllen lässt!
- Verzichte auf ein Menü aus Plastikschalen!

Bei welcher Gelegenheit willst du diese Challenge in Angriff nehmen?

Du hast die Challenge durchgezogen?

Für einen Flug auf die Malediven könntest du mit dem Auto zweimal quer durch Europa reisen. Wenn es doch nicht anders geht, ist die Kompensation wenigstens ein kleiner Schritt. Das gibt 3 Punkte auf deinem Weg zu mehr Nachhaltigkeit.

Deine Challenge

7 Punkte

GEMEINSAM UNTERWEGS

Eigentlich würdest du ja gern auf das Auto verzichten, aber mit der Bahn wärst du auf dieser abgelegenen Strecke doppelt so lange unterwegs und müsstest dann noch von irgendjemandem vom 20 Kilometer entfernten Bahnhof abgeholt werden?

Ja, es gibt Gründe, ins Auto zu steigen. Doch wenn es schon sein muss, kannst du es immerhin ein bisschen besser machen, als allein durch die Gegend zu kutschieren.

Biete deine nächste längere Fahrt als Mitfahrgelegenheit an!

Dauer der Challenge: 1 lange Autofahrt

Was du außerdem dazubekommst:

- Du lernst neue, interessante Menschen kennen.
- Du teilst nicht nur den CO_2-Ausstoß, sondern auch die Fahrtkosten.
- Du hast jemanden, der dafür sorgt, dass du auf langen, einsamen Fahrten nicht einschläfst.

Du hast Angst, dir irgendwelche Freaks ins Auto zu holen? Dann kontrolliere im Vorfeld die Bewertungen deiner potenziellen Mitfahrer.

Ist das als Frau nicht viel zu gefährlich? Das muss nicht sein! BlaBlaCar.de bietet zum Beispiel Fahrten nur für Frauen an.

Wann willst du das Ganze zum ersten Mal ausprobieren?

Du fandest die Fahrt durchaus nicht schlimm?
Sehr gut! Über 50 Millionen Autos sind aktuell auf deutschen Straßen unterwegs. Durch deine Mitfahrgelegenheit hast du einen Beitrag dazu geleistet, diese Zahl zu reduzieren. Das gibt 7 Punkte auf deinem Weg zu mehr Nachhaltigkeit.

Deine Challenge **4 Punkte**

MIT LEICHTEM GEPÄCK

Egal, wohin du dich begibst: Alles, was du bei dir hast, muss genauso wie du transportiert werden, das heißt, es müssen Strom, Gas oder Benzin aufgewendet werden, um dein Gepäck von A nach B zu bringen.

Reise im kommenden Jahr mit leichtem Gepäck!

Dauer der Challenge: 1 Jahr

Das gilt übrigens auch fürs Auto!
Nehmen wir mal an, du hättest ein Auto. Und nehmen wir an, du bräuchtest es wirklich und es gäbe keine Alternative für dich. Aber musst du wirklich alles, was im Auto liegt, ständig dabeihaben?

Zum Beispiel den leeren Bierkasten, den du schon lange beim Supermarkt abgeben willst?

Die Inliner – für den Fall der Fälle? Ja, auch jetzt im Dezember?

Deine Sporttasche?
Den Ersatzkindersitz?

Sortiere aus! Welche Dinge in deinem Auto kannst du getrost in die Garage oder den Keller verbannen?

- [ ] ....
- [ ] ....
- [ ] ....
- [ ] ....
- [ ] ....
- [ ] ....

So viel zum Alltag. Wenden wir uns dem Urlaub zu ...

Packliste: Ich packe meinen Koffer ...

... und packe *nicht* ein:

- Bücherstapel. Dafür gibt es E-Reader.
- Landkarten. Nimm doch lieber die App.
- Ein Outfit für jede Gelegenheit. Mach dir vorher Gedanken, was du wirklich brauchst!

Bei welcher Gelegenheit wirst du als Nächstes darauf achten, mit leichtem Gepäck zu reisen?

....

Du hast die Challenge durchgezogen?
Das gibt 4 Punkte auf deinem Weg zu mehr Nachhaltigkeit.

Deine Challenge **5 Punkte**

MOTOR AUS!

Es ist wirklich eine schwere Entscheidung. Du stehst im Stau, der Wagen rollt – zunächst. Dann stehst du – aber es geht bestimmt gleich, weiter, oder?

Oder machst du doch besser den Motor aus?

Vielleicht hast du ja einen modernen Neuwagen, dessen Motor sich sowieso bei jedem Zwischenstopp im Stau oder an der Ampel ausschaltet. Alle anderen probieren sich an folgender Challenge:

Stelle in den kommenden vier Wochen bei einem Halt ab zehn Sekunden Dauer den Motor ab!

Dauer der Challenge: 4 Wochen

Die Ausnahme, die die Regel bestätigt

Du fährst ein so altes Auto, dass es nur anspringt, wenn du dabei ordentlich Gas gibst? Das hebt die CO_2-Ersparnis durch das Abschalten gleich wieder auf. Deshalb kannst du den Motor in diesem Fall ruhig länger laufen lassen.

Doch bei der Vollsperrung auf der Autobahn gilt natürlich auch hier: Motor aus!

Ab wann willst du diese Herausforderung in Angriff nehmen?

....

Du hast die Challenge durchgezogen?

Hat sich zunächst komisch angefühlt, oder? Dennoch: Man gewöhnt sich dran. Gut gemacht! Das gibt 5 Punkte auf deinem Weg zu mehr Nachhaltigkeit.

Deine Challenge

9 Punkte

EXTREM UMWELTFREUNDLICH

Du hast Zeit. Du bist ungebunden. Flexibel. Und hast so richtig Lust, zu reisen?

Wage eine umweltfreundliche »Extremreise«!

Dauer der Challenge:

so lange, wie die Reise dauert …

Was das bedeutet?

Nimm eine Reise in Angriff, bei der dir eigentlich Auto, Bus, Bahn oder gar Flugzeug unverzichtbar erscheinen und lege die Strecke annähernd CO_2-frei zurück!

Zum Beispiel …

- … indem du mit dem Fahrrad die Alpen überquerst.
- … indem du einmal von der Nordseeküste zur Zugspitze wanderst.
- … indem du einen Pilgerweg beschreitest.

Nicht alles nur Jakobsweg

Kennst du zum Beispiel den Frankenweg, der nach Rom führt? Oder den Martinsweg quer durch Mitteleuropa? Oder wie wäre es mit dem Benediktweg von Österreich nach Slowenien?

Deine To-dos auf dem Weg

Doch es ist nicht allein damit getan, CO_2-frei zu reisen. Achte bei deiner Reise auf folgende Dinge:

- Lass keinen Müll liegen!
- Noch besser: Produziere so wenig Müll wie möglich!
- Übernachte nachhaltig! Wo das geht, erfährst du unter www.bookitgreen.com.

Wann soll das Abenteuer beginnen?

Du hast die Challenge durchgezogen?

Wow! Eigentlich ist das Erlebnis ja schon Belohnung genug. Aber zusätzlich gibt das noch einmal 9 Punkte auf deinem Weg zu mehr Nachhaltigkeit.

Deine Challenge 7 Punkte

VORAUSSCHAUEND FAHREN

Gas. Bremsen. Gas. Bremsen.

Es ist recht unangenehm, bei einem wenig vorausschauenden Fahrer mitzufahren, der ständig beschleunigt und dann ruckartig abbremst. Doch damit nicht genug: Dieser Fahrstil sorgt nicht nur für einen erhöhten Spritverbrauch, sondern auch für mehr Reifenabrieb (Feinstaub!) und einen höheren Verschleiß, weil zum Beispiel beim ständigen Stop-and-go die Bremsbeläge viel schneller abgefahren sind.

Fahre in der kommenden Woche so vorausschauend wie nur möglich!

Dauer der Challenge: 1 Woche

Du bist sowieso schon der vorausschauendste Fahrer der Welt?

Beobachte dich eine Woche lang selbst:

- Musstest du an einer Ampel bremsen, anstatt einfach nur ausrollen zu lassen?
- Hast du verpasst, rechtzeitig zu schalten, und den orangefarbenen Drehzahlbereich erreicht?
- Musstest du stark bremsen, weil ein anderer Verkehrsteilnehmer »überraschend« in deinen Weg gekommen ist?
- In welchen anderen Situationen bist du in dieser Woche vielleicht doch nicht so ganz vorausschauend gefahren? Wo hast du noch Optimierungsbedarf?

So klappt es:

- Sei hellwach! Wenn du müde bist, dann Finger weg vom Steuer!
- Lass dich nicht ablenken, weder durch Handy oder Radio noch durch irgendwelche unangenehmen Gedanken, die dir durch den Kopf gehen.
- Versuche, die Ampelschaltungen zu verstehen! Wenn du begreifst, dass es sich nicht lohnt, mit Voll-

gas über eine Ampel zu brettern, weil die nächste sowieso rot sein wird, bist du vielleicht eher dazu bereit, deinen Fahrstil zu ändern.

- Beherrsche dein Fahrzeug! Denn nur dann kannst du es auch möglichst nachhaltig führen. Das kann zum Beispiel heißen, dass du noch einmal eine Fahrstunde nimmst oder am Sonntag auf einem einsamen Parkplatz einparken übst.
- Wo hast du noch Optimierungsbedarf?

....

....

....

Wann willst du deine vorausschauende Woche in Angriff nehmen?

....

Du hast die Challenge durchgezogen?

Sehr gut! Im Jahr 2018 waren in Deutschland 46.475.000 Autos registriert. Da lässt sich einiges bewirken, wenn alle so vorausschauend fahren wie du. Für dich gibt es jetzt aber erst mal 7 Punkte auf deinem Weg zu mehr Nachhaltigkeit.

Deine Challenge 5 Punkte

VON WEGEN SCHÖN KURZ

Ein kurzer Abstecher nach Wien? Drei Tage London? Ein Wochenende Prag? Bevor der Weihnachtsstress losgeht, noch für eine Woche nach Teneriffa?

Sind 10 Stunden Reisezeit und der damit verbundene CO_2-Ausstoß für 48 Stunden Aufenthalt wirklich gerechtfertigt?

Verzichte ein Jahr lang auf Kurztrips!

Dauer der Challenge: 1 Jahr

Der Vorteil

Abgesehen davon, dass du so nicht alle paar Wochen Unmengen von CO_2 in die Luft bläst, um drei Tage irgendwo zu verbringen, wo du in dieser kurzen Zeit gar nicht so richtig ankommen kannst, hat der Verzicht auf Kurztrips einen weiteren wesentlichen Vorteil:

Du kannst dir für die Anreise Zeit nehmen.

Klar, wenn du nur zwei Tage vor Ort bist, dann hast du keine Lust, fast einen kompletten weiteren Tag in der Bahn zu verbringen. Wenn du aber beschließt, drei Wochen an einem Ort zu verbringen, dann fallen zwölf Stunden Zugfahrt nicht sonderlich ins Gewicht.

Wann willst du diese Herausforderung in Angriff nehmen?

Bitte sag jetzt nicht: »Nach meinem Kurztrip nach Barcelona!«

Du hast die Challenge durchgezogen?

Kurztrips haben das Potenzial, deinen ökologischen Fußabdruck so richtig zu versauen. Hervorragend, dass du begonnen hast, gegenzusteuern. Das gibt 5 Punkte auf deinem Weg zu mehr Nachhaltigkeit.

Deine Challenge **7 Punkte**

KLIMAANLAGE AUS

Du hast dich gerade vier Stunden am Baggersee grillen lassen. Dein Auto hat währenddessen auf dem Parkplatz in der prallen Sonne gebrütet, und als du einsteigst, verbrennst du dir fast die Finger am Lenkrad.

Ja, es gibt Situationen, in denen die Klimaanlage im Auto unverzichtbar erscheint.

Doch die Situationen, in denen sie verzichtbar ist, überwiegen. Vor allem, weil es einen guten Grund gibt, sie nicht einzuschalten.

Verzichte in der kommenden Woche beim Autofahren auf die Klimaanlage!

Dauer der Challenge: 7 Tage

Bis zu sechs Liter mehr!

Die Klimaanlage säuft, und zwar zwischen 0,5 und 6 Litern auf 100 Kilometern. Nachhaltigkeit ist etwas anderes.

Deine Alternativen:

- Parke das Auto im Schatten!
- Nutze die kühlende Wirkung des Gebläses!
- Öffne das Autofenster!

Sieben Tage ohne Zusatzverbrauch

Hake ab: So viele Tage habe ich es ohne Klimaanlage ausgehalten:

Tag 1	Tag 2	Tag 3	Tag 4	Tag 5	Tag 6	Tag 7

Wann willst du diese Herausforderung in Angriff nehmen?

....

Du hast die Challenge durchgezogen?

Sehr gut! Und so ganz ohne Probleme? Dann wiederhole diese Challenge im Hochsommer noch und freu dich über 7 Punkte auf deinem Weg zu mehr Nachhaltigkeit!

Deine Challenge

6 Punkte

NACHHALTIGER PROVIANT

Es waren die Neunzigerjahre. Trotzdem hätten wir es besser wissen müssen. Aber es war so herrlich einfach. Das tägliche Pausenbrot – eingewickelt in Frischhaltefolie oder – genauso schlimm – Alufolie.

Worin wickelst du deine Brotzeit ein, wenn du auf großer Fahrt bist?

A: Ich wickle gar nichts ein, sondern verwende eine Brotzeitbox aus Glas oder Metall.

B: Äh, Frischhalte- und Alufolie gibt es doch immer noch. Oder diese tollen bunten Plastikboxen.

Du hast dich für B entschieden? Dann ist diese Challenge für dich absolutes Pflichtprogramm.

Besorge dir Bienenwachstücher als Alternative zum Plastikmüll!

Dauer der Challenge:
Der Kauf geht blitzschnell.

Wofür du Wachstücher verwenden kannst:
Diese Tücher sind nicht nur auf Reisen ein Segen.

Obst, das du darin einwickelst, hält länger. Zwiebeln stinken dadurch den Kühlschrank nicht so voll, Sekt in einer damit verschlossenen Flasche wird weniger schnell schal. Die Anwendungsmöglichkeiten sind schier unendlich.

Und dann?

Nach der Benutzung einfach mit kaltem, klarem Wasser und einer Bürste abspülen und an der Luft trocknen lassen – fertig.

Und wofür nicht:
Verwende für rohes Fleisch oder Fisch besser keine Wachstücher. Die Keime aus dem Fleisch können selbst für die antibakteriellen Tücher ein bisschen zu heftig sein – vor allem, weil du sie nicht abkochen kannst.

DIY

Wenn du willst, kannst du Bienenwachstücher auch relativ leicht aus alten Baumwolltüchern und Wachs herstellen. Tutorials findest du noch und nöcher auf YouTube.

Wann fängst du damit an, deinen Proviant nachhaltig zu verpacken?

Du hast dich in die Wachstücher verliebt?
Sehr gut! Wenn du sie jetzt nicht in der prallen Sonne oder auf dem Heizkörper trocknest, hast du noch sehr lange deine Freude daran. Außerdem gibt es zusätzlich 6 Punkte auf deinem Weg zu mehr Nachhaltigkeit.

Deine Challenge

8 Punkte

ICH BIN MIT DEM RAD DA

Wege zu Fuß, mit der Bahn, vernünftig mit dem Auto und fast gar nicht mit dem Flugzeug zurückzulegen: Fehlt da nicht noch was?

Nutze in den folgenden drei Monaten bei jeder sich bietenden Gelegenheit das Fahrrad!

Dauer der Challenge: 3 Monate

So viele Gründe dagegen – und die Gegenargumente

»Aber es ist so kalt.«

- Wie auch auf Seite 161 geschrieben: Es gibt kein schlechtes Wetter – nur schlechte Kleidung. Besorge dir eine ordentliche Fahrradausrüstung, mit der du auch Wind und Regen aushältst!

»Aber dann komme ich zu spät.«

- Fahre rechtzeitig los!

»Aber dann komme ich verschwitzt an.«

- Nicht, wenn du rechtzeitig losfährst.

»Aber es ist so weit.«

- Wäre möglicherweise ein E-Bike eine Option für dich?

Diese Strecken werde ich fortan bei Wind und Wetter mit dem Fahrrad bewältigen:

....

....

Und das Beste daran:

Mit dem Fahrrad stehst du im Grunde niemals im Stau, und dein abendliches Workout sparst du dir damit gleich auch noch!

Ab wann bist du nur noch mit dem Rad da?

....

Du hast es durchgezogen?
Sehr gut! Da freut sich nicht nur dein Körper, sondern auch die Umwelt. Außerdem gibt das 8 Punkte auf deinem Weg zu mehr Nachhaltigkeit.

Deine Challenge 5 Punkte

TEILEN. TEILEN. TEILEN.

Das Auto. Den E-Scooter. Leihfahrräder in der Stadt.
Die Möglichkeiten sind vielfältig.
Nutze sie!

Teste eine der zahlreichen Sharing-Möglichkeiten im Bereich Straßenverkehr aus!

Dauer der Challenge:
wenige Minuten bis Stunden

Und warum?
Manche Dinge muss man einfach ausprobiert haben, um zu wissen, wie gut sie sind. Und vielleicht bekommst du ja Lust, das Ganze zu wiederholen.

Aber:

- Behandle das geliehene Objekt pfleglich!
- Stelle es dort ab, wo es hingehört!

- Benutze es nur so wie vorgesehen. Fahre also mit einem E-Scooter nicht zu zweit oder auf dem Gehweg!
- Nutze den E-Scooter nur dann, wenn du damit eine Auto- oder Taxifahrt ersetzt! Kurze Fußwege solltest du aus ökologischen und gesundheitlichen Gründen auch weiterhin zu Fuß gehen.

Ab wann leihst du?

Du hast es durchgezogen?

Sehr gut! Für deine Bereitschaft, Dinge auszuprobieren, gibt es 5 Punkte auf deinem Weg zu mehr Nachhaltigkeit.

DEIN WEG ZU MEHR NACHHALTIGKEIT

Du hast im Laufe dieses Buches so einiges an Nachhaltigkeitspunkten sammeln können. Zähle sie zusammen, und schaue nach, wie weit du auf deinem Weg zu einem nachhaltigen Leben bereits gekommen bist.

0 bis 100 Punkte:

Der Weg hin zu mehr Nachhaltigkeit ist weit, doch du hast den wichtigsten Schritt von allen gemacht: Du bist aufgebrochen. Denn wie heißt doch der Poesiealbumspruch so schön: Es gibt nichts Gutes, außer man tut es. Geh also weiter unbeirrt auf deinem Weg und sprich darüber! Denn nur so kannst du auch andere Menschen dazu bringen, sich auf den Weg zu machen.

101 bis 200 Punkte:

Du bist nicht nur aufgebrochen, du bist auch drangeblieben. Ob es dadurch in Zukunft im Winter wieder häufiger schneit? Ob uns schwere Stürme dadurch erspart bleiben? Allein durch dein Handeln nicht. Und dennoch hast du in deiner nächsten Umgebung – sei es durch

Müllsammelaktionen oder als Krötentaxi - ein Zeichen gesetzt. Und das kann dafür sorgen, dass sich auch im Großen etwas ändert.

201 bis 300 Punkte:

Hervorragend! Du bist auf deinem Weg zu einem Leben in Nachhaltigkeit schon weit fortgeschritten. Du hast dabei nicht nur so einiges an CO_2, Wasser und Müll eingespart, sondern auch in deinem Gehirn die Bahnen neu verlegt, sodass es dir in Zukunft viel leichter fallen wird, nachhaltige Entscheidungen zu treffen. Das freut nicht nur uns, sondern auch diesen Planeten. Denn jeder Schritt zählt.

Über 350:

Wow! In Sachen Nachhaltigkeit macht dir keiner was vor. Vom Strohhalmablehnen bis zur umweltfreundlichen Extremreise gibt es kaum etwas, das du nicht schon ausprobiert hättest. Dennoch oder gerade weil du dich so gut auskennst, weißt du auch, wie weit der Weg ist, den wir zu gehen haben, um diese Welt zu retten. Vor allem haben wir ihn alle zu gehen. Doch durch deine vorbildliche Haltung in Sachen Nachhaltigkeit bist du ein echtes Vorbild für andere. Du darfst stolz auf dich sein! Und wenn du das nicht bist: Wir sind es.

DIE AUTOREN

Mit seinem engagierten Einsatz im Kampf gegen den Plastikmüll in der Natur wurde der sympathische Umweltschützer und Blogger Christoph Schulz bekannt. Medien wie die ARD, das ZDF, das Handelsblatt oder der Spiegel stellten den jungen Berliner und seine Umweltschutz-Community bereits vor. Mit CareElite schafft er es bereits heute, bei Millionen von Menschen auf der ganzen Welt ein Bewusstsein für Plastikmüll und andere Umweltprobleme unserer Zeit zu bewirken. Im Gleichschritt mit seiner Community lernt er, möglichst plastikfrei und nachhaltig zu leben und sich im Alltag für den Umweltschutz zu engagieren.

Die Autorin und Journalistin Carolina Graf beschäftigt sich seit Jahren mit der Frage, was ein »richtiges« Leben ausmacht. Bei ihrer Arbeit mit Christoph Schulz ist sie der Antwort darauf einen großen Schritt näher gekommen.

VIRGINIA WOOLF

MRS. DALLOWAY

Roman

Aus dem Englischen von
Herberth E. und Marlys Herlitschka

S. FISCHER VERLAG

Die Originalausgabe erschien 1925
unter dem Titel »Mrs. Dalloway«
im Verlag The Hogarth Press, London

Druck und Einband: Clausen & Bosse, Leck
Printed in Germany 1986
ISBN 3-10-092517-3

Mrs. Dalloway sagte, sie wolle selber gehn und die Blumen kaufen.

Denn Lucy hatte alle Hände voll zu tun. Die Türen würden ausgehängt; und die Männer von Rumpelmayer kämen. Und was für ein Morgen, dachte Clarissa Dalloway, – so frisch, wie Kindern auf einem Strand beschert.

Was für ein Spaß! Was für ein Kopfsprung! Denn so hatte sie es immer empfunden, wenn sie in Bourton die Glastür, deren leises Quietschen in den Angeln sie jetzt noch hören konnte, aufstieß und sich förmlich in die Luft hinausstürzte. Wie erfrischend, wie still, ruhiger als hier, natürlich, die Luft am frühen Morgen gewesen war; wie der Klaps einer Welle; wie der Kuß einer Welle; frostkühl und scharf und doch (für eine Achtzehnjährige, die sie damals war) feierlich, denn sie hatte, während sie in der offenen Tür stand, das Gefühl, es bereite sich etwas Ehrfurchtgebietendes vor; während sie auf die Blumen, auf die Bäume blickte, von denen sich der leichte Nebel loswand und die Krähen aufflogen, um sich gleich wieder niederzulassen; während sie stand und schaute, bis Peter Walsh sagte: »Mit den Gedanken im Gemüse?« – das? – oder: »Mir sind Menschen lieber als Kohlköpfe« – das? Er mußte es einmal nach dem Frühstück gesagt haben, als sie auf die Terrasse hinausgegangen war, – Peter Walsh! Er sollte dieser Tage aus Indien zurückkommen, im Juni oder Juli, sie hatte vergessen wann, denn seine Briefe waren schrecklich öde; seiner Aussprüche, deren erinnerte man sich; seiner Augen, seines Taschenmessers, seines Lächelns, seiner Brummigkeit und, wenn doch Millionen Dinge versunken und vergessen waren, – wie sonderbar! – einiger Aussprüche wie dieses über Kohlköpfe.

Sie straffte sich ein wenig auf dem Randstein, während sie wartete, bis Durtnall's Lieferwagen vorbei wäre. Eine reizende Frau, so fand Scrope Purvis (der sie kannte, wie man Leute kennt, die in Westminster Tür an Tür mit einem wohnen); hatte etwas von einem Vogel, von einem Häher, etwas Schillerndes, Beschwingtes, Lebhaftes, wenngleich sie über fünfzig und fast weiß geworden war seit ihrer Krankheit. Dort stand sie, sehr aufrecht, wie zum Wegfliegen bereit, sah ihn gar nicht, wartete, bevor sie über die Straße ging.

Denn wenn man in Westminster wohnte – wie viele Jahre schon? mehr als zwanzig – fühlte man sogar mitten im Straßenverkehr oder wenn man nachts aufwachte – Clarissa war dessen gewiß – eine ganz eigene Stille oder Feierlichkeit; eine unbeschreibliche Pause; ein erwartungsvolles Innehalten (doch das mochte ihr Herz sein, das angegriffen war, hatte man ihr gesagt, seit der Grippe), bevor Big Ben zu schlagen begann. Da! Jetzt dröhnte er los. Erst eine Ankündigung, eine musikalische; dann, unwiderruflich, die Stunde. Die bleiernen Ringe zergingen in der Luft. Solche Narren sind wir, dachte sie, die Victoria Street querend. Denn der Himmel allein mochte wissen, warum man es so liebte, wieso man es auf diese Weise sah, es ausspann, es um sich herum aufbaute, umwarf, es jeden Augenblick von neuem erschuf! Doch die wahrsten Vogelscheuchen, die niedergeschlagensten Jammergestalten, die auf Türstufen saßen (und ihr Heruntergekommensein schlürften), taten dasselbe; aus ebendiesem Grund konnte man da auch nichts, davon war sie überzeugt, mit Parlamentsbeschlüssen ausrichten; sie liebten das Leben. In den Augen der Menschen, in dem Schwung, dem Schreiten und Schlurren; in dem Gelärm und Getriebe; den Kutschierwagen, Autos und Omnibussen, den Lieferwagen, den Plakatmännern, den wandelnden und wackelnden; den Blechmusiken; den Drehorgeln; dem Jubilieren und Klingeln und dem seltsamen hohen Singsang eines Flugzeugs hoch oben – in alledem war, was sie liebte: das Leben; London; dieser Augenblick des Juni.

Denn es war Mitte Juni. Der Krieg war vorbei, außer für jemand wie Mrs. Foxcroft, im Embassy gestern abend, die ihr Herz verzehrte, weil der nette Junge gefallen war und der alte Herrensitz nun auf diesen Vetter übergehn würde; oder für Lady Bexborough, die, so erzählte man sich, einen Wohltätigkeitsbasar eröffnet hatte, das Telegramm in der Hand: John, ihr besonderer Liebling, gefallen. Aber der Krieg war vorbei; gottlob – vorbei! Es war Juni. Der König und die Königin weilten im Buckingham Palace. Und überall, obzwar es noch so früh war, regte es sich: ein Klopfen von galoppierenden Hufen, ein Klappen von Schlägern; Wettspiele auf Lord's Kricketplatz; Rennen in Ascot; Polo im Ranelaghklub; und alles übrige. Eingehüllt in das weiche Gewebe der graublauen Morgenluft, die, während der Tag sich entfaltete, alles auswickeln und auf die Rasenplätze und Grundlinien die federnden Ponys hinstellen würde, deren Vorderfüße den Boden grade nur berührten, und schon sprangen sie wieder hoch; die wirbelnden jungen Männer; und lachende junge Mädchen in ihren hauchdünnen Musselinkleidern, die trotz einer durchtanzten Nacht jetzt schon ihre drolligen wolligen Hunde spazierenführten; und jetzt schon, um diese Stunde, ließen sich diskrete alte adelige Witwen von ihren Limousinen geheimnisvollen Zielen zutragen; und Ladeninhaber rückten in den Schaufenstern ihren Straß und ihre Diamanten zurecht, ihre wunderschönen, alten meergrünen Broschen in Barockfassungen, die die Amerikaner in Versuchung führen sollten (aber man mußte sparen, durfte nicht unüberlegt etwas für Elizabeth kaufen); und sie selbst, auch sie, die das alles mit einer absurden und anhänglichen Leidenschaft liebte, ein Teil davon war, da ihre

Vorfahren einst, zur Zeit der Hannoveraner, im Hofdienst gestanden hatten, auch sie würde heute, an diesem Abend, Lichter aufsetzen und leuchten lassen; sie gäbe ihre Gesellschaft!

Doch wie seltsam, wenn man den St. James's Park betrat, diese Stille; der Morgendunst; der ferne Lärm; die sich glücklich fühlenden, bedächtig umherschwimmenden Enten; die aufgeplustert dahinwatschelnden; und wer anders kam da einher, sehr passend den Rücken den Ministerien zugekehrt, unterm Arm eine Depeschentasche mit dem eingeprägten königlichen Wappen, wer anders als Hugh Whitbread? Ihr alter Freund Hugh – der untadelige Hugh!

»Einen schönen guten Morgen, meine liebe Clarissa«, sagte Hugh, ein wenig zu überschwenglich, denn sie hatten einander schon als Kinder gekannt. »Wohin des Wegs?«

»Ich gehe so gern in London spazieren«, sagte Mrs. Dalloway. »Wirklich, viel lieber als auf dem Land.«

Sie seien eben erst in die Stadt gekommen – leider um Ärzte zu konsultieren. Andere Leute kamen, um sich Bilder anzusehen; in die Oper zu gehn; ihre Töchter auszuführen; die Whitbreads aber kamen, »um Ärzte zu konsultieren«. Unzählige Male hatte Clarissa in irgendeiner Privatklinik Evelyn Whitbread besucht. Sei Evelyn denn wieder krank? Ach, Evelyn gehe es gar nicht besonders, sagte Hugh und deutete an, durch etwas wie ein Vorschieben oder Schwellenlassen seines sehr gut gepolsterten, männlichen, äußerst stattlichen, vollendet tapezierten Körpers (er war fast immer zu tadellos gekleidet, aber mußte das wohl sein, seines Pöstchens bei Hof wegen), seine Frau habe ein inneres Leiden, nichts Ernstes – was, das werde eine alte Freundin wie Clarissa Dalloway schon verstehn, ohne daß er es näher zu bezeichnen brauche. Ah ja, natürlich verstand sie – wie lästig! Sie war voll schwesterlichen Mitgefühls und war sich gleichzeitig wunderlich ihres Huts bewußt. Nicht ganz der richtige Hut für den frühen Vormittag – war das der Grund? Denn Hugh – wie er rührig so neben ihr herschritt, den Hut etwas übertrieben lüpfte und ihr versicherte, sie sehe aus wie eine Achtzehnjährige und selbstverständlich käme er heute abend auf ihr Fest, darauf bestehe Evelyn, nur werde er sich vielleicht ein wenig verspäten nach dem Empfang bei Hof, auf den er einen von Jims Jungen mitnehmen müsse, – Hugh ließ sie sich immer ein bißchen dürftig vorkommen neben ihm; wie ein Schulmädchen; aber sie konnte ihn gut leiden, teils, weil sie ihn schon so ewig lange kannte, aber auch, weil sie ihn für einen auf seine Weise sehr netten Kerl hielt, obzwar er Richard fast rasend machen konnte, und Peter Walsh, der hatte ihr bis zum heutigen Tag nicht verziehen, daß sie ihn gern hatte.

Ein Vorfall nach dem andern in Bourton fiel ihr ein; wie wütend Peter gewesen war; und wie Hugh ihm natürlich in keiner Weise gewachsen, aber durchaus kein so vollkommener Schwachkopf war, wie Peter behauptete; kein bloßer Haubenstock; wenn Hughs alte Mutter wollte, er solle heute die Jagd sein lassen und mit ihr nach Bath fahren, so tat er das ohne Murren; er war wirklich selbstlos; und wenn Peter ihn als einen herzlosen, einen hirnlosen Menschen bezeichnete, der bloß die guten Manieren und die Erziehung eines englischen Gentleman besitze, so bewies das nur, wie eklig ihr lieber Peter manchmal sein konnte; und er konnte, weiß der Himmel, unerträglich sein, konnte sich ganz unmöglich benehmen; aber was für ein bezaubernder Begleiter er wäre an einem Vormittag wie diesem!

(Der Juni hatte jedes Blatt aus den Bäumen hervorgelockt. Mütter in Pimlico säugten, auf den Türstufen sitzend, ihre Jungen. Meldungen von der Flotte trafen im Marineministerium ein. Die Arlington Street und Piccadilly schienen gradezu die Luft im Park warm zu halten und seine Blätter erhitzt und glitzernd zu heben, auf Wellen dieser göttlichen Lebensfreude, die Clarissa so liebte. Tanzen, Reiten, sie hatte das alles mit Begeisterung getan!)

Denn sie hätten ebensogut schon Hunderte von Jahren getrennt sein können, sie und Peter. Sie schrieb ihm nie, und seine Briefe waren dürres Holz. Aber dann, ganz plötzlich, kam es wieder über sie: Wenn er jetzt bei ihr wäre, was würde er sagen? – Manche Tage, manche Anblicke brachten ihn ihr zurück, auf eine stille Weise, ohne die Bitterkeit von einst; was vielleicht die Belohnung dafür war, daß man sich einmal etwas aus Leuten gemacht hatte. Sie kamen zu einem zurück, mitten im St. James's Park, an einem schönen Morgen – wahrhaftig, das taten sie. Doch Peter – so herrlich der Tag auch sein mochte und die Bäume und das Gras, und das kleine Mädelchen in Rosa – Peter merkte nie das geringste. Er würde die Brille aufsetzen, wenn sie es ihm sagte; er würde umherblicken. Aber die Weltlage, die war, was ihn interessierte; oder Wagner, Popes Gedichte, immer und ewig die Charaktere von Leuten und die Mängel ihrer eigenen Seele. Wie er sie abkanzelte! Und wie sie sich beide ereiferten! Sie werde noch einmal einen Premierminister heiraten und oben am Kopf einer Treppe stehn. Die perfekte Gastgeberin, so hatte er sie genannt (sie hatte geweint deswegen, in ihrem Schlafzimmer), ja, sie habe die Anlage zur perfekten Gastgeberin, hatte er gesagt.

Und so fand sie sich jetzt, hier im St. James's Park, immer noch mit sich selbst im Streit, gelangte immer noch zu demselben Schluß, daß sie recht gehabt hatte – weiß Gott, recht gehabt hatte! – ihn nicht zu heiraten. Denn in der Ehe muß es immer auch ein wenig Ungebundenheit geben, ein wenig Unabhängigkeit zwischen Menschen, die tagaus, tagein im selben Haus miteinander leben; und die ließ Richard ihr, und sie ihm. (Wo war er heute vormittag zum Beispiel? In irgendeiner Komiteesitzung; sie fragte nie, in was für einer.) Aber mit Peter mußte alles gemeinsam geschehn; alles erklärt werden. Und das war unerträglich gewesen, und als es zu jener Szene kam, in dem kleinen Garten, bei dem Springbrunnen, hatte sie mit ihm brechen müssen, sonst hätten sie einander zerstört, einander zugrunde gerichtet, davon war sie überzeugt. Wenn sie auch jahrelang, wie einen Pfeil im Herzen, den Schmerz, den Gram mit sich umhergetragen hatte; und dann der entsetzliche Augenblick, als ihr irgendwer bei einem Konzert erzählte, er habe geheiratet, eine, die er auf der Überfahrt nach Indien kennenlernte! Nie würde sie das alles vergessen können! Kalt, herzlos, prüde hatte er sie genannt. Nie werde sie verstehn, wie er sie liebe. Aber diese Damen in Indien, die verstanden es offenbar – alberne, hübsche, unbedeutende Gänschen! Und sie verschwendete ihr Mitleid. Er sei recht glücklich, hatte er ihr geschrieben – vollkommen glücklich; obzwar er nichts von alledem je getan hatte, wovon sie immer gesprochen hatten; sein ganzes Leben war verfehlt. Es machte sie heute noch zornig.

Sie war jetzt ans Parktor gelangt. Sie stand einen Augenblick und sah auf die Omnibusse in Piccadilly.

Sie würde von keinem Menschen auf der Welt mehr sagen, er sei dies oder das. Sie fühlte sich sehr jung; dabei unsagbar bejahrt. Sie schnitt wie ein Messer durch alles hindurch; stand gleichzeitig außerhalb, sah zu. Sie hatte, während sie die Taxis vorüberfahren ließ, unaufhörlich die Empfindung, weit, weit draußen auf dem Meer zu sein, und allein; sie hatte immer die Empfindung, es sei sehr, sehr gefährlich für sie, auch nur einen einzigen Tag zu durchleben. Nicht, daß sie sich für gescheit hielt oder gar für außergewöhnlich. Wie sie weitergekommen war im Leben mit den paar Brocken Wissen, die ihnen von Fräulein Denzler gereicht worden waren, begriff sie nicht... Sie wußte nichts; konnte keine Sprachen, keine Geschichte; kaum, daß sie jetzt gelegentlich ein Buch las, außer Memoiren, abends im Bett; und dennoch nahm alles dies sie völlig gefangen; alles dies; die vorbeifahrenden Taxis; und sie wollte nie wieder von Peter, sie wollte nie wieder von sich selbst sagen, ich bin dies, ich bin das.

Ihre einzige Gabe war es, Leute beinahe instinktiv einschätzen zu können, dachte sie im Weitergehn. Wenn man sie zusammen mit jemand in ein Zimmer steckte, schon machte sie einen Buckel wie eine Katze; oder sie begann zu schnurren. Devonshire House, Bath House, das Haus mit dem Porzellankakadu dort, sie hatte jedes schon einmal hell erleuchtet gesehn; und Sylvia fiel ihr ein, Fred, Sally Seton – so eine Unmenge von Leuten; und durchtanzte Nächte; und die Gemüsekarren, die, zum Markt unterwegs, vorbeistapften; und die Heimfahrten durch den Hyde Park. Sie erinnerte sich, wie sie einmal einen Schilling in den Serpentine-Teich geworfen hatte. Doch jeder Mensch hatte seine Erinnerungen; was sie so liebte, war hier, dort, da vor ihr; die Dicke in dem Taxi. Machte es dann etwas aus, fragte sie sich, zur Bond Street gehend, machte es etwas aus, daß sie einmal unvermeidlich aufhören würde zu sein? Daß dies alles ohne sie weiterginge; bedauerte sie das? Oder war es nicht eher ein tröstlicher Gedanke zu glauben, daß der Tod das absolute Ende bedeutete? – daß aber irgendwie auf den Londoner Straßen, auf dem Ebben und Fluten der Dinge, hier, dort, sie weiterleben, Peter weiterleben, sie eins im andern weiterleben würden? – daß sie, dessen war sie gewiß, ein Teil sei von den Bäumen daheim, dem Haus dort, dem unschönen, weitläufigen, winkeligen; ein Teil von Menschen, denen sie nie begegnet war; wie ein Nebelstreif aufgebahrt läge zwischen Leuten, die ihr am vertrautesten waren, die dann auf ihren Ästen sie zu sich emporheben würden, wie sie Bäume den Nebel zu sich emporheben gesehn hatte; aber wie weit es sich überallhin ausbreitete, ihr Leben, ihr Selbst! Wovon träumte sie eigentlich, während sie hier in Hatchards' Schaufenster blickte? Was versuchte sie wiederzuerhaschen, welches Bild einer weißlichen Morgendämmerung auf dem Land, während sie in dem aufgeschlagenen Buch da las:

Fürchte nicht mehr Sonnenglut,
Noch des Winters grimmen Hohn!

Diese jüngste Epoche des Weltgeschehens hatte in ihnen allen, Männern und Frauen, einen Brunnen von Tränen gegraben. Tränen und Kummer; Tapferkeit und Erdulden; ein standhaftes, stetiges Ertragen. Man brauchte bloß an die Frau zu denken, die sie am meisten bewunderte, an Lady Bexborough, wie sie den Wohltätigkeitsbasar eröffnet hatte.

Da lagen Surtee's *Jorrocks' Jaunts and Jollities* und *Mr. Sponge;* Mrs. Asquith' *Memoirs;* und *Big Game Shooting in Nigeria;* alle hier im Schaufenster aufgeschlagen. So viele, viele Bücher, aber keins, das ihr das richtige schien, um es Evelyn Whitbread in die Klinik mitzubringen. Keins, dem es gelänge, diese unbeschreiblich vertrocknete kleine Person zu unterhalten, damit sie einen, wenn man eintrat, auch nur einen Augenblick lang warm und herzlich ansah; bevor sie beide sich in das übliche, endlose Gerede über Frauenleiden verankerten. Wie sehr sie es sich wünschte – daß Leute erfreut dreinsähen, wenn sie hereinkäme, dachte Clarissa und wandte sich und ging zur Bond Street zurück, ärgerlich, weil es albern war, immer andere Gründe zu haben, etwas zu tun. Viel lieber wäre sie einer von diesen Menschen wie Richard gewesen, die alles um der Sache selbst willen taten, während sie, dachte sie und blieb stehn, bevor sie die Fahrbahn überschritt, die Hälfte der Zeit Dinge nicht einfach nur tat, sie nicht um ihrer selbst willen tat, sondern damit Leute sich dies oder jenes dächten; komplett idiotisch, das wußte sie (da hob der Polizist die Hand), denn niemand ließ sich davon auch nur eine Sekunde lang täuschen. Ach, wenn sie nur ihr Leben nochmals leben könnte! dachte sie und betrat drüben den Gehsteig, wenn sie wenigstens anders aussehn könnte! Dann wäre sie vor allem dunkelhaarig, wie Lady Bexborough, mit einer Haut wie genarbtes Leder und schönen Augen. Sie wäre wie Lady Bexborough, gelassen und stattlich; etwas üppig; mit einem Interesse für Politik wie ein Mann; Besitzerin eines Landhauses; sehr würdevoll, sehr freimütig. Statt dessen sie eine schmächtige Staketengestalt hatte; ein komisches kleines Gesicht hatte, geschnäbelt wie das eines Vogels. Allerdings, sie hielt sich sehr gerade; hatte hübsche Hände und Füße; und kleidete sich gut, wenn man bedachte, daß sie wenig dafür ausgab. Doch öfters kam ihr jetzt dieser Körper, mit dem sie umherging (sie blieb stehn, um sich ein Bild anzusehn, einen Niederländer), dieser Körper mit allen seinen Fähigkeiten kam ihr vor wie nichts, überhaupt nichts. Sie hatte die ganz sonderbare Empfindung, unsichtbar zu sein; ungesehen; ungekannt; als gäbe es, da das Heiraten hinter ihr lag und das Kinderkriegen, nur dieses erstaunliche und fast feierliche Weiterziehen mit allen den andern, die Bond Street entlang; nur dieses Mrs. Dalloway-Sein; nicht einmal mehr Clarissa; nur dieses Mrs. Richard Dalloway-Sein.

Die Bond Street faszinierte sie immer; die Bond Street an einem frühen Vormittag in der Season; die wehenden Flaggen; die Schaufenster; nichts Grelles; nichts Glitzerndes; ein einziger Tweedballen in dem Laden, wo ihr Vater sich fünfzig Jahre lang seine Anzüge hatte machen lassen; ein paar Perlen; ein Stück Lachs auf einem Eisblock.

»Das ist alles«, sagte sie mit einem Blick in die Fischhandlung. »Das ist alles«, wiederholte sie, vor dem Schaufenster eines Handschuhmachers stehnbleibend, wo man, vor dem Krieg, fast die vollkommenen Handschuhe kaufen konnte. Und ihr alter Onkel William hatte immer gesagt, die Dame erkenne man an ihren Schuhen und Handschuhen. Eines Morgens hatte er sich in seinem Bett zur Wand gedreht, mitten im Krieg, und gesagt: »Ich hab' genug.« Handschuhe und Schuhe; sie hatte eine Schwäche für Handschuhe; doch ihre eigene Tochter, ihre Elizabeth, die machte sich aus beiden nicht das geringste.

Nicht das geringste, dachte sie und ging weiter, die Bond Street entlang, zu einem Laden, wo man ihr Blumen reservierte, wenn sie eine Gesellschaft gab. Elizabeth lag eigentlich am meisten an ihrem Hund. Das ganze Haus hatte heute morgen nach Teer gerochen. Immerhin, lieber der arme Grizzle als Miss Kilman; lieber die Staupe und Teer und alles übrige, als eingekäfigt in einem stickigen Schlafzimmer zu sitzen, mit einem Gebetbuch. Lieber, was immer es auch wäre! hätte sie beinahe gedacht. Vielleicht war es nur eine Phase, wie Richard meinte, eine Phase, wie alle jungen Mädchen sie durchmachten. Eine Art von Verliebtheit vielleicht. Aber warum ausgerechnet Miss Kilman? Die freilich vom Leben schlecht behandelt worden war; das mußte man berücksichtigen, und Richard fand, sie sei sehr tüchtig, habe wirklich Geschichtssinn. Jedenfalls, die zwei waren unzertrennlich, und Elizabeth, ihre eigene Tochter, ging zur Kommunion; und es war ihr ganz schnuppe, wie sie angezogen war, wie sie sich zu Gästen benahm, die zum Lunch kamen; aber sie, Clarissa, wußte erfahrungsgemäß, daß religiöse Exaltiertheit (auch Begeisterung für eine »Sache«) Leute dickfellig machte; sie abstumpfte; denn Miss Kilman tat zwar Gott weiß was für die Russen, sie hungerte den Österreichern zuliebe, im stillen aber konnte sie einem wahre Folterqualen bereiten, so empfindungslos war sie, lief immerzu in ihrem grünen Wasserdichten herum. Jahraus, jahrein trug sie diesen Mantel, und sie schwitzte; sie war keine fünf Minuten in einem Zimmer, ohne einen ihre Höherwertigkeit fühlen zu lassen – deine Minderwertigkeit; wie arm sie war; wie reich du warst; daß sie in einem Elendsviertel wohnte, ohne ein Kissen, ohne Bett, ohne einen Teppich, ohne, was immer es sein mochte; ihre ganze Seele zerfressen von dem Groll, der darin stak; weil sie von der Schule entlassen worden war während des Kriegs – das arme, verbitterte, unglückselige Geschöpf! Denn nicht sie selbst haßte man, sondern die in ihr verkörperte Idee, die zweifellos eine Menge von dem in sich aufgenommen hatte, was nicht zu Miss Kilman gehörte; die zu einem dieser Gespenster geworden war, mit denen man nachts ringt; einem dieser Gespenster, die rittlings über einen gebeugt stehn und einem das halbe Lebensblut aussaugen, Herrschsüchtige und Tyrannen; denn zweifellos, wären die Würfel anders gefallen, das Schwarze zuoberst und nicht das Weiße, hätte sie Miss Kilman geliebt! Aber nicht auf dieser Welt. Nein!

Es machte sie jedoch wund, in ihrem Innern dieses brutale Ungeheuer sich regen zu spüren! Zweige knacken zu hören und Hufe sich eindrücken zu fühlen im Dickicht dieses von abgefallenem Laub überschichteten Waldes, der Seele; nie war sie ganz zufrieden oder ganz geborgen, denn jeden Augenblick konnte das Ungeheuer sich wieder zu regen beginnen, dieser Haß, der, besonders seit ihrer Krankheit, die Macht besaß, sie sich wundgescheuert fühlen zu lassen, am Rückgrat verletzt; sie körperlich schmerzte und alle Freude an Schönheit, an Freundschaft, an Wohlbefinden, Geliebtwerden und am entzückenden Ausgestalten ihres Heims erschütterte, zum Schwanken brachte, als wühlte tatsächlich ein Ungeheuer an den Wurzeln, als wäre ihre ganze Rüstung von Zufriedenheit nichts als Eigenliebe. Dieser Haß!

Unsinn! Unsinn! rief sie sich zu und stieß die Schwingtür zu Mulberrys Blumenladen auf.

Sie trat ein, leichten Schritts, schlank, sehr aufrecht, und wurde sogleich von der knopfgesichtigen Miss Pym begrüßt, deren Hände stets knallrot waren, als hätten sie zusammen mit den Blumen in kaltem Wasser gestanden.

Ja, da waren Blumen: Rittersporn, wohlriechende Wikken, Sträuße von Flieder; und Nelken, eine Unmenge Nelken. Rosen waren da; Schwertlilien waren da. Ah, ja – so atmete sie den erdigen Wohlgeruch ein, während sie stand und mit Miss Pym sprach, die ihr viel verdankte und sie für gütig hielt, denn das war sie zu ihr gewesen, vor Jahren; sehr gütig, aber sie sah gealtert aus dieses Jahr, wie sie so den Kopf von einer Seite zur anderen wendete zwischen den Schwertlilien und den Rosen und den nickenden Fliederdolden, mit halbgeschlossenen Augen den Duft einatmete nach dem Trubel der Straßen, den herrlichen Duft, die köstliche Kühle. Und wie frisch, als sie die Augen öffnete, die Rosen aussahen: wie berüschte Wäsche, soeben in flachen Weidenkörben geliefert. Und dunkel und ein wenig steif, den Kopf hochtragend, die roten Nelken; und die aus den bauchigen Vasen quellenden Wicken, violette, weiße, blaßrosa getönte – als wäre es Abend und junge Mädchen in Musselinkleidern kämen ins Freie heraus, um Wicken und Rosen zu pflücken, nachdem der wundervolle Sommertag mit seinem beinahe schwarzblauen Himmel, seinem Rittersporn, seinen Nelken und Aaronsstäben vorbei war; als wäre es der Augenblick zwischen sechs und sieben, wenn alle Blüten – Rosen, Nelken, Schwertlilien und Flieder – erglühen: weiß, violett, rot, orangegelb; jede Blüte in den verdämmernden Beeten von innen her zu brennen scheint, mild und rein; und wie sie die grauweißen Nachtfalter liebte und ihr Schwärmen und Schwirren über den Sonnenwenden, den Nachtröschen!

Und während sie mit Miss Pym von Vase zu Vase zu gehn begann und auswählte, Unsinn, Unsinn! sagte sie sich da, sagte es immer sanfter, als wären diese Schönheit, dieser Duft, diese Farben, als wäre Miss Pym mit ihrer Zuneigung und ihrer vertrauensvollen Anhänglichkeit eine Woge, die sie über sich hinfluten und diesen Haß, dieses Ungeheuer, begraben ließ, ihn ganz und gar begraben ließ; und die Woge hob sie höher und höher, als – oh! ein Revolverschuß draußen auf der Straße!

»Du meine Güte, diese Autos!« sagte Miss Pym und ging zum Fenster nachsehen und kam dann zurück, die Hände voller Wicken, mit einem abbittenden Lächeln, als wäre *sie* an diesen Autos, diesen Autoreifen schuld.

Der heftige Knall, der bewirkte, daß Mrs. Dalloway zusammenzuckte und Miss Pym zum Fenster ging und sich entschuldigte, kam von einem Auto, das am Randstein, genau gegenüber Mulberrys Schaufenster, hielt. Vorübergehende, die selbstverständlich stehnblieben und gafften, konnten grade nur den flüchtigen Anblick eines Gesichts von allergrößter Bedeutung vor der taubengrauen Polsterung erhaschen, bevor eine Männerhand den Vorhang schloß und nichts mehr zu sehen war als ein Viereck von Taubengrau.

Doch augenblicklich begannen sich Gerüchte zu verbreiten, von der Mitte der Bond Street bis zur Oxford Street nach der einen Seite, zu Atkinsons Parfümerieladen nach der andern; sich unsichtbar, unhörbar zu verbreiten, geschwind wie Nebelschleier über Hügel, ja sich mit etwas wie der jähen Nüchternheit und Stille einer Wolke auf Gesichter zu senken, die eine Sekunde zuvor noch völlig chaotisch dreingeblickt hatten. Nun aber hatte etwas Geheimnisvolles sie mit seiner Schwinge gestreift; sie hatten alle die Stimme höchster Autorität vernommen; der Geist frommer Anbetung ging um, mit dicht verbundenen Augen und weit offenem Mund. Doch niemand wußte, wessen Gesicht gesehen worden war. Das des Prinzen von Wales, der Königin, des Premierministers? Wessen Gesicht war es gewesen? Niemand wußte es.

Edgar J. Watkiss, eine Rolle Bleirohr um den Arm, sagte vernehmlich und, selbstverständlich, humoristisch: »Dem Prömjehminister sein Wagen.«

Septimus Warren Smith, der sah, daß er nicht vorbeikonnte, hörte ihn.

Septimus Warren Smith, so um die dreißig, mit blassem Gesicht, einer Hakennase, braunen Schuhen und einem abgetragenen Überzieher, mit haselnußbraunen Augen, die diesen argwöhnischen Blick hatten, der völlig Unbekannte auch argwöhnisch macht. Die Welt hat ihre Peitsche erhoben; wo wird sie niedersausen?

Alles war zum Stillstand gekommen. Das Pochen der Motoren klang wie ein unregelmäßig durch einen ganzen Körper hämmernder Pulsschlag. Die Sonne schien auf einmal außerordentlich heiß, weil das Auto vor Mulberrys Schaufenster stehngeblieben war; alte Damen auf dem Oberdeck von Omnibussen spannten ihre schwarzen Sonnenschirme auf; hier öffnete sich ein grüner, dort ein roter mit einem kleinen Puff. Mrs. Dalloway, den Arm voll wohlriechender Wicken, trat ans Fenster, blickte mit ihrem kleinen, rosigen, forschend zusammengekniffenen Gesicht hinaus. Alles schaute auf das Auto. Septimus schaute. Botenjungen sprangen von ihren Fahrrädern. Der Verkehr staute sich. Und da stand das Auto, mit geschlossenen Vorhängen, und auf ihnen ein merkwürdiges Muster wie ein Baum, dachte Septimus, und dieses allmähliche Sichzusammenziehen auf einen Mittelpunkt da vor seinen Augen, als wäre etwas Grauenhaftes beinahe bis an die Oberfläche gekommen und würde sogleich in Flammen ausbrechen, das entsetzte ihn. Die Welt schwankte und bebte und drohte in Flammen auszubrechen. Ich bin es, der den Weg versperrt, dachte er. Sahen ihn nicht alle an und wiesen auf ihn? War er nicht zu einem Zweck hier festgerammt, festgewurzelt auf dem Gehsteig? Aber zu welchem Zweck?

»Gehn wir weiter, Septimus!« sagte seine Begleiterin, ein kleines Ding mit großen Augen in einem blaßbräunlichen, spitzen Gesicht; eine Italienerin.

Aber auch Lucrezia konnte nicht anders als auf das Auto zu schauen und auf das Baummuster des Vorhangs. Saß dort drin die Königin – die Königin, die Einkäufe machen wollte?

Der Chauffeur, der irgend etwas geöffnet, an irgend etwas gedreht, irgend etwas geschlossen hatte, stieg wieder auf seinen Sitz.

»So komm doch!« sagte Lucrezia.

Ihr Mann aber – denn sie waren seit vier, fünf Jahren verheiratet – zuckte zusammen, schritt aus und sagte: »Schon recht!«, sagte es ärgerlich, als hätte sie ihn unterbrochen.

Es mußte den Leuten auffallen; sie mußten es bemerken. Den Leuten, dachte sie mit einem Blick auf die Menge, die das Auto begaffte; den Engländern mit ihren Kindern, ihren Pferden, ihrer Art, sich zu kleiden, den Engländern, die sie doch auch wieder bewunderte; jetzt aber waren sie Leute für sie, weil Septimus gesagt hatte: »Ich werde mich umbringen!« Entsetzlich, so etwas zu sagen. Wenn sie es gehört hätten! Sie schaute auf die Menge. Hilfe, Hilfe! hätte sie am liebsten den Fleischerjungen zugerufen und den Frauen. Hilfe! Vergangenen Herbst erst hatten sie und Septimus auf dem Themsekai gestanden, beide in denselben Mantel gehüllt, und weil Septimus eine Zeitung las, statt mit ihr zu reden, riß sie ihm die weg und lachte dem alten Mann, der ihnen zusah, ins Gesicht! Doch Mißerfolg verbirgt man. Sie mußte Septimus wegführen, in irgendeinen Park.

»Gehn wir jetzt hinüber!« sagte sie.

Sie hatte ein Recht auf seinen Arm, auch wenn der gefühllos war. Er würde ihr, einer so einfachen, so impulsiven, erst Vierundzwanzigjährigen, die keine Freunde in England und um seinetwillen Italien verlassen hatte, bloß ein Stück Knochen reichen.

Das Auto mit seinen geschlossenen Vorhängen und einem Air unergründlicher Reserviertheit fuhr jetzt langsam gegen Piccadilly, noch immer angestarrt, noch immer die Gesichter zu beiden Seiten der Straße mit demselben dunkeln Hauch von Verehrung kräuselnd, ob für Königin, Prinz oder Premierminister, das wußte niemand. Das Gesicht war nur sekundenlang von drei Leuten erblickt worden. Sogar über sein Geschlecht gab es jetzt Meinungsverschiedenheiten. Doch es konnte gar keinen Zweifel darüber geben, daß Erhabenheit im Innern saß; Erhabenheit fuhr verborgen die Bond Street hinunter, nur eine Handbreit entfernt von gewöhnlichen Leuten, die sich jetzt, zum ersten- und letztenmal, in Sprechweite der Majestät Englands befinden mochten, des dauernden Sinnbilds des Staates, das wißbegierigen Altertumsforschern bekannt sein wird beim Sichten der Ruinen der Zeit, wenn London ein grasüberwachsener Fleck sein würde und alle, die heute, an diesem Mittwochmorgen, die Gehsteige entlangeilten, nur noch Gebeine wären mit ein paar unter ihren Staub gemengten Eheringen und den Goldplomben unzähliger verfaulter Zähne. Das Gesicht in dem Auto aber wird dann bekannt.

Es ist wahrscheinlich die Königin, dachte Mrs. Dalloway, als sie mit ihren Blumen aus Mulberrys Laden trat; die Königin. Und eine Sekunde lang trug sie eine Miene außerordentlicher Würde, wie sie so vor dem Blumenladen im Sonnenschein stand, während das Auto im Fußgängertempo mit geschlossenen Vorhängen weiterfuhr. Die Königin, die ein Krankenhaus besucht; die Königin, die einen Wohltätigkeitsbasar eröffnet, dachte Clarissa.

Das Gedränge war gewaltig für diese Tageszeit. Kricket auf Lord's Platz, Rennen in Ascot, Polo in Hurlingham, was war wohl heute los? fragte sie sich, denn die Straße war verstopft. Die britischen Mittelständler, die da im Profil auf dem Oberdeck der Omnibusse saßen, mit ihren Päckchen und Schirmen, manche Frauen sogar im Pelz an einem Tag wie diesem, sie alle waren wahrhaftig, so dachte sie, lächerlicher und unwahrscheinlicher als irgend etwas, das man sich vorzustellen vermochte; und die Königin selbst wurde aufgehalten; die Königin wurde am Weiterfahren gehindert. Clarissa war auf der einen Seite der Brook Street zum Warten gezwungen; Sir John Buckhurst, der alte Richter, auf der andern, mit dem Auto da zwischen ihnen (Sir John hatte seit Jahren verkündet, was recht war, und fand Gefallen an einer gutgekleideten Frau), als der Chauffeur, sich kaum merklich zur Seite neigend, dem Polizisten etwas sagte oder zeigte; der salutierte und hob den Arm und brachte mit einer Kopfbewegung den Omnibus auf die Seite, und das Auto fuhr hindurch. Langsam und fast lautlos setzte es seinen Weg fort.

Clarissa erriet; Clarissa begriff natürlich; sie hatte etwas Weißes, etwas Zauberkräftiges, Kreisrundes in der Hand des Bedienten gesehen, ein Scheibchen mit einem Namen darauf – dem der Königin, des Prinzen von Wales, des Premierministers – welcher sich kraft seines Glanzes seine Bahn brannte (Clarissa sah das Auto kleiner werden, verschwinden) und heute abend, im Buckingham Palace, inmitten von Kandelabern, glitzernden Ordenssternen, Fräcken, steif von goldenem Eichenlaub, Hugh Whitbread und allen seinen Amtsbrüdern, den Kammerherren Englands, erstrahlen würde.

Und auch sie, Clarissa, gäbe ein Fest. Sie straffte sich ein wenig; so würde sie oben am Kopf der Treppe stehn.

Das Auto war verschwunden, doch es hatte ein leichtes Wellengekräusel hinterlassen, das durch die Handschuhläden und die Hutläden und die Schneiderläden zu beiden Seiten der Bond Street floß. Dreißig Sekunden lang waren alle Köpfe in dieselbe Richtung gewendet, auf das Fenster. Beim Auswählen eines Paars Handschuhe – sollten es welche bis zum Ellbogen sein oder höher hinauf, zitronengelbe oder blaßgraue? – hielten die Damen inne; als der Satz ausgesprochen war, hatte sich etwas ereignet, etwas in den Einzelfällen so Unbedeutendes, daß kein Meßinstrument, fähig, Erdbebenstöße in China zu registrieren, seine Schwingungen hätte verzeichnen können; im ganzen jedoch war es etwas Gewaltiges und in seiner allgemeinen Wirkung Gemütbewegendes; denn in allen den Hutläden und Schneiderläden blickten Unbekannte einander an und gedachten der Toten, der Flagge, des Empire. In einer Kneipe in einem Hintergäßchen sagte ein Mann aus den Kolonien etwas Beleidigendes gegen das Haus Windsor, was zu einem Wortwechsel, zertrümmerten Biergläsern und einem allgemeinen Radau führte, der über die Straße her seltsam in den Ohren junger Mädchen widerhallte, welche sich weiße, von schneeweißen Bändern durchzogene Unterwäsche für ihre Hochzeit bestellten. Denn die oberflächliche Erregung über das vorbeifahrende Auto rührte im Einsinken an etwas sehr Tiefes.

Das Auto glitt über Piccadilly und bog in die St. James's Street ein. Hochgewachsene Männer von robustem Aussehn, elegant gekleidete, in ihren Cutaways mit weißem Westenvorstoß, das Haar zurückgekämmt, die aus schwer zu beurteilenden Gründen im Runderker von White's Club standen, die Hände hinter den Rockschößen verschränkt, blickten hinaus und gewahrten instinktiv, daß Erhabenheit vorüberkam, und der blasse Schein einer unsterblichen Gegenwart fiel auf sie, wie er auf Clarissa Dalloway gefallen war. Sogleich standen sie noch aufrechter, entschränkten die Hände und schienen bereit zu sein, ihrem Herrscher, wie es schon ihre Vorfahren getan, wenn es sein mußte, bis vor die Mündungen der feindlichen Kanonen Gefolgschaft zu leisten. Die weißen Büsten im Hintergrund und die Tischchen mit den Heften des *Tatler* und den Sodawasserflaschen schienen zuzustimmen, schienen die wogenden Kornfelder und die stattlichen Herrensitze Englands zu versinnbildlichen; und das schwache Summen der Autoräder zurückzuwerfen, wie die Wände einer Flüstergalerie eine einzelne Stimme zurückwerfen, die sich ausbreitet und volltönend wird durch die Mächtigkeit einer Kathedrale. Moll Pratt in ihrem Schultertuch, mit ihren Blumen auf dem Gehsteig, wünschte dem lieben Jungen alles Gute (es war ganz gewiß der Prinz von Wales) und hätte den Preis eines Krugs Bier – einen Strauß Rosen – mitten auf die St. James's Street hingeworfen, rein aus Leichtsinn und Verachtung fürs Armsein, hätte sie nicht das Auge des Verkehrspostens auf sich gerichtet und die Untertanentreue einer alten Irländerin entmutigen gesehn. Die Wachen vor dem St. James's Palace präsentierten das Gewehr. Königin Alexandras Polizist war mit ihnen zufrieden.

Unterdessen hatte sich vor den Toren des Buckingham Palace eine kleine Menschenmenge angesammelt. Teilnahmslos und doch zuversichtlich warteten sie, lauter arme Leute; blickten zum Palast auf, von dem die Standarte wehte; zu Königin Viktoria, die sich auf ihrem Marmorhügel bauschte, bewunderten ihre Terrassenbecken fließenden Wassers, ihre Geranien; erwählten sich unter den durch die Mall kommenden Autos bald dieses, bald jenes; zollten ihre Gefühle fälschlich Bürgerlichen, die da spazierenfuhren; nahmen ihren Tribut wieder zurück, um ihn unvergeudet zu bewahren, während dieses und jenes Auto vorbeifuhr; und ließen die ganze Zeit Gerüchte sich in ihren Adern sammeln und die Nerven in ihren Schenkeln zum Vibrieren bringen bei dem Gedanken, daß ein Blick aus königlichen Augen sie träfe; die Königin den Kopf neigen, der Prinz die Hand an den Mützenschild legen würde; beim Gedanken an das himmlische, Königen von Gott bescherte Leben; an die Stallmeister und tiefen Hofknickse; an das alte Puppenhaus der Königin; an Prinzessin Mary, daß sie einen Engländer geheiratet hatte, und an den Prinzen – ah! der Prinz, daß er, wie es hieß, so prächtig dem alten König Eduard nachgeriet, aber so viel schlanker war. Der Prinz wohnte im St. James's Palace; doch er käme vielleicht am Vormittag vorbei, seine Mutter besuchen.

So sagte Sarah Bletchley, ihr Kleines im Arm, und wippte mit der Fußspitze wie auf ihrem Kaminvorsatz daheim in Pimlico, behielt dabei aber die Mall im Auge, während Emily Coates den Blick über die Fenster des Palasts schweifen ließ und an die Hausmädchen dachte, die unzähligen Hausmädchen, und die Schlafzimmer, die unzähligen Schlafzimmer. Die wartende Menge vergrößerte sich um einen älteren Herrn mit einem Aberdeen-Terrier und Männer ohne Beruf. Der kleine Mr. Bowley, der ein Appartement im Albanyklub hatte und oberhalb der tieferen Quellen des Lebens mit Wachs versiegelt war, jedoch plötzlich, ganz unpassenderweise, sentimentalerweise entsiegelt werden konnte von so etwas – wie da arme Weiber darauf warteten, die Königin vorbeifahren zu sehen, arme Weiber, liebe kleine Kinder, Waisen, Witwen, der Krieg, – tja, ja – er hatte wahrhaftig Tränen in den Augen. Ein Lüftchen, das gar warmherzig durch die Mall wanderte, durch die dünnbelaubten Bäume, an den bronzenen Heldengestalten vorbei, blähte die Flagge in der britischen Brust Mr. Bowleys, und er lüpfte den Hut, als das Auto in die Mall einbog, und hielt ihn in der erhobenen Hand, während es näher kam, und ließ die armen Mütter aus Pimlico sich dichter an ihn drängen und stand sehr aufrecht da. Das Auto kam heran.

Plötzlich sah Mrs. Coates zum Himmel auf. Das Geräusch eines Flugzeugs bohrte sich der Menge ominös in die Ohren. Dort kam es über die Bäume, stieß hinten weißen Rauch aus, der sich schlängelte und ringelte, ja wahrhaftig irgend etwas schrieb! Buchstaben an den Himmel schrieb! Alles blickte hinauf.

Jäh schoß das Flugzeug herab, stieg wieder kerzengerade hoch, machte eine Schleife, raste weiter, sank, stieg, und was immer es tat, wohin immer es flog, flatterte ein dicker, welliger Balken von weißem Rauch hinten hervor, der sich am Himmel zu Buchstaben wand und schlang. Aber welchen Buchstaben? Waren's ein A und ein C? ein E, dann ein L? Nur einen Augenblick lang blieben sie still; dann bewegten sie sich und zergingen und waren ausradiert dort oben am Himmel, und das Flugzeug raste weiter und begann von neuem, auf einem frischen Stück Himmel, zu schreiben, ein K, ein E, ein Y vielleicht?

»Glaxo«, sagte Mrs. Coates mit gepreßter, ehrfürchtiger Stimme, während sie senkrecht zum Himmel hinaufsah, und ihr Kleines, das steif und weiß in ihrem Arm lag, sah auch senkrecht hinauf.

»Kreemo«, murmelte Mrs. Bletchley wie eine Schlafwandlerin. Den Hut völlig regungslos in der ausgestreckten Hand, blickte Mr. Bowley zum Himmel auf. Die ganze Mall entlang standen die Leute und schauten zum Himmel auf. Und während sie schauten, verstummte die ganze Welt völlig, und ein Möwenschwarm flog über den Himmel, zuerst von einer, dann von einer andern Möwe angeführt, und in diese außerordentliche Stille und diesen Frieden, diese Helle, diese Reinheit, schlugen Glocken elf Mal, und die Klänge verhallten dort oben zwischen den Möwen.

Das Flugzeug wendete und raste weiter und kurvte, wo es ihm paßte, flink und frei, wie ein Schlittschuhläufer –

»Das ist ein E«, sagte Mrs. Bletchley –

oder ein Tänzer –

»Eine Toffeereklame«, murmelte Mr. Bowley –

(und das Auto fuhr durch das Tor des Palasts und niemand sah hin), und den Rauch absperrend sauste das Flugzeug davon, und der Rauch verblaßte und sammelte sich um die großen weißen Wolkengebilde.

Es war weg; es war hinter den Wolken; es war nicht mehr zu hören. Die Wolken, an die sich die Buchstaben E, G oder L gehängt hatten, zogen frei dahin, als wären sie zu einer hochwichtigen Mission von West nach Ost bestimmt, die nie enthüllt werden durfte, und dennoch war es ganz gewiß so – eine Mission von allergrößter Bedeutung. Dann plötzlich kam, wie ein Eisenbahnzug aus einem Tunnel, das Flugzeug wieder aus den Wolken hervorgeschossen, der Lärm bohrte sich allen Leuten in der Mall, im Green Park, in Piccadilly, in der Regent's Street, im Regent's Park in die Ohren, und der Rauchbalken krümmte sich hinter ihm, und es flog hinab und hinauf und schrieb einen Buchstaben nach dem andern – aber welches Wort schrieb es?

Lucrezia Warren Smith, die neben ihrem Mann auf einer Bank im Regent's Park, im Broad Walk, saß, blickte auf.

»Schau doch, schau, Septimus!« rief sie. Denn Dr. Hymes hatte ihr gesagt, ihr Mann (dem gar nichts Ernstliches fehle, der nur eben nicht ganz gut beisammen sei) solle ein Interesse an Dingen außerhalb seiner selbst nehmen.

Aha, dachte Septimus und blickte auf, sie signalisieren mir. Allerdings nicht in wirklichen Wörtern, das heißt, er konnte die Sprache noch nicht lesen; doch sie war deutlich genug, diese Schönheit, diese erlesene Schönheit, und Tränen füllten seine Augen, während er auf die am Himmel verweilenden und vergehenden Rauchwörter blickte, die ihn in ihrer unerschöpflichen Barmherzigkeit und heiteren Güte mit einer Gestalt nach der andern von unvorstellbarer Schönheit beschenkten, ihm ihre Absicht signalisierten, ihn gratis, auf immer, fürs bloße Hinsehen mit Schönheit, mit immer mehr Schönheit zu versorgen! Tränen liefen ihm über die Wangen.

Toffee; eine Reklame für Toffee, sagte ein Kindermädchen zu Rezia. Miteinander begannen sie zu buchstabieren: T..o..f...

»K... r ...« sagte das Kindermädchen, und Septimus hörte sie »ka err« dicht an seinem Ohr sagen, tief und voll, wie reifer Orgelton, aber mit einer Rauheit in der Stimme wie der einer Heuschrecke, die köstlich das Rückenmark raspelte und Tonwellen in sein Hirn hinaufsandte, die sich dort schütternd brachen. Eine wundervolle Entdeckung, wahrhaftig – daß die menschliche Stimme unter gewissen atmosphärischen Verhältnissen (denn zunächst mußte man wissenschaftlich sein, vor allem wissenschaftlich) Bäume zum Leben erwecken konnte! Zum Glück legte Rezia ihm ihre Hand mit gewaltigem Gewicht aufs Knie, so daß er beschwert war, festgebannt, sonst hätte die Erregung über das Steigen und Sinken der Ulmen, ihr Steigen und Sinken mit allen ihren entflammten Blättern, und ihre Farbe, die sich verdünnende, sich verdickende, von Blau zum Grün einer sich wölbenden Woge; wie Federbüsche auf Pferdeköpfen, Federn auf Damenköpfen, so stolz hoben und senkten sie sich, so stattlich, – die Erregung hätte ihn wahnsinnig gemacht. Aber er wollte nicht wahnsinnig werden; er wollte die Augen schließen; er wollte nichts mehr sehen.

Doch sie winkten; Blätter waren lebendig; Bäume waren lebendig. Und die Blätter, durch Millionen von Fasern mit seinem eigenen Körper hier auf der Bank verbunden, fächelten auf und ab, und wenn einer der Äste sich streckte, sagte auch er selbst das aus. Die flatternden Sperlinge, die als zackige Fontänen steigenden und fallenden, waren ein Teil des Musters; des Weiß und Blaus, quergestreift von schwarzen Ästen. Klänge bildeten mit Vorbedacht Harmonien; die Pausen zwischen ihnen waren ebenso bedeutungsvoll wie die Klänge. Ein Kind weinte. Ganz richtig ertönte weit weg eine Hupe. Alles zusammengenommen, bedeutete es die Geburt einer neuen Religion –

»Septimus!« sagte Rezia. Er schrak heftig auf. Die Leute mußten es bemerken.

»Ich gehe bis zum Springbrunnen und wieder zurück«, sagte sie.

Denn sie hielt es nicht mehr aus. Dr. Hymes hatte gut reden, es fehle ihm nichts. Ihr wäre es viel lieber, er wäre tot! Sie konnte nicht sitzen bleiben neben ihm, wenn er so vor sich hin starrte und sie garnicht sah und es alles so schrecklich machte: den Himmel und die Bäume, die spielenden Kinder, die ihre Wägelchen nachzogen, ihre Pfeifchen bliesen, hinfielen; alle waren sie schrecklich. Und er würde sich gar nicht umbringen; und sie konnte es niemand sagen. »Septimus hat zu angestrengt gearbeitet« – mehr konnte sie nicht sagen, ihrer eigenen Mutter nicht. Jemand zu lieben, macht einen einsam, dachte sie. Sie konnte es niemand sagen, nicht einmal mehr Septimus, und zurückblickend sah sie ihn in seinem abgetragenen Überzieher auf der Bank sitzen, allein, die Schultern hochgezogen, und vor sich hin starren. Und es war feig von einem Mann, zu sagen, er werde sich umbringen, aber Septimus hatte gekämpft; er war tapfer; *jetzt* war er *nicht* Septimus. Sie legte etwa ihren Spitzenkragen an, sie setzte den neuen Hut auf, und er bemerkte es gar nicht; und er war ganz glücklich ohne sie. Nichts konnte *sie* glücklich machen ohne ihn! Nichts! Er war selbstisch. So sind die Männer. Denn er war nicht krank. Dr. Hymes hatte gesagt, es fehle ihm nichts. Sie spreizte die Hand vor sich aus. Sieh nur! Der Ehering glitt ihr fast vom Finger – so abgemagert war sie. Sie war's, die litt – aber sie konnte es niemand sagen.

Fern waren Italien und die weißen Häuser und das Zimmer, wo ihre Schwestern saßen und Hüte machten, und auf den Straßen jeden Abend das Gedränge von Leuten, die spazierengingen, hellauf lachten, nicht bloß halb lebendig wie die Leute hier, die, in Rollstühlen zusammengesunken, ein paar häßliche Blumen anguckten, in Töpfe gesteckte.

»Denn ihr solltet einmal die Gärten in Mailand sehn!« sagte sie laut. Aber zu wem?

Es war niemand da. Ihre Worte erloschen. So erlischt eine Rakete. Ihre Funken, die ihre Spur in die Nacht geritzt haben, ergeben sich ihr, das Dunkel sinkt herab, ergießt sich über die Umrisse von Häusern und Türmen; kahle, dürre Abhänge werden weich und sinken ein. Aber wenn sie auch nicht mehr da sind, ist doch die Nacht voll von ihnen. Der Farbe beraubt, von Fenstern leer, haben sie ein gewichtigeres Sein, strahlen aus, was dem freimütigen Tageslicht nicht zu übermitteln gelingt – die Nöte und Ängste, die dort im Dunkel zusammengeballten, im Dunkel sich zusammendrängenden; der Erlösung beraubt, die erst der Morgen bringt, wenn er, die Mauern weiß und grau tünchend, jede einzelne Fensterscheibe betupfend, den Nebel von den Wiesen hebend, die rotbraunen Kühe friedlich weiden sehen läßt, und alles wieder dem Auge dargebreitet liegt; alles wieder ist. Ich bin allein! Ich bin allein! schrie sie auf, bei dem Springbrunnen im Regent's Park (und sie sah dabei auf den Inder mit seinem Kreuz); wie vielleicht um Mitternacht, wenn alle Grenzmarken verlorengegangen sind und das Land seine ursprüngliche Gestalt annimmt, wie die Römer es umwölkt daliegen sahen, als sie landeten, und die Berge keine Namen hatten und die Flüsse sich, keiner wußte wohin, wanden – so war das Dunkel in ihr; als sie plötzlich, wie wenn sich ein Felsrand vorschöbe, wieder auf festem Boden stand und sich sagte, daß sie seine Frau war und ihn vor Jahren in Mailand geheiratet hatte, seine Frau, und nie, nie jemandem sagen werde, er sei wahnsinnig! Der Vorsprung klappte nach unten um; und hinunter fiel sie, hinunter. Denn er war nicht mehr da – weggegangen, dachte sie, um, wie er gedroht hatte, sich umzubringen, sich unter einen Lastwagen zu werfen! Aber nein; dort war er; saß immer noch allein auf der Bank, in seinem abgetragenen Überzieher, die Füße gekreuzt, starrte vor sich hin, redete laut mit sich selbst.

Die Menschen dürfen keine Bäume fällen. Es gibt einen Gott. (Er vermerkte solcherlei Offenbarungen auf der Rückseite von Briefumschlägen.) Die Welt verwandeln. Niemand tötet aus Haß. Man mußte das bekanntmachen (er schrieb es auf). Er wartete. Er lauschte. Ein Sperling auf dem Geländer gegenüber tschilpte: Septimus, Septimus, vier- oder fünfmal hintereinander, und sang dann, seine Töne lange haltend, herzhaft und durchdringend auf griechisch, daß es kein Verbrechen gibt, und ein zweiter Sperling fiel ein, und zusammen sangen sie zweistimmig lange und durchdringend, aus den Bäumen jenseits des Flusses, auf der Flur des Lebens, auf der die Toten wandeln, sangen auf griechisch davon, daß es keinen Tod gibt.

Hier war seine Hand; dort waren die Toten. Weiße Gestalten scharten sich hinter dem Geländer ihm gegenüber. Aber er wagte nicht hinzusehn. Evans stand hinter dem Geländer!

»Was sagst du da?« fragte Rezia plötzlich und setzte sich neben ihn.

Wieder einmal unterbrochen worden! Sie unterbrach ihn immer.

Weg von den Menschen – sie beide müßten weg von den Menschen, sagte er (und sprang auf), ganz weg, dort hinüber, wo Stühle unter einem Baum standen und der lange, mäßige Abhang des Parks sich muldig senkte wie eine Länge grünen Tuchs mit einem Plafondstoff von rosa und blauem Rauch hoch darüber; und dort war ein Wall von fernen, unregelmäßigen Häusern hinter einem Dunstschleier, der Verkehr summte in einem Kreis, und zur Rechten streckten schwarzbraune Tiere ihre langen Hälse über den Bretterzaun des Zoos, bellten, heulten. Hier setzten sich die beiden unter einen Baum.

»Schau doch!« flehte sie ihn an und wies auf einen kleinen Trupp Knaben, die Kricketpfähle trugen, und einer von ihnen kam schlurfend einher, drehte sich auf dem Absatz um sich selbst und schlurfte weiter, als machte er einen Clown in einem Varieté nach.

»Schau doch!« wiederholte sie flehend, denn Dr. Hymes hatte ihr gesagt, sie solle ihn auf wirkliche Dinge aufmerksam machen, mit ihm ins Varieté gehn, ihn Kricketspielen schicken – das wäre das Richtige für ihn, hatte Dr. Hymes gesagt, ein angenehmer Freiluftsport, grade der richtige Sport für ihren Mann.

»Schau!« sagte sie noch einmal.

Und Schauen hießen ihn auch die Unsichtbaren, die Stimme, durch die sie sich ihm jetzt mitteilten, ihm, dem Größten der Menschen, ihm, Septimus, dem kürzlich vom Leben zum Tode Geleiteten, dem Herrn und Meister, der gekommen war, um die menschliche Gemeinschaft zu erneuern, der da lag wie eine Decke, eine Decke von Schnee, nur von der Sonne besiegt, aber unvergänglich, immer aufs neue duldend, der Sündenbock, der ewige Dulder, doch er wollte das nicht, er stöhnte, schob mit einer Handbewegung dieses ewige Erdulden, dieses ewige Einsamsein von sich.

»Schau!« wiederholte sie, denn er sollte im Freien nicht laut mit sich selbst reden.

»So schau doch!« beschwor sie ihn. Aber was gab es da zu sehen? Ein paar Schafe. Weiter nichts.

Den Weg zur Untergrundstation Regent's Park – könnten sie ihr sagen, wo man zur Untergrundstation Regent's Park gehe –, wollte Maisie Johnson wissen. Sie sei erst vor zwei Tagen aus Edinburgh hergekommen.

»Nicht hier – dort drüben!« rief Rezia und winkte sie weg, damit sie Septimus nicht sehe.

Die beiden schienen sonderbar zu sein, fand Maisie Johnson. Alles schien sehr sonderbar zu sein. Zum erstenmal in London, hergekommen, um eine Stelle bei ihrem Onkel in der Leadenhall Street anzutreten, und heute vormittag durch den Regent's Park dahin unterwegs, war sie fast angegrault von diesem Paar da auf den Gartenstühlen; der jungen Frau, scheinbar Ausländerin, und dem Mann, dem wohl ein bißchen angestochenen; so daß sie, auch wenn sie uralt würde, sich noch immer erinnern müßte und es wieder unter ihren Erinnerungen klingeln ließe, wie sie durch den Regent's Park gegangen war an einem schönen Sommermorgen, vor fünfzig Jahren. Denn sie war erst neunzehn und hatte es endlich durchgesetzt, nach London zu dürfen. Und jetzt, wie merkwürdig das Paar war, bei dem sie sich nach dem Weg erkundigt hatte; wie die Frau auffuhr, die Hand schwenkte, und der Mann – der schien wirklich ganz schrecklich sonderbar zu sein; sie stritten vielleicht miteinander; nahmen vielleicht auf ewig Abschied voneinander; irgendwas war da los, das spürte sie; und nun kamen ihr alle diese Leute (denn sie war zum Broad Walk zurückgegangen), die Steinbecken, die steifen Blumen, die alten Männer und Frauen, die meisten von ihnen Krüppel in Rollstühlen – alle kamen sie ihr, nach Edinburgh, so sonderbar vor. Und Maisie Johnson fühlte, als sie sich der langsam dahintrottenden, leer dreinblickenden, von dem leichten Wind behauchten Gesellschaft anschloß – Eichhörnchen dasaßen und sich putzten, Fontänen von Sperlingen nach Krümeln flatterten, Hunde sich am Geländer zu schaffen machten, sich miteinander zu schaffen machten, während die linde, warme Luft über sie alle hinstrich und dem starren, unerstaunten Blick, mit dem sie das Leben hinnahmen, etwas Schrulliges und Besänftigtes verlieh – oh, Maisie Johnson hatte buchstäblich das Gefühl, sie müsse aufschreien (denn der junge Mann auf dem Gartenstuhl, der hatte ihr ganz gruselig werden lassen. Etwas war da los, das spürte sie).

Gräßlich! Gräßlich! hätte sie am liebsten geschrien. (Sie war ihren Leuten davongegangen; sie hatten sie gewarnt, ihr vorausgesagt, was geschehen würde.)

Warum war sie nicht daheimgeblieben? schrie sie auf, an einem Knauf des Eisengeländers herumfingernd.

Dieses Mädel, dachte Mrs. Dempster (die Brotrinden für die Eichhörnchen aufsparte und oft ihr Mittagsbrot im Regent's Park aß), weiß noch von gar nichts; und sie hielt es wirklich für besser, ein bißchen dick zu sein, ein bißchen träge, ein bißchen gemäßigt in seinen Erwartungen. Percy trank. Na, aber immer noch besser, einen Sohn, dachte Mrs. Dempster. Sie hatte es wahrhaftig nicht leicht gehabt und mußte lächeln über so'n Mädel wie die da. Heiraten wirst du, bist ja hübsch genug, dachte Mrs. Dempster, heiraten, und dann wirst du's wissen. Ach, die Köche und so weiter. Jeder Mann hat seine Eigenheiten. Aber ob ich mir's ganz so ausgesucht hätt', wenn ich's vorauswissen hätt' können?

dachte Mrs. Dempster und hätte gern Maisie Johnson etwas zugeflüstert; hätte gern auf dem zerknitterten Beutel, ihrem abgelebten alten Gesicht, einen mitleidigen Kuß verspürt. Denn es war ein hartes Leben gewesen, dachte Mrs. Dempster. Was hatte sie ihm nicht alles hergeben müssen! Rosen; ihre Gestalt; und ihre Füße. (Sie zog die knotigen Klumpen unter ihren Rock.)

Rosen! dachte sie ingrimmig. Alles Plunder, meine Liebe. Denn weiß Gott, samt all dem Essen und Trinken und Beieinanderliegen, den guten und bösen Tagen war's keineswegs alles nur Rosen gewesen. Und trotzdem, ich kann dir nur sagen, Carrie Dempster hat nicht den leisesten Wunsch, mit irgend 'ner andern in Kentish Town zu tauschen! Aber Mitleid, das wollte sie. Mitleid, der entschwundenen Rosen wegen. Mitleid verlangte sie von Maisie Johnson, die dort bei dem Hyazinthenbeet stand.

Ah, aber dieses Flugzeug! Hatte sie sich nicht schon immer danach gesehnt, fremde Länder zu sehen? Sie hatte einen Neffen, der war Missionar. Das Flugzeug stieg und sauste dahin. In Margate fuhr sie immer aufs Meer hinaus, zwar nie so weit, daß sie das Land aus den Augen verlor, aber mit Frauen, die sich vor Wasser fürchteten, hatte sie keine Geduld. Das Flugzeug schwenkte und sauste herab. Der Magen hob sich ihr bis zum Mund. Wieder hinauf! Der dort oben war sicher ein schneidiger junger Kerl, das wollte Mrs. Dempster wetten, und hinweg, hinweg schoß das Flugzeug, geschwind und schwindend; weiter und weiter weg schoß es; schwebte hoch über Greenwich und alle die Masten; über die kleine Insel grauer Kirchen, St. Paul's und die übrigen, bis sich zu beiden Seiten von London Wiesen ausbreiteten und dunkelbraune Wälder, wo abenteuerlustige Drosseln keck umherhüpften und flinken Blicks eine Schnecke aufpickten und sie ein-, zwei-, dreimal gegen einen Stein schlugen.

Immer weiter und weiter weg flog das Flugzeug, bis es nur mehr ein helles Fünkchen war; eine Sehnsucht, ein Sammelpunkt; ein Sinnbild (als solches erschien es Mr. Bentley, der daheim in Greenwich energisch seinen Streifen Rasen walzte) der Menschenseele; ihrer Entschlossenheit, dachte Mr. Bentley, um den Stamm der Zeder herumschwenkend, aus dem eigenen Körper hinauszugelangen, aus seinem Gehäuse, durch Denken, Einstein, Theorien, Mathematik, die Mendelschen Gesetze und – hinweg schoß das Flugzeug.

Dann, während ein kränklich aussehender, unscheinbarer Mann mit einer Ledertasche in der Hand auf den Stufen der Paulskathedrale stand und zögerte, weil drinnen solche Tröstung auf einen wartete, solch herzliches Willkommen, eine solche Vielzahl von Grabmälern mit darüber schwankenden Bannern, den Wahrzeichen von Siegen nicht über Armeen, dachte er, sondern über diesen Plagegeist des Wahrheitsuchens, dem ich meine gegenwärtige Stellungslosigkeit verdanke; und überdies, dachte er, bietet einem die Kathedrale Gesellschaft, lädt einen ein, Mitglied einer Gemeinschaft zu werden; große Männer gehören ihr an; Märtyrer sind für sie gestorben; warum also nicht eintreten, dachte er, und diese mit Flugschriften vollgestopfte Tasche vor einen Altar hinlegen, vor ein Kreuz, vor das Sinnbild von etwas, das sich über alles Suchen und Forschen und Wörterklittern hinaus erhoben hat und ganz Geist geworden ist, völlig entkörpert – warum nicht eintreten? dachte er, und während er noch zögerte, kam das Flugzeug hervor und über den Ludgate Circus geflogen.

Seltsam; es flog ganz lautlos. Nichts war zu hören, was den Straßenlärm übertönte. Es schien führerlos zu sein; aus eigenem freiem Willen dahinzueilen. Und jetzt kurvte es höher und höher, gerade hinauf, wie etwas in Verzückung steigt und steigt, in purer Seligkeit, während hinter ihm weißer Rauch hervorquoll und sich zu einem T, einem O, einem F schlang.

»Worauf starren denn alle die Leute?« fragte Clarissa Dalloway das Mädchen, das ihr die Haustür öffnete.

In der Halle war es kühl wie in einer Gruft. Mrs. Dalloway hob die Hand an die Augen und fühlte sich, als Lucy die Tür schloß und sie das Rascheln ihres Kleides hörte, wie eine Nonne, die aus der Welt zurückkehrt und vertraute Schleier sich um sie falten spürt und den Widerhall alter hingabevoller Andachten. Sie hörte die Köchin in der Küche vor sich hin pfeifen. Sie hörte das Klappern der Schreibmaschine. Es war ihr Leben, und als sie sich über den Hallentisch neigte, beugte sie sich diesem Einfluß, fühlte sich gesegnet und gereinigt, dachte, als sie nach dem Telephonblock mit der Nachricht langte, solche Augenblicke wie dieser seien wie Knospen am Baume des Lebens, wie Blumen der Dunkelheit, dachte sie (als wäre eine wunderschöne Rose einzig nur vor ihren Augen aufgeblüht); keinen Moment glaubte sie an Gott; doch desto reichlicher, dachte sie, den Block ergreifend, mußte man es im täglichen Leben zurückzahlen, den Dienstboten, ja, und den Hunden und den Kanarienvögeln, vor allem aber Richard, ihrem Mann, der die Grundlage alles dessen war – der frohen Laute, der grünen Lichter, ja sogar des Vorsichhinpfeifens der Köchin, denn Mrs. Walker war aus Irland und pfiff den ganzen Tag vor sich hin – man mußte es zurückzahlen aus diesem geheimen Schatz von köstlichen Augenblicken, dachte sie und hielt den Block höher, während Lucy neben ihr stand und zu erklären versuchte, daß –

»Mr. Dalloway, Ma'am –«

Clarissa las auf dem Telephonblock: »Lady Bruton läßt fragen, ob Mr. Dalloway heute zu ihr zum Lunch kommen kann.«

»Mr. Dalloway, Ma'am, hat gesagt, ich soll ausrichten, daß er heute mittag auswärts essen wird.«

»Ach so!« sagte Clarissa, und wie sie es beabsichtigte, teilte Lucy ihre Enttäuschung (aber nicht den Stich, den es ihr gab); spürte die Eintracht zwischen den beiden; verstand die Andeutung; dachte, wie also die feinen Leute liebten; vergoldete gelassen ihre eigene Zukunft; und nahm dann Mrs. Dalloway den Sonnenschirm aus der Hand wie eine geheiligte Waffe, die eine Göttin nach ruhmreicher Schlacht sinken läßt, und stellte ihn in den Schirmständer.

»Fürchte nicht mehr«, sagte sich Clarissa. Fürchte nicht mehr Sonnenglut; denn der Schock, daß Lady Bruton Richard ohne sie zum Lunch eingeladen hatte, ließ den Augenblick, den sie hier stand, erschauern, wie eine Pflanze auf dem Grund eines Flusses die Erschütterung des über sie hinweggleitenden Ruders spürt und erschauert; so schwankte, so erschauerte auch sie.

Millicent Bruton, deren Mittagsgesellschaften für außerordentlich unterhaltsam galten, hatte sie nicht eingeladen. Keine gemeine Eifersucht vermochte sie und Richard zu trennen. Doch sie fürchtete die Zeit selbst und las von Lady Brutons Gesicht wie von einem in unbeweglichen Stein gemeißelten Zifferblatt das Schwinden des Lebens ab; wie Jahr auf Jahr mehr von ihrem Anteil weggeschnitten wurde; in welch geringem Maß die Spanne, die verblieb, sich zu strekken und wie in den Jahren der Jugend die Farben, die Salze, die Tönungen des Daseins in sich aufzunehmen vermochte; so daß sie ein Zimmer, das sie grade betrat, ganz damit füllte und oft, wenn sie zögernd einen Augenblick auf der Schwelle ihres Salons verweilte, eine köstliche erwartungsvolle Spannung empfand, wie ein Taucher vor dem Sprung innehalten mag, während das Meer unter ihm sich verdunkelt und erhellt und die Wellen, die sich zu brechen drohen, aber sich nur sanft an der Oberfläche spalten, einherrollen und den Seetang verdecken und, grade nur umkippend, ihn mit Perlen überkrusten.

Sie legte den Block auf den Hallentisch zurück. Sie begann langsam die Treppe hinaufzugehn, die Hand auf dem Geländer, als hätte sie soeben eine Gesellschaft verlassen, wo bald dieser Freund, bald jene Freundin ihr Gesicht spiegelte, ihre Stimme echote; als hätte sie die Tür hinter sich geschlossen und stünde allein da, eine einzelne Gestalt gegenüber der schauerlichen Nacht oder vielmehr, um genau zu sein, gegenüber dem Starrblick dieses sachlich-nüchternen Junivormittags; der die linde Glut von Rosenblättern für manche hatte, das wußte sie und fühlte es, als sie an dem offenen Treppenfenster stehnblieb, das flappende Gardinen und Hundegekläff einließ und auch, dachte sie und fühlte sich plötzlich verschrumpft, gealtert, busenlos, das Zehren, das Zerren, das Blühen des Tages draußen, außerhalb des Fensters, außerhalb ihres Körpers und ihres Gehirns, das jetzt versagte, weil Lady Bruton, deren Mittagsgesellschaften für außerordentlich unterhaltsam galten, sie nicht eingeladen hatte.

Wie eine Nonne sich zurückzieht, wie ein Kind einen Turm auskundschaftet, so stieg sie treppauf, blieb am Fenster stehn, kam zum Badezimmer. Da lag das grüne Linoleum, und ein Hahn tropfte. Eine Leere um den Kern des Lebens; eine Dachkammer. Frauen mußten ihren Putz, ihren Schmuck ablegen. Um Mittag mußten sie sich ihres Gewands entkleiden. Sie steckte die Hutnadel in das Nadelkissen und legte ihren Hut mit den gelben Federn auf das Bett. Leintuch und Bettdecke waren blütenrein, straff gespannt, ein breites weißes Band von einer Seite zur andern. Schmäler und schmäler würde von nun an ihr Bett sein. Die Kerze war halb herabgebrannt, denn sie hatte sich tief in Baron Marbots *Mémoires* hineingelesen. Sie hatte bis spät in die Nacht über den Rückzug von Moskau gelesen. Da die Sitzungen im Unterhaus so lange dauerten, hatte Richard darauf bestanden, daß sie jetzt, nach ihrer Krankheit, ungestört schlafen müsse. Und sie las wirklich lieber über den Rückzug von Moskau. Das wußte er. Deshalb war ihr Zimmer eine Dachkammer; das Bett schmal; und wenn sie hier lag und las, denn sie schlief nicht gut, konnte sie eine übers Gebären hinaus bewahrte Jungfräulichkeit nicht abstreifen, die ihr anlag wie ein Leintuch. So lieblich sie in ihrer Mädchenhaftigkeit gewesen war, plötzlich war ein Augenblick gekommen – zum Beispiel damals auf dem Fluß unterhalb der Wälder von Clieveden –, wo sie durch irgendein Sichzusammenziehen dieses kalten Wesens Richard gegenüber versagt hatte. Und später in Konstantinopel, und wieder und wieder. Sie sah ein, woran es ihr mangelte. Nicht an Schönheit; nicht an Verstand. Es war etwas im Innersten, das alles durchdrang; etwas Warmes, das Oberflächen sprengte und die kalten Kontakte zwischen Mann und Frau oder zwischen Frauen belebte. Denn *davon* hatte sie eine dunkle Ahnung. Sie hatte eine Abneigung dagegen oder ein Bedenken, von ihr, der Himmel mochte wissen wo, aufgelesen oder ihr, so empfand sie es, von der Natur (der unwandelbar weisen) gesandt; dennoch konnte sie bisweilen dem Charme einer Frau, nicht eines Mädchens, einer Frau, nicht widerstehn, erlag ihm manchmal bei einer von denen, die ihr, wie sie das oft taten, eine Patsche, eine Torheit beichteten. Und ob aus Mitleid oder, weil sie schön waren, oder bloß, weil sie selbst die ältere war, oder etwas Zufälligen wegen – eines leisen Dufts etwa, Geigenspiels nebenan (so seltsam ist die Macht der Töne zuweilen), empfand sie dann unbezweifelbar, was Männer empfanden. Nur einen Augenblick lang; doch er genügte. Es war eine jähe Offenbarung, ein Anflug wie ein Erröten, das man zu verhalten suchte und dem man dann, wenn es sich ausbreitete, nachgab und bis an den fernsten Rand davon enteilte und dort erschauernd die Welt näher kommen fühlte, geschwellt von einer erstaunlichen Bedeutsamkeit, einem Andrang von Entzücken, welcher die dünne Schale sprengte, daß es hervorbrach und unsäglich lindernd alle die rissigen und wunden Stellen überströmte. Da, diesen einen Augenblick lang, hatte sie etwas Erleuchtendes gesehen; ein brennendes Zündhölzchen in einer Krokusblüte; einen inneren, fast zum Ausdruck gekommenen Sinn. Doch das Nahe wurde wieder fern; das Greifbare ungreifbar. Es war vorbei – der Augenblick war vorbei. Der Gegensatz zu solchen Augenblicken, auch mit Frauen, waren (das empfand sie, als sie den Hut hinlegte) dieses Bett und Baron Marbot und die halb herabgebrannte Kerze. Wenn sie wach so dalag, knarrten die Dielen; das erhellte Haus wurde plötzlich dunkel, und wenn sie den Kopf hob, konnte sie das Klicken der Klinke grade noch hören, die Richard so geräuschlos als möglich losließ, wenn er sich in Socken heraufstahl und dann oft genug die Wärmflasche fallen ließ und fluchte! Wie sie da lachte!

Aber dieses Problem Liebe (dachte sie und hängte ihren Mantel in den Schrank): sich in Frauen zu verlieben. Sally Seton zum Beispiel; ihr Verhältnis zu Sally Seton damals. War das nicht schließlich doch Liebe gewesen?

Sie saß auf dem Fußboden – das war ihr erster Eindruck von Sally gewesen – sie saß auf dem Fußboden, die Arme um die Knie, und rauchte eine Zigarette. Wo mochte es gewesen sein? Bei den Mannings? Den Kinloch-Jones? Auf einer Gesellschaft (bei wem, das hätte sie nicht sagen können), denn sie erinnerte sich deutlich, daß sie den Mann, mit dem sie grade sprach, fragte: »Wer ist denn *das*?« und er es ihr sagte und hinzufügte, daß Sallys Eltern sich nicht vertrugen (wie sie das entsetzt hatte – daß Eltern sich nicht vertragen sollten!). Aber den ganzen Abend konnte sie den Blick nicht von Sally wenden. Sally war schön, auf die außergewöhnliche Art, die sie am meisten bewunderte, dunkel, mit großen Augen, hatte ein gewisses Etwas, um das sie andere, da sie selbst es nicht besaß, immer beneidet hatte – ein Sichgehenlassen, das sie sagen, das sie tun ließ, was sie wollte; etwas bei Ausländerinnen viel Häufigeres als bei Engländerinnen. Sally behauptete immer, sie habe französisches Blut in den Adern, einer ihrer Ahnen sei am Hof Marie Antoinettes gewesen, sei geköpft worden, habe einen Rubinring hinterlassen. Vielleicht war es in jenem Sommer gewesen, als sie ganz unerwartet nach Bourton kam, ohne einen Penny in der Tasche, eines Abends nach dem Dinner hereingeschneit kam und die arme Tante Helena dermaßen außer Fassung brachte, daß die ihr das nie verzieh. Daheim hatte es einen schrecklichen Auftritt gegeben. Sally hatte buchstäblich nicht einen Penny bei sich an dem Abend, als sie zu ihnen kam – hatte eine Brosche versetzt, um die Fahrt bezahlen zu können. In einer Aufwallung war sie einfach davongelaufen. Sie und Clarissa blieben oft bis spät in die Nacht hinein auf und redeten. Sally war es gewesen, die ihr zum erstenmal zu Bewußtsein brachte, wie behütet ihr eigenes Dasein in Bourton war. Sie hatte keine Ahnung von Geschlechtlichem, keine Ahnung von sozialen Problemen. Einmal hatte sie einen alten Mann auf dem Feld tot umfallen sehn – sie hatte Kühe gesehn, die soeben gekalbt hatten. Doch Tante Helena war keine Freundin von Erörterungen über was immer (als Sally Clarissa ein Buch von William Morris schenkte, mußte es in Packpapier eingeschlagen werden). Da saßen sie zwei also beisammen, Stunden auf Stunden, und redeten in ihrem Schlafzimmer ganz oben im Haus, redeten über das Leben und davon, wie sie die Welt verbessern würden. Sie hatten vor, einen Verein zur Abschaffung des Privatvermögens zu gründen, hatten tatsächlich bereits einen Brief verfaßt, wenn auch noch nicht abgeschickt. Die Ideen waren Sallys Ideen, natürlich – aber bald war sie selbst genau so begeistert; las Plato morgens im Bett vor dem Frühstück; las Morris; las Shelley, stundenlang.

Sallys Wirkung auf Menschen war erstaunlich, ihre Begabungen, ihre Persönlichkeit. Wie sie mit Blumen umging, zum Beispiel. In Bourton standen immer kleine steife Vasen in einer Reihe die Mitte des Tisches entlang. Sally ging in den Garten, pflückte Stockrosen, Dahlien – alle möglichen Blumen, die man noch nie beieinander gesehn hatte, – schnitt ihnen die Köpfe ab und ließ die in Schalen auf Wasser schwimmen. Die Wirkung war eine außerordentliche – wenn man zum Dinner hereinkam, bei Sonnenuntergang. (Natürlich fand Tante Helena es abscheulich, so mit Blumen umzugehn.) Dann hatte Sally einmal ihren Schwamm vergessen und lief nackt durch den Korridor. Dieses grimmige alte Stubenmädchen, Ellen Atkins, brummelte noch den ganzen Tag: »Wenn einer von die Herren das gesehn hätt'!« Wahrhaftig, Sally konnte einen schockieren. Unordentlich nannte Papa sie.

Es war seltsam, wenn man jetzt daran dachte, wie lauter, wie unverfälscht ihr Gefühl für Sally gewesen war. Ganz anders als das Gefühl, das man für einen Mann hatte. Es war vollkommen selbstlos, und es hatte etwas, das es nur zwischen Frauen geben konnte, zwischen soeben erwachsen gewordenen Frauen. Es war beschützerisch, von ihrer Seite; entsprang einem Empfinden, daß man miteinander im Bund war, einer Vorahnung von etwas, das sie ganz bestimmt später einmal auseinanderbringen würde (sie sprachen vom Heiraten nie anders als von einer Katastrophe), und rief diese Ritterlichkeit hervor, dieses Beschützenwollen, das viel mehr bei ihr dagewesen war als bei Sally. Denn damals war Sally völlig bedenkenlos; tat die idiotischesten Dinge schier aus Bravade; fuhr mit dem Rad auf der Terrassenbrüstung entlang; rauchte Zigarren. Verstiegen, das war sie – völlig verstiegen. Doch der Zauber war übermächtig, zumindest auf sie, so daß sie sich entsinnen konnte, wie sie in ihrem Schlafzimmer im obersten Stock stand, die Heißwasserkanne in der Hand, und laut vor sich hinsagte: »Sie ist unter diesem Dach... unter diesem Dach!«

Nein, die Worte bedeuteten ihr jetzt gar nichts. Nicht einmal ein Echo ihrer einstigen Gemütsbewegung konnte sie verspüren. Aber sie konnte sich noch erinnern, wie ihr ganz kalt wurde vor Erregung und sie sich in einer Art von Ekstase frisierte (jetzt begann das Gefühl von einst wiederzukommen, als sie die Haarnadeln herauszog, sie auf den Toilettetisch legte, sich frisierte), während die Krähen draußen in dem rötlichen Abendlicht auf und nieder flatterten, und wie sie sich ankleidete und die Treppe hinunterstieg und, als sie durch die Halle ging, fühlte, »und gält es jetzt zu sterben, jetzt wär's mir höchste Wonne«. Das fühlte sie – was Othello fühlte, und ebenso stark, davon war sie überzeugt, wie nach Shakespeares Absicht Othello es fühlen sollte; und einzig nur, weil sie in einem weißen Kleid zum Dinner hinunterging und mit Sally Seton zusammensein würde!

Die trug ein Kleid aus rosa Gaze – war das möglich? Jedenfalls *schien* sie ganz Licht zu sein, zu leuchten wie ein Vogel oder wie ein Blütenflaum, der hereingeflogen war und sich für einen Augenblick an einem Dornengestrüpp verfangen hatte. Doch nichts erscheint einem so seltsam, wenn man verliebt ist (und was anders konnte es sein als Verliebtheit?), wie die völlige Gleichgültigkeit der andern. Tante Helena verzog sich einfach nach Tisch; Papa las die Zeitung. Vermutlich war auch Peter Walsh da; und die alte Miss Cummings; Joseph Breithaupt war jedenfalls da, denn er kam jeden Sommer, der gute Alte, und blieb Wochen und Wochen und gab vor, mit ihr Deutsch zu lesen, wenn er doch in Wirklichkeit Klavier spielte und Brahmslieder sang, ohne jede Stimme.

Das alles war nur Hintergrund für Sally. Sie stand am Kamin und unterhielt sich – wie wohllautend ihre Stimme war, die alles, was sie sagte, wie eine Liebkosung klingen ließ! – mit Papa, der allmählich, eher gegen seinen Willen, von ihr angezogen wurde (er konnte es ihr nie verzeihen, daß er ihr einmal ein Buch geliehen und es später völlig durchweicht auf der Terrasse gefunden hatte), als sie plötzlich sagte: »Wie schade, im Zimmer zu sitzen!« und sie alle aufstanden und auf die Terrasse hinaustraten und dann auf und ab gingen. Peter Walsh und Joseph Breithaupt setzten ihr Gespräch über Wagner fort. Sie und Sally blieben ein wenig zurück. Und dann, als sie an einer Steinurne mit Blumen darin vorbeikamen, erlebte sie den köstlichsten Augenblick ihres ganzen Lebens. Sally blieb stehn; pflückte eine Blüte ab; küßte sie, Clarissa, auf die Lippen. Ebensogut hätte die ganze Welt kopfstehn können! Die andern waren wie verschwunden; nur sie war hier, allein mit Sally. Und sie hatte das Gefühl, soeben ein Geschenk erhalten zu haben, ein noch verpacktes, und ihr wäre gesagt worden, sie solle es einfach behalten, aber nicht ansehen – einen Diamanten, etwas unendlich Kostbares, noch Eingewickeltes, das sie, im Gehn, im Aufundabgehn auswickelte, oder sein Strahlen würde hindurchbrennen, die Offenbarung, das Gefühl von Anbetung! – da standen ihnen der alte Joseph und Peter gegenüber.

»Sterngucken?« fragte Peter.

Das war, als wäre man im Dunkeln mit dem Gesicht an eine Granitwand gestoßen! Es war entsetzlich; es war gräßlich!

Nicht für sie selbst. Sie spürte nur, wie Sally schon jetzt mißhandelt wurde, zerfleischt wurde; sie spürte Peters Feindseligkeit; seine Eifersucht; seine Absicht, in ihre Kameradschaft einzubrechen. Das alles sah sie, wie man eine Landschaft beim Aufleuchten eines Blitzes sieht, und – daß Sally (nie hatte sie sie mehr bewundert!) ihren Weg unbesiegt weiterging. Sally lachte; sie ließ sich von dem alten Joseph die Namen der Sterne hersagen, was er immer gern und mit großem Ernst tat. Und sie stand da und hörte zu. Sie hörte sich die Namen der Sterne an.

»Oh, wie gräßlich!« sagte Clarissa sich, als hätte sie schon immer gewußt, daß irgend etwas sich eindrängen, ihren Augenblick der Glückseligkeit verbittern werde.

Aber wieviel sie später Peter Walsh verdankte! Immer, wenn sie an ihn dachte, dachte sie aus irgendeinem Grund an ihre Streitereien – vielleicht weil ihr so viel an seiner guten Meinung lag. Sie verdankte ihm Wörter: »sentimental«, »zivilisiert«; sie tauchten Tag für Tag auf, als wachte er über ihr. Ein Buch war sentimental; eine Einstellung zum Leben war sentimental. »Sentimental« – vielleicht war sie es, an die Vergangenheit zu denken. Was würde er sich denken, sobald er zurückkäme?

Daß sie älter geworden war. Würde er es sagen, oder würde sie ihm anmerken, sobald er zurückkäme, daß er dachte, sie sei älter geworden? Es war wahr. Seit ihrer Krankheit war ihr Haar fast weiß.

Sie legte ihre Brosche auf den Tisch, und plötzlich krampfte sich etwas in ihr, als hätten, während sie alledem nachsann, die eisigen Klauen Gelegenheit gehabt, sich in ihr zu verklammern. Sie war noch nicht alt. Sie hatte doch eben erst ihr zweiundfünfzigstes Jahr angebrochen. Monate und Monate davon lagen noch kaum berührt vor ihr. Juni, Juli, August! Fast jeder verblieb noch ganz, und wie um den fallenden Tropfen aufzufangen, stürzte sich Clarissa (zum Toilettetisch gehend) ins Innerste dieses Augenblicks, spießte ihn auf, so! – den Augenblick dieses Junivormittags, hinter dem alle die andern Vormittage herandrängten; sah wie zum erstenmal den Spiegel, den Toilettetisch und alle die Flaschen, sammelte ihr ganzes Wesen (als sie in den Spiegel sah) in einen einzigen Punkt und erblickte das zarte, rosige Gesicht der Frau, die heute, an diesem Abend, eine Gesellschaft gäbe; das Gesicht Clarissa Dalloways; ihr eigenes.

Wieviel tausendmal hatte sie ihr Gesicht gesehen, und immer so, kaum merklich zusammengezogen! Sie spitzte die Lippen, wenn sie in den Spiegel blickte. Um ihrem Gesicht eine Pointe zu geben. So war ihr Ich – pointiert; zugespitzt wie ein Wurfpfeil; zielbewußt. So war ihr Ich, wenn irgendeine Willensanstrengung, eine Herausforderung, sie selbst zu sein, die Teile zusammenzog – von denen sie allein wußte, wie verschieden voneinander, wie unvereinbar und nur für die Welt so zu einem Kern gefügt sie waren – zu einem einzigen Diamanten, einer einzigen Frau, die in ihrem Salon saß und einen Treffpunkt bildete, eine Ausstrahlung, zweifellos, in das öde Leben einiger Menschen, eine Zuflucht, vielleicht, für die Einsamen; sie hatte jungen Leuten geholfen, die ihr dankbar waren; hatte sich bemüht, immer dieselbe zu sein, nie eine Andeutung einer ihrer andern Seiten merkbar werden zu lassen – Fehler, eifersüchtige Gedanken, kleine Eitelkeiten, argwöhnische Vermutungen wie die heutigen, weil Lady Bruton nicht auch sie zum Lunch eingeladen hatte; die (gestand sie sich, und fuhr sich ein letztesmal mit dem Kamm durchs Haar) waren etwas äußerst Niedriges. Aber wo war ihr Kleid?

Ihre Abendkleider hingen in dem Wandschrank. Clarissa griff mit der Hand zwischen die weichen Stoffe, nahm behutsam das Grüne vom Haken und trug es zum Fenster. Es hatte einen Riß. Jemand war ihr auf den Saum getreten. Sie hatte den Ruck gespürt damals, auf der Abendgesellschaft in der Botschaft, mit dem die Falten oben nachgegeben hatten. Bei künstlichem Licht leuchtete das Grün, aber jetzt, in der Sonne, verlor es seine Farbe. Sie würde es selber ausbessern. Die Mädchen hatten alle Hände voll zu tun. Sie wollte es heute abend tragen. Sie würde die Nähseide, die Schere, die – was nur noch? – den Fingerhut, natürlich, ins Wohnzimmer hinunternehmen, denn sie hatte auch noch Briefe zu schreiben und mußte nachsehn, ob mehr oder weniger alles geschah, was zu geschehn hatte.

Seltsam, dachte sie, auf dem Treppenabsatz innehaltend und diese Diamantform zusammenfügend, diese eine, einzige Person, seltsam, wie eine Hausfrau augenblicklich die Stimmung in ihrem Haus erkennt! Schwache Geräusche kamen spiralig aus dem Treppenschacht; das Wischen eines Besens; sanftes Anschlagen; leises Klopfen; ein Lautwerden, wenn die Haustür sich öffnete; eine Stimme, die im Souterrain etwas wiederholte; das Klirren von Silberbesteck auf einem Tablett; von frisch geputztem Silber, für die Abendgesellschaft heute. Alles, alles für die Abendgesellschaft!

(Und Lucy, die, das Tablett in den vorgestreckten Händen, in den Salon kam, stellte die großen Kerzenleuchter auf den Kaminsims, das silberne Kästchen in die Mitte, drehte den Kristalldelphin mehr der Uhr zu. Sie würden kommen; würden umherstehn; würden sich in dem gezierten Ton, den sie genau nachahmen konnte, miteinander unterhalten, die Damen und Herren. Von allen war ihre Dame die schönste – Herrscherin über all das Silber, das Linnen, das Porzellan; denn der Sonnenschein, das Silber, die ausgehängten Türen, die Männer von Rumpelmayer, alles gab Lucy, als sie das Papiermesser auf das Marketerietischchen legte, ein Gefühl von etwas Vollbrachtem. Seht doch! Seht doch! sagte sie, zu ihren früheren Freundinnen in dem Bäckerladen sprechend, wo sie zum erstenmal in Dienst gewesen, in Caterham, und spähte dabei in den Spiegel. Sie war Lady Angela, Hofdame bei Prinzessin Mary, als Mrs. Dalloway hereinkam.)

»Oh«, sagte sie, »wie hübsch das Silber aussieht, Lucy!«

»Und«, sagte sie, den Kristalldelphin zurechtrückend, daß er wieder gerade stand, »wie war's gestern abend im Theater?«

»Ach, die andern mußten schon vor Schluß gehn!« sagte Lucy. »Sie mußten schon um zehn wieder zurück sein!«

»Also wissen die gar nicht, wie's geendet hat? Wie schade!« (Denn *ihre* Dienstboten durften länger ausbleiben, wenn sie darum baten.) »So ein Pech!« sagte sie und ergriff das alte, kahlköpfig aussehende Kissen in der Mitte des Sofas, stopfte es Lucy unter den Arm, gab ihr einen kleinen Schubs und rief:

»Tragen Sie's weg! Geben Sie's Mrs. Walker in der Küche, mit einem Gruß von mir! Tragen Sie's weg!« rief sie.

Und Lucy blieb an der Salontür stehn, das Kissen im Arm, und sagte, sehr schüchtern und mit einem kleinen Erröten, ob sie nicht beim Ausbessern des Kleids helfen dürfe?

Nein, sagte Mrs. Dalloway, sie habe doch schon grade genug zu tun. Schon ganz genug auch ohne das.

»Aber danke schön, Lucy, danke schön«, sagte Mrs. Dalloway, und danke schön, danke schön, sagte sie weiter vor sich hin (und setzte sich aufs Sofa, das Kleid, die Schere, die Nähseide auf dem Schoß), danke schön, danke schön, sagte sie weiter, ihren Dienstboten, allen zusammen, dankbar dafür, daß sie ihr dazu verhalfen, so zu sein, wie sie zu sein wünschte: gütig, großherzig. Ihre Dienstboten hatten sie gern. Und jetzt also dieses Kleid – wo war nur der Riß? – und die Nadel eingefädelt. Es war eins ihrer Lieblingskleider, eins von Betsy Parker, beinahe das letzte, das sie überhaupt machte, denn Betsy hatte sich nun, leider! vom Geschäft zurückgezogen, wohnte in Ealing, und wenn ich je eine Minute für mich habe, sagte sich Clarissa (aber nie mehr hätte sie je wieder eine), werde ich nach Ealing sie besuchen fahren. Denn sie war eine Persönlichkeit, dachte Clarissa, eine wirkliche Künstlerin. Immer hatte sie irgendwelche Ideen für kleine Besonderheiten; doch ihre Kleider wirkten nie ausgefallen. Man konnte sie in Hatfield Castle tragen; im Buckingham Palace. Und dort hatte sie sie auch getragen – in Hatfield; im Buckingham Palace.

Ruhe überkam sie, Gelassenheit, Zufriedenheit, während sie, die Nadel mit dem Seidenfaden glatt bis zu diesem sanften Widerstand durch den Stoff ziehend, die grünen Falten raffte und sie, ganz locker, an den Gürtel heftete. So sammeln sich an einem Sommertag Wellen, kippen über und fallen; sammeln sich und fallen; und die ganze Welt scheint zu sagen: »Das ist alles«, scheint es immer gewichtiger zu sagen, bis selbst das Herz im Leib, welcher in der Sonne auf dem Strand liegt, auch sagt: »Das ist alles.« Fürchte nicht mehr, sagt das Herz. Fürchte nicht mehr, sagt das Herz, seine Last einem Meer anvertrauend, das gemeinsam für allen Kummer seufzt und von neuem beginnt, sammelt, fallen läßt. Und nur noch der Leib lauscht der vorbeifliegenden Biene; der sich brechenden Welle; dem bellenden Hund, der weit weg bellt und bellt.

»Himmel, es klingelt an der Vordertür!« rief Clarissa, ihre Nadel anhaltend. Aufgestört horchte sie.

»Mrs. Dalloway wird mich empfangen«, sagte der ältliche Herr in der Halle unten. »O ja, mich wird sie empfangen!« wiederholte er, Lucy sehr wohlwollend beiseiteschiebend, und lief gar so schnell die Treppe hinauf. »Ja, ja, ja«, murmelte er im Hinauflaufen, »mich wird sie empfangen. Nach fünf Jahren Indien wird mich Clarissa empfangen.«

»Wer kann nur – was kann nur –« fragte sich Mrs. Dalloway (und dachte, wie unerhört es sei, um elf Uhr morgens gestört zu werden an dem Tag, an dem sie abends eine Gesellschaft gab), als sie die Schritte auf der Treppe hörte. Sie hörte, wie jemand die Hand auf den Türknauf legte. Sie wollte schon das Kleid verstecken, um, wie eine Jungfrau ihre Keuschheit verteidigt, ihr Privatleben nicht preiszugeben. Jetzt drehte sich der Messingknauf. Jetzt öffnete sich die Tür, und herein kam – eine Sekunde lang konnte sie sich nicht entsinnen, wie er hieß! so überrascht war sie, ihn wiederzusehn, so froh, so schüchtern, so völlig bestürzt war sie, als da Peter Walsh, ganz und gar unerwartet an diesem Vormittag, hereinkam! (Sie hatte seinen Brief nicht gelesen.)

»Und wie geht's dir?« rief Peter Walsh, buchstäblich am ganzen Körper zitternd; ergriff ihre beiden Hände; küßte ihr beide Hände. Sie ist älter geworden, dachte er und setzte sich. Ich werde ihr nichts darüber sagen, dachte er, denn sie ist älter geworden. Sie sieht mich an, dachte er und wurde auf einmal verlegen, obwohl er ihr die Hände geküßt hatte. Er griff in die Tasche, er zog ein großes Taschenmesser hervor und öffnete die Klinge zur Hälfte.

Ganz und gar derselbe, dachte Clarissa; derselbe wunderliche Blick; dieselbe Art von kariertem Anzug; ein bißchen verzogen, sein Gesicht, ein bißchen schmäler, dürrer vielleicht, aber er sieht wunderbar aus und ist ganz derselbe.

»Wie himmlisch, dich wiederzusehn!« rief sie. Er hatte sein Taschenmesser jetzt aufgeklappt. Echt Peter! dachte sie.

Er sei erst gestern abend angekommen, sagte er; müsse sogleich aufs Land weiter; und sei alles in Ordnung, alles gesund – Richard? Elizabeth?

»Und was soll *das*?« fragte er und richtete die Spitze seines Taschenmessers auf ihr grünes Kleid.

Er ist sehr gut angezogen, dachte Clarissa; aber bei mir kritisiert er das immer!

Da sitzt sie und bessert ihr Kleid aus; bessert ein Kleid aus wie eh und je, dachte er; ist die ganze Zeit hier gesessen, während ich in Indien war; hat ein Kleid ausgebessert; herumgefummelt; ist auf Gesellschaften gegangen; ab und zu ins Unterhaus gelaufen und wieder zurück und so weiter, dachte er und wurde immer gereizter, immer erregter, denn es gibt nichts Schädlicheres auf der Welt für gewisse Frauen als das Heiraten, dachte er; und Politik; und einen Mann zu haben, der in der Konservativen Partei ist wie der untadelige Richard. Ja, so ist's, so ist's, dachte er und ließ das Messer laut zuschnappen.

»Richard geht's sehr gut. Richard ist bei einer Sitzung«, sagte Clarissa.

Und ihre Schere öffnend fragte sie, ob er etwas dagegen habe, wenn sie fertigmache, was an ihrem Kleid zu tun sei, denn sie gäben heute abend eine Gesellschaft.

»Zu der ich dich nicht einladen werde, mein lieber Peter!« setzte sie hinzu.

Wie entzückend, sie das sagen zu hören – mein lieber Peter! Überhaupt, es war alles entzückend – das Silber, die Stühle; alles so entzückend!

Und weshalb wolle sie ihn nicht zu ihrer Gesellschaft einladen? wollte er wissen.

Also selbstverständlich ist er bezaubernd, dachte Clarissa, einfach bezaubernd! Jetzt erinnere ich mich, wie unmöglich es mir immer war, mich zu entschließen – und weshalb habe ich mich denn entschlossen? – ihn nicht zu heiraten, verwunderte sie sich – damals, in jenem gräßlichen Sommer.

»Aber wie unglaublich, daß du ausgerechnet heute vormittag gekommen bist!« Sie legte die Hände übereinander auf das grüne Kleid.

»Erinnerst du dich noch«, fragte sie, »wie die Rollgardinen immer flappten in Bourton?«

»Und ob!« sagte er; und er erinnerte sich, daß er oft allein, was ihn immer verlegen machte, mit ihrem Vater gefrühstückt hatte; der schon gestorben war; und er ihr damals nicht geschrieben hatte. Denn er hatte sich nie gut mit dem alten Parry verstanden, dem nörglerischen, knieschwachen alten Mann, Clarissas Vater, Justin Parry.

»Ich wünsche oft, ich hätte mich besser mit deinem Vater vertragen«, sagte er.

»Aber er hat doch keinen von denen mögen, die – keinen unsrer Freunde«, sagte Clarissa und hätte sich am liebsten die Zunge abgebissen dafür, Peter so erinnert zu haben, daß er sie hatte heiraten wollen.

Natürlich hab' ich sie heiraten wollen, dachte Peter; und es hat mir fast das Herz gebrochen; und er wurde von seinem Schmerz überwältigt, der aufstieg wie ein Mond, den man von einer Terrasse betrachtet, schaurig schön im Licht des versunkenen Tages. So unglücklich wie damals bin ich seitdem nie wieder gewesen, dachte er. Und als säße er in Wirklichkeit dort auf der Terrasse, rückte er ein klein wenig näher an Clarissa heran; streckte die Hand aus; hob sie, ließ sie wieder sinken. Da zwischen ihnen schwebte er, jener Mond. Auch sie schien dort auf der Terrasse zu sitzen, im Mondschein.

»Es gehört jetzt Herbert« sagte sie. »Ich bin jetzt nie mehr dort«, sagte sie.

Und genau so, wie es auf einer Terrasse im Mondschein geschehen kann, wenn das eine sich zu schämen beginnt, daß es sich schon langweilt, und dennoch, da das andre ganz ruhig und still dasitzt und wehmütig in den Mond sieht, nichts sagen will, nur den Fuß bewegt, sich räuspert, einen eisernen Schnörkel am Bein eines Gartentisches bemerkt, ein

Blatt angreift, aber nichts sagt, – so war es nun mit Peter Walsh. Warum die Vergangenheit aufrühren? dachte er. Warum ihn daran erinnern? Warum ihn leiden machen, wenn sie ihn doch so höllisch gefoltert hatte? Warum?

»Erinnerst du dich an den Teich?« fragte sie unvermittelt, unter dem Druck einer Gemütsbewegung, die ihr ans Herz griff, die Muskeln ihrer Kehle steif werden ließ und ihre Lippen wie in einem Krampf verzog bei dem Wort »Teich«. Denn sie war ein Kind, das, zwischen den Eltern, den Enten Brotkrumen zuwarf, und gleichzeitig eine erwachsene Frau, die auf ihre am Ufer stehenden Eltern zuging und ihr Leben in den Armen hielt, das, während sie sich näherte, immer größer und größer wurde, bis es zu einem ganzen Leben wurde, einem vollständigen Leben, das sie vor sie hinlegte und sagte: »Das habe ich daraus gemacht. Das!« Und was hatte sie daraus gemacht? Wahrhaftig, was? Saß hier und nähte, an diesem Vormittag mit Peter.

Sie sah Peter Walsh an; ihr Blick, der durch alle diese Jahre und alle diese Gemütsbewegungen hindurchging, erreichte ihn zögernd; ließ sich tränenvoll auf ihm nieder; und hob sich und flatterte davon, wie ein Vogel einen Zweig berührt, sich wegschwingt und davonflattert. Ganz schlicht wischte sie sich die Augen.

»Ja«, sagte Peter. »Ja, ja, ja«, sagte er, als zöge sie etwas an die Oberfläche, das ihm gradezu wehtat beim Heraufkommen. Schweig! Schweig! hätte er am liebsten gerufen. Denn er war noch nicht alt; sein Leben war noch nicht vorbei; keineswegs! Er war grade erst fünfzig vorüber. Soll ich es ihr erzählen, dachte er, oder nicht? Er hätte es sich gern von der Seele geredet. Aber sie ist zu kalt, dachte er; näht, sitzt da mit ihrer Schere; Daisy würde recht gewöhnlich aussehen neben Clarissa. Und sie würde mich für einen Versager halten, und das bin ich auch, in ihrem Sinn, dachte er;

im Dallowayschen Sinn. O nein, er zweifelte gar nicht daran, er war ein Versager; verglichen mit alledem – dem Marketerietischchen, dem silberbeschlagenen Papiermesser, dem Delphin und den Kerzenleuchtern, den Sesselüberzügen und den wertvollen alten englischen Farbstichen – war er ein Versager! Wie zuwider mir das Geschniegelte des Ganzen ist, dachte er; Richard ist schuld daran, nicht Clarissa; abgesehn davon, daß sie ihn geheiratet hat. (Da kam Lucy ins Zimmer, brachte Silber, noch mehr Silber, aber sie sah reizend aus, schlank, anmutig, dachte er, als sie sich bückte, um es abzustellen.) Und das ist die ganze Zeit so gegangen! dachte er; Woche auf Woche; Clarissas Leben; während ich – dachte er; und sogleich schien alles von ihm auszustrahlen: Reisen; Ritte; Streitigkeiten; Abenteuer; Bridgepartien; Liebesaffären; Arbeit; Arbeit, Arbeit! und er zog ganz unverhohlen sein Taschenmesser hervor – sein altes Taschenmesser mit den Hornschalen, von dem Clarissa hätte schwören können, daß er es schon dreißig Jahre besaß, – und schloß die Faust darum.

Was für eine ausgefallene Gewohnheit von ihm, dachte Clarissa; immer mit einem Messer zu spielen. Und einem auch immer das Gefühl zu geben, daß man frivol ist, ein Hohlkopf, nichts als ein albernes Plaudertäschchen; wie er es einem immer gegeben hat. Aber auch ich, dachte sie, und während sie nach der Nadel griff, rief sie wie eine Königin, deren Leibwachen eingeschlafen sind und sie unbeschützt gelassen haben, so daß jeder (sie war durch diesen Besuch überrumpelt – er hatte sie aus der Fassung gebracht) einfach hereinspazieren und einen Blick auf sie werfen kann, wie sie daliegt und die Dornenranken sich über sie wölben, – so rief sie alles, was sie tat, alles, was sie gernhatte, ihren Mann, Elizabeth, ihr Selbst, kurz gesagt, das Peter jetzt kaum kannte, herbei, sich um sie zu sammeln und den Feind zu vertreiben.

»Na, und was hast *du* alles erlebt?« fragte sie. So scharren die Rosse, bevor die Schlacht beginnt, den Boden; werfen die Köpfe hoch; das Licht schimmert auf ihren Flanken; ihre Hälse wölben sich. So forderten Peter Walsh und Clarissa, nebeneinander auf dem blauen Sofa sitzend, einander heraus. Seine Kräfte tobten und bäumten sich in ihm. Er rief von verschiedenen Seiten alles mögliche zusammen; Belobungen; seine Laufbahn in Oxford; seine Heirat, über die sie gar nichts wußte; wie er geliebt hatte; und ganz und gar seine Aufgabe erfüllt hatte.

»Tausend und abertausend Dinge!« rief er aus, und getrieben von der Ansammlung von Kräften, die jetzt nach dieser, dann nach jener Seite stürmten und ihm das Gefühl gaben, das erschreckende und äußerst aufheiternde Gefühl, blitzschnell durch die Luft getragen zu werden auf den Schultern von Leuten, die er nicht mehr sehen konnte, griff er sich mit beiden Händen an die Schläfen.

Clarissa saß sehr aufrecht da; hielt den Atem an.

»Ich bin verliebt«, sagte er, nicht zu ihr jedoch, sondern zu einer im Dunkel aufgerichteten Gestalt, so daß man sie nicht berühren konnte und seinen Kranz im Dunkel aufs Gras niederlegen mußte.

»Verliebt«, wiederholte er und sprach jetzt in ziemlich trockenem Ton zu Clarissa Dalloway, »verliebt in eine junge Frau in Indien.« Er hatte seinen Kranz niedergelegt. Clarissa mochte daraus machen, was sie wollte.

»Verliebt!« sagte sie. Daß er in *seinem* Alter, mit seiner kleinen Schmetterlingsschleife, sich noch von diesem Ungeheuer verschlucken ließ! Und an seinem Hals ist fast kein Fleisch mehr; seine Hände sind gerötet; und er ist sechs Monate älter als ich! blinkmeldeten ihr ihre Augen, aber in ihrem Herzen fühlte sie: ganz egal, er ist verliebt! Er hat doch das, fühlte sie: er ist verliebt.

Doch der unbezähmbare Egoismus, der immer wieder die sich ihm entgegenstellenden Heerscharen niederreitet, dieser Fluß, der ruft: Weiter, weiter, weiter; auch wenn, wie er zugibt, vielleicht gar kein Ziel für uns da ist: weiter, weiter; dieser unbezähmbare Egoismus verlieh ihren Wangen Farbe; ließ sie sehr jung aussehn; sehr rosig; ließ ihre Augen hell glänzen, wie sie so dasaß, das Kleid auf dem Schoß; und die Nadel, die sie ans Ende des grünen Seidenfadens hielt, ein wenig zitterte. Er war verliebt! Nicht in sie. In eine Jüngere, selbstverständlich.

»Und wer ist sie?« fragte sie.

Nun mußte diese Statue von ihrem hohen Sockel herabgebracht und zwischen sie beide niedergestellt werden.

»Eine verheiratete Frau, unglückseligerweise«, sagte er; »die Frau eines Majors in der Indischen Armee.« Und das Lächeln, mit dem er sie auf diese lächerliche Weise vor Clarissa hinstellte, hatte etwas Seltsames und ironisch Süßliches.

(Dennoch, er ist verliebt! dachte Clarissa.)

»Sie hat«, fuhr er, sehr vernünftig, fort, »zwei kleine Kinder; einen Buben und ein Mädel; und ich bin herübergekommen, um mit meinem Anwalt die Scheidung zu besprechen.«

Da hast du die drei! dachte er. Tu, was du willst mit ihnen, Clarissa! Da hast du sie! Und mit jeder Sekunde, so schien ihm, wurden die Frau des Majors in der Indischen Armee (seine Daisy) und ihre beiden kleinen Kinder immer lieblicher, während Clarissa sie betrachtete; als hätte er ein graues Kügelchen auf einem Teller ins Licht gestellt und ein schöner Baum wäre daraus erwachsen in der kräftigen Salzluft ihres Vertrautseins (denn in manchem verstand ihn niemand, fühlte niemand so mit ihm wie Clarissa) – ihres köstlichen Vertrautseins.

Die schmeichelte ihm gewiß, hat ihn herumgekriegt, dachte Clarissa; formte sich die Frau, die Gattin des Majors in der Indischen Armee, mit drei Messerschnitten. So eine Vergeudung! So eine Torheit! Sein ganzes Leben lang war Peter so genarrt worden; erst von Oxford relegiert; dann das Mädchen, das er auf der Hinfahrt nach Indien kennenlernte, geheiratet; jetzt diese Majorsgattin – dem Himmel sei Dank, daß sie es damals ausgeschlagen hatte, ihn zu heiraten! Dennoch, er war verliebt! Ihr alter Freund, ihr lieber Peter, war verliebt!

»Aber was wirst du tun?« fragte sie. Ach, die Anwälte und Advokaten, Messrs. Hooper & Grateley in Lincoln's Inn, die würden das Tun schon besorgen, sagte er. Und er beschnitt sich wahrhaftig mit dem Taschenmesser die Fingernägel!

Um Himmels willen, laß doch dieses Messer! dachte sie mit ununterdrückbarer Gereiztheit; es war dieses dumme Unkonventionellsein, eine Schwäche von ihm, und überhaupt diese Ahnungslosigkeit, was ein andrer Mensch fühlte; das war's, was sie so ärgerte, immer geärgert hatte; und gar nun, in *seinem* Alter, wie albern!

Das weiß ich alles, dachte Peter; ich weiß, mit wem allem ich's zu tun bekommen werde, dachte er und fuhr mit dem Finger die Messerklinge entlang, Clarissa und Dalloway und allen übrigen; aber ich werde Clarissa zeigen – und dann plötzlich, zu seiner größten Überraschung, durch die Luft geschleudert von diesen unbezwinglichen Gewalten, brach er in Tränen aus; weinte; weinte ohne jede Scham, wie er da auf dem Sofa saß und ihm die Tränen über die Wangen herabliefen.

Und Clarissa hatte sich vorgeneigt, seine Hand ergriffen, ihn an sich gezogen, ihn geküßt – hatte tatsächlich sein Gesicht an dem ihren gespürt, bevor sie in ihrer Brust das Schwingen silbern glitzernder Wedel, wie von Pampasgras in einem Tropensturm, niederhalten konnte und dann, als es sich gelegt hatte, seine Hand faßte, ihm das Knie tätschelte und sich, als sie sich zurücklehnte, ihm gegenüber außerordentlich unbefangen und unbeschwert fühlte, und es sie wie mit einem Schlag überkam: Wenn ich ihn geheiratet hätte, wäre diese Unbeschwertheit den ganzen Tag mein gewesen!

Es war alles vorbei für sie. Das Leintuch war straff gespannt, und das Bett schmal. Sie war allein in den Turm hinaufgegangen und hatte die andern beim Brombeerenpflücken in der Sonne zurückgelassen. Die Tür war zugefallen, und hier, zwischen dem Staub von abgebröckeltem Verputz und den Abfällen aus Vogelnestern, wie fern sah alles von hier aus, und wie dünn klangen alle Geräusche herauf (wie einmal auf dem Leith Hill, erinnerte sie sich), und: Richard! Richard! rief sie, wie ein Schläfer in der Nacht aufschrickt und die Hand hilfesuchend ins Dunkel streckt. Er ist zum Lunch bei Lady Bruton, erinnerte sie sich. Er hat mich verlassen; ich bin für immer allein, dachte sie und verschränkte die Hände ums Knie.

Peter Walsh war aufgestanden und zum Fenster gegangen und stand mit dem Rücken zu ihr, schnellte sein buntes Seidentaschentuch hin und her. Herrisch, nüchtern und verlassen sah er aus, die hageren Schulterblätter hoben ein wenig den Stoff seines Rocks; er schneuzte sich mit Heftigkeit. Nimm mich mit, dachte Clarissa impulsiv, als ginge er diesen Augenblick auf eine weite Reise; und im nächsten Augenblick war es, als wären die fünf Akte eines Theaterstücks, das sehr aufregend und erschütternd gewesen war, nun vorbei und sie hätte ein ganzes Leben lang in ihnen gelebt; wäre durchgebrannt und hätte mit Peter gelebt und nun wäre es zu Ende.

Nun war es Zeit, sich zu entfernen, und wie eine Frau ihre Sachen zusammensucht, ihren Mantel, ihre Handschuhe, ihr Opernglas, und aufsteht, um aus dem Theater auf die Straße hinauszugehn, so erhob sie sich vom Sofa und trat zu Peter.

Und es war ungemein seltsam, dachte er, daß sie immer noch die Macht besaß, wie sie raschelnd und klingelnd so auf ihn zukam, immer noch die Macht besaß, wie sie so durchs Zimmer kam, den Mond, den ihm so verhaßten, am Sommerhimmel aufgehn zu lassen, in Bourton, auf der Terrasse.

»Sag mir«, fragte er und ergriff sie an den Schultern, »bist du glücklich, Clarissa? Macht Richard –«

Die Tür öffnete sich.

»Da ist meine Elizabeth!« sagte Clarissa überschwenglich und ein bißchen theatralisch vielleicht.

»'n Tag«, sagte Elizabeth im Näherkommen.

Die Klänge des Glockenspiels von Big Ben, der die halbe Stunde schlug, schwangen zwischen ihnen mit außerordentlicher Kraftfülle, als schwänge ein junger Mann, ein starker, unbekümmerter, rücksichtsloser, Hanteln hin und her.

»Hallo, Elizabeth!« rief Peter, steckte hastig das Taschentuch ein, ging schnell auf sie zu, sagte dann: »Adieu, Clarissa«, ohne sie anzusehn, verließ eilig das Zimmer, lief die Treppe hinunter und öffnete die Haustür.

»Peter! Peter!« rief Clarissa, ihm auf den Treppenabsatz folgend. »Meine Gesellschaft! Vergiß meine Gesellschaft nicht heute abend!« rief sie, lauter, wegen des Lärms, der von draußen hereindrang, und ihre Stimme, die, vom Getöse des Verkehrs und dem Dröhnen der Glockenschläge fast übertönt, noch einmal: »Vergiß meine Gesellschaft nicht heute abend!« rief, klang dünn und zerbrechlich und wie von sehr fern Peter nach, als er die Haustür hinter sich schloß.

Vergiß meine Gesellschaft nicht, vergiß meine Gesellschaft nicht, dachte Peter Walsh, als er die Straße entlangschritt, rhythmisch mit sich selbst sprechend, im Takt mit dem Fluten der Klänge, der senkrecht aufrichtigen Klänge Big Bens, der die halbe Stunde schlug. (Die bleiernen Ringe zergingen in der Luft.) Oh, diese Gesellschaften! dachte er; Clarissas Gesellschaften! Wozu gibt sie die? dachte er. Nicht, daß er sie tadelte oder diese Figur von einem Mann im Cutaway mit einer Nelke im Knopfloch, die ihm da entgegenkam. Nur ein einziger Mensch auf der Welt konnte, wie er es war, verliebt sein. Und dieser Glückliche, er selbst, spiegelte sich hier in dem Schaufenster eines Automobilfabrikanten in der Victoria Street. Ganz Indien lag hinter ihm; Ebenen, Berge; Cholera-Epidemien; ein Verwaltungsdistrikt doppelt so groß wie Irland; Entscheidungen, die er ganz allein getroffen hatte – er, Peter Walsh; der nun wirklich zum allererstenmal im Leben verliebt war. Clarissa ist hart geworden, dachte er; und obendrein ein bißchen sentimental, vermutete er und besah sich die großen Wagen, die imstande waren – wie viele Kilometer mit wie vielen Gallonen Benzin zu machen? Denn er hatte Sinn für Mechanik; hatte einen Pflug erfunden in seinem Distrikt, hatte sich Schubkarren kommen lassen aus England, aber die Kulis wollten sie nicht verwenden, – und von alledem wußte Clarissa gar nichts.

Die Art, wie sie gesagt hatte: »Da ist meine Elizabeth!« – die hatte ihn verärgert. Warum nicht einfach: »Da ist Elizabeth«? Es war unaufrichtig. Und Elizabeth war es auch nicht angenehm. (Immer noch erschütterten die letzten Schwingungen der lauten, dröhnenden Stimme die Luft um ihn her; es war halb; immer noch früh; erst halb zwölf.) Denn er hatte Verständnis für junge Menschen; konnte sie gut leiden. Es war immer etwas Kaltes in Clarissa, dachte er. Sie besaß immer, sogar als Mädchen, eine Art von Furchtsamkeit, aus der in mittleren Jahren Konventionellsein wird, und dann ist nichts mehr zu machen, nichts mehr zu machen, dachte er, trübselig in die glasige Tiefe starrend, und fragte sich, ob etwa, daß er sie zu dieser Stunde besuchte, sie verstimmt hatte; und war plötzlich von Scham überkommen, sich wie ein Narr benommen zu haben; geweint zu haben; von Gemütsbewegung fortgerissen; ihr wie gewöhnlich alles erzählt zu haben; wie gewöhnlich.

Wie eine Wolke über die Sonne zieht, so befällt eine Stille London; und befällt das Gemüt. Alles Bemühen hört auf. Die Zeit hängt schlaff vom Mast. Da halten wir inne, da stehn wir still. Nur das Knochengerüst der Gewohnheit, das starre, hält die menschliche Hülle aufrecht. In der nichts ist, sagte sich Peter Walsh; fühlte sich ausgehöhlt, völlig leer im Innern. Clarissa hat mich abgewiesen, dachte er. Er stand da und dachte: Clarissa hat mich abgewiesen.

Ah, sagte die Uhr von St. Margaret wie eine Gastgeberin, die pünktlich auf den Stundenschlag ihren Salon betritt und ihre Gäste schon alle versammelt findet, ich habe mich nicht verspätet. Nein, es ist genau halb zwölf, sagt sie, und obgleich sie ganz recht hat, zögert ihre Stimme, da sie die Stimme der Hausfrau ist, sich mit ihrem Eigenwesen aufzudrängen. Ein Grämen um die Vergangenheit hält sie zurück; eine Besorgnis um die Gegenwart. Es ist halb zwölf, sagt sie, und die Stimme von St. Margaret gleitet in alle Winkel des Herzens und vergräbt sich in einen Klangring nach dem andern, wie etwas Lebendiges, das sich anvertrauen, sich verstreuen, mit einem Beben von Entzücken zur Ruhe kommen möchte, – wie, dachte Peter Walsh, Clarissa selbst, als sie auf den Stundenschlag herunterkam, ganz in Weiß. Sie selbst ist es, Clarissa, dachte er mit tiefer Gemütsbewegung und einer außerordentlich klaren und ihm doch rätselhaften Erinnerung an sie, als wäre dieser Glockenton vor vielen Jahren ins Zimmer hereingeschwirrt, wo sie in einem Augenblick großer Vertrautheit beisammensaßen, und wäre von einem zum andern geflogen und hätte sie dann verlassen, wie eine Biene mit Honig beladen, mit dem Augenblick beladen. Aber in welches Zimmer? Welcher Augenblick? Und weshalb war er so innig glücklich gewesen, als die Glocke schlug? Dann, als die Klänge von St. Margaret verschwebten, dachte er: Sie ist krank gewesen; und die Klänge drückten Mattigkeit aus und Leiden. Es war ihr Herz, fiel ihm ein; und die plötzliche Lautheit des letzten Glockenschlags läutete Tod, den Tod, der einen mitten im Leben überrascht, und Clarissa stürzte zusammen, wo sie stand, in ihrem Salon. Nein! Nein! rief er. Sie ist nicht tot! Ich bin nicht alt! rief er und marschierte Whitehall hinauf, als käme seine Zukunft ihm entgegengerollt, lebensvoll, unendlich – seine Zukunft!

Er war nicht alt oder festgefahren oder vertrocknet, nicht im geringsten. Und was sie etwa über ihn sagten – die Dalloways, die Whitbreads und ihr ganzer Kreis – es war ihm schnuppe – völlig schnuppe (wenngleich es wahr war, daß er früher oder später mal sehen müßte, ob Richard ihm nicht zu einer Stellung verhelfen könnte). Wieder ausschreitend, blickte er umher, glurte zu der Statue des Herzogs von Cambridge hinauf. Er war relegiert worden von Oxford – ja. Er war Sozialist gewesen, war in gewissem Sinn ein Versager – ja. Und dennoch liegt, dachte er, die Zukunft der Zivilisation in den Händen solcher junger Männer; solcher junger Männer, wie er einer war vor dreißig Jahren; mit ihrem Hang zu abstrakten Grundsätzen; die sich Bücher schicken ließen, den ganzen Weg von London bis auf einen Berg des Himalaya; wissenschaftliche Bücher lasen; philosophische Bücher lasen. Die Zukunft liegt in den Händen solcher junger Männer, dachte er.

Ein Getrappel wie das Rappeln dürrer Blätter kam von hinten, das zugleich mit einem dumpfen regelmäßigen Stapfen ihn einholte und seine Gedanken ganz ohne sein Zutun streng im Takt Whitehall entlangtrommelte. Junge Burschen in Uniform, die Gewehre trugen, marschierten, die Augen geradeaus, die Arme steif, und auf ihren Gesichtern einen Ausdruck gleich den Buchstaben einer um den Sockel einer Statue laufenden Inschrift zum Lob von Pflichtgefühl, Dankbarkeit, Treue, Liebe für England.

Es ist, dachte Peter Walsh, der mit ihnen Schritt zu halten begann, eine sehr gute Ausbildung. Doch sie sahen nicht kräftig aus. Die meisten waren ein wenig dürftige sechzehnjährige Bürschchen, die morgen vielleicht wieder hinter Ladentischen mit Behältern von Reis, Pyramiden von Seife stünden. Jetzt lag, unvermischt mit Sinnenfreude oder kleinlichen Alltagssorgen, die Feierlichkeit des Kranzes auf ihnen, den sie aus der Vorstadt zu dem leeren Grabmal mitgebracht hatten. Sie hatten ihr Gelübde abgelegt. Der Straßenverkehr respektierte es; Lieferwagen mußten stehnbleiben.

Ich kann nicht Schritt halten mit ihnen, dachte Peter Walsh, während sie durch Whitehall marschierten, und richtig, sie marschierten weiter, ihn überholend, jedermann überholend, stetig und stramm, als triebe ein einziger Wille alle diese Arme und Beine gleichermaßen an und das Leben, mit allen seinen Verschiedenheiten, seinen Unverschwiegenheiten, läge, von Disziplin betäubt, unter einem Pflaster von Gruftplatten und Kränzen da wie ein steifer, doch starren Auges schauender Leichnam. Man mußte Achtung haben davor; man mochte lachen darüber; aber man mußte Achtung haben davor, dachte er. Da marschierten sie, dachte Peter Walsh, am Rand des Gehsteigs stehnbleibend; und hier standen alle die erhabenen Statuen: Nelson, Gordon, Havelock, die geschwärzten, die auffallenden Standbilder großer Soldaten, und schauten in die Weite, als hätten auch sie sich denselben Verzicht abgerungen (Peter Walsh hatte das Gefühl, auch er habe sich ihn abgerungen, den großen Verzicht), dieselben Versuchungen niedergetrampelt, bis sie es endlich zu diesem Marmorblick brachten. Doch sich selbst wünschte Peter Walsh diesen Marmorblick ganz und gar nicht; wenn er ihn auch bei andern zu achten vermochte; ihn bei jungen Burschen zu achten vermochte. Die wissen noch nichts von den Anfechtungen des Fleisches, dachte er, als die Marschierenden gegen den Strand hin verschwanden, – von alledem, was ich durchgemacht habe, dachte er, querte die Fahrbahn und blieb vor dem Sockel von Gordons Statue stehn, Gordons, den er als Junge vergöttert hatte; Gordons, der einsam, das eine Bein vorgestellt, mit verschränkten Armen dastand, – der arme Gordon, dachte er.

Und grade weil noch niemand außer Clarissa wußte, daß er in London war, und ihm die Erde, nach der Seereise, immer noch wie eine Insel erschien, überkam es ihn, wie seltsam es war, daß er hier stand, allein, lebendig, unbekannt, um halb zwölf vormittags, auf dem Trafalgar Square. Wieso denn? Wo bin ich? Und weshalb tut man so etwas überhaupt? dachte er, denn die ganze Scheidung schien ein Hirngespinst zu sein. Und sein Geist sank in sich zusammen und lag flach wie Marschland, und drei gewaltige Gemütsbewegungen rollten darüber hin: ein tiefes Verstehen; eine ungeheure Menschenliebe; und zuletzt, wie das Ergebnis beider, ein ununterdrückbares köstliches Entzücken; als würden in seinem Gehirn von andern Händen Schnüre gezogen, Rollgardinen geöffnet, und er, der nichts damit zu tun hatte, stünde dennoch am Ausgangspunkt endloser Alleen, deren jede er nach Belieben entlangwandern könnte. Er hatte sich seit Jahren nicht so jung gefühlt.

Er war entkommen, war ganz und gar frei – wie es geschieht, wenn alle Gewohnheit zusammenbricht und das Gemüt einer unbeschirmten Flamme gleicht, die sich biegt und beugt, als könnte sie jeden Augenblick von ihrem Halt hinweggeblasen werden. Ich habe mich seit Jahren nicht mehr so jung gefühlt! dachte Peter, dem Schicksal entkommen (aber natürlich nur für etwa eine Stunde), genau das zu sein, was er war, und mit dem Gefühl eines Kindes, das ins Freie hinausläuft und im Laufen sieht, wie seine alte Kinderfrau aus dem falschen Fenster winkt. Aber sie ist ungemein anziehend, dachte er, als sich, den Trafalgar Square in der Richtung zum Haymarket überschreitend, eine junge Frau näherte, die, als sie an Gordons Statue vorbeikam, einen Schleier nach dem andern abzustreifen schien, dachte Peter Walsh, der leicht empfängliche, bis sie die Frau wurde, die er immer im Sinn gehabt hatte; jung, aber stattlich; fröhlich, aber taktvoll; dunkelhaarig, aber bezaubernd.

Sich straffend und heimlich sein Taschenmesser befingernd, begann er ihr nachzugehn, folgte dieser jungen Frau, dieser erregenden Erscheinung, die ihn, sogar ihm den Rücken zugekehrt, mit einem Licht zu übergießen schien, das sie beide verband, das ihn auserwählte, als flüsterte der zufällige Lärm des Verkehrs durch die hohlen, an den Mund gehaltenen Hände seinen Namen, nicht Peter, sondern den geheimen Namen, mit dem er selbst sich in Gedanken nannte. »Du«, sagte sie, nichts als »du«; sagte es mit ihren weißen Handschuhen und ihren Schultern. Dann öffnete sich flatternd, vom Wind bewegt, als sie an Dent's Laden in der Cockspur Street vorbeiging, ihr langer, leichter Mantel mit einer einhüllenden Güte, einer wehmütigen Zärtlichkeit, wie Arme sich dem Müden öffnen, um ihn aufzunehmen …

Aber sie ist nicht verheiratet; sie ist jung; ganz jung, dachte Peter, und die rote Nelke, die er an ihr gesehen hatte, als sie über den Trafalgar Square gekommen war, brannte ihm wieder in die Augen und rötete ihre Lippen. Nun jedoch hielt sie am Rand des Gehsteigs inne. Sie hatte eine gewisse Würde. Sie war nicht weltlich wie Clarissa; war nicht reich wie Clarissa. War sie, fragte er sich, als sie weiterging, ein anständiges Mädchen? Witzig, mit einem flinken Eidechsenzünglein, dachte er (denn man mußte ein wenig erfinden, mußte sich eine kleine Zerstreuung gestatten), und einer kühlen, abwartenden Schlagfertigkeit, einer pfeilgleichen; keiner lauten.

Sie ging weiter; überschritt die Straße; er ihr nach. Ihr Verlegenheit bereiten, das wollte er auf keinen Fall. Doch wenn sie stehnbliebe, wollte er sagen: »Kommen Sie, gehn wir ein Eis essen«, das würde er sagen, und sie würde ihm ganz einfach mit einem »Oh, gern« antworten.

Aber Leute gerieten auf der Fahrbahn zwischen sie beide, hielten ihn auf, verdeckten sie. Er verfolgte sie; sie schlug eine andre Richtung ein. Ihre Wangen waren gerötet, ihre Augen blickten spöttisch. Wie ein Abenteurer kam er sich vor, tollkühn, draufgängerisch, verwegen, ja, wahrhaftig (gestern abend erst aus Indien zurück) als ein romantischer Freibeuter, der alle diese verdammten Schicklichkeiten verachtete, die gelben Schlafröcke, die Tabakspfeifen, die Angelruten in den Schaufenstern; und Achtbarkeit und Gesellschaften und stutzerhafte alte Herren mit weißem Vorstoß an der Weste. Er war ein Freibeuter. Weiter ging sie, weiter, über Piccadilly hinüber, die Regent Street hinauf, immer vor ihm her, und ihr Mantel, ihre Handschuhe, ihre Schultern verflossen mit den Rüschen und den Spitzen und den Federnboas in den Schaufenstern zu einer Essenz von Putz und koketter Laune, die aus den Läden auf den Gehsteig sickerte, wie der Schein einer Laterne nachts über die Hecken ins Dunkel hinschwankt.

Lächelnd und entzückend hatte sie die Oxford und Great Portland Street gequert und war in eine der kleinen Seitengassen eingebogen, und jetzt, jetzt nahte der große Augenblick, denn sie ging langsamer, öffnete ihr Handtäschchen, und mit einem einzigen Blick zu ihm her, aber nicht auf ihn, einem verabschiedenden Blick, der die ganze Situation zusammenfaßte und sie triumphierend abtat, ein für allemal, hatte sie den Schlüssel schon ins Schloß gesteckt, die Haustür geöffnet und war verschwunden! Clarissas Stimme: »Vergiß meine Gesellschaft nicht heute abend, vergiß meine Gesellschaft nicht!« klang ihm in den Ohren. Das Haus, eins dieser langweiligen Rohziegelhäuser mit hängenden Blumenkörbchen, hatte etwas unbestimmt Unsolides. Das Abenteuer war zu Ende.

Na, ich hab' meinen Spaß gehabt, ich hab' ihn gehabt, dachte er und sah zu den schwingenden Körbchen blasser Geranien hinauf. Und der zerfiel zu Atomen – sein Spaß, denn er war zur Hälfte zusammenphantasiert, wie er sehr gut wußte; erfunden, dieses Abenteuer mit dem Mädchen; zusammenphantasiert, wie man sich den besseren Teil des Lebens zusammenphantasiert, dachte er, – indem man sich sich selbst ausdenkt; sich sie ausdenkt; sich eine köstliche Belustigung verschafft; und noch etwas mehr. Aber sonderbar war es, und durchaus wahr: das alles konnte man mit niemand teilen – es zerfiel zu Atomen.

Er kehrte um; ging die Great Portland Street hinauf, wollte suchen, wo er sich hinsetzen könnte, bis es Zeit wäre für Lincoln's Inn – für Messrs. Hooper & Grateley. Wo? Egal, wo. Also weiter die Straße entlang, zum Regent's Park. Seine Schuhe klopften »Egal, wo« auf den Gehsteig; denn er hatte Zeit, er hatte noch eine Menge Zeit.

Und es war ein so schöner Vormittag. Wie das Schlagen eines kerngesunden Herzens pulste das Leben geradeaus durch die Straßen. Da gab es kein Herumtappen – kein Zögern. Schwungvoll schwenkend, haargenau, lautlos und pünktlich im richtigen Augenblick zur Stelle, hielt das Auto vor der Haustür. In Seidenstrümpfen und Federhut, eine flüchtige Erscheinung, für ihn aber nicht besonders anziehend (denn er hatte sein Abenteuer hinter sich), stieg das junge Mädchen aus. Bewundernswerte Kammerdiener, gelbbraune Chows, eine in schwarz-weißem Rautenmuster ausgelegte Halle, wehende weiße Gardinen, Peter sah es alles durch die geöffnete Haustür und billigte es. Alles in allem doch eine herrliche Leistung, in ihrer Art, dieses London; die Season; die Zivilisation. Für ihn, der aus einer angesehenen anglo-indischen Familie stammte, die zumindest drei Generationen lang die Angelegenheiten eines Kontinents verwaltet hatte (sonderbar, dachte er, was für ein starkes Gefühl ich dafür hege, der ich doch so eine Abneigung gegen Indien habe, gegen das Empire, gegen die Armee), gab es Augenblicke, wo ihm Zivilisation, sogar von dieser Art, teuer war wie ein persönlicher Besitz; und Augenblicke, wo er stolz war auf England; auf englische Kammerdiener; auf Chows; auf junge Mädchen in ihrem Wohlbehütetsein. Wie lächerlich es auch alles sein mochte, so war es eben, dachte er. Und die Ärzte und Geschäftsleute und tüchtigen Mädchen und Frauen, alle ihrem Beruf nachgehend, pünktlich, aufgeweckt, zäh, erschienen ihm als ganz und gar bewundernswert, brave Leute, denen man sein Leben anvertrauen konnte, Gefährten in der Kunst, zu leben, die einen schon durchbringen würden. Alles in allem wirklich ein sehr erträgliches Schauspiel; und nun wollte er sich irgendwo in den Schatten setzen und rauchen.

Hier war der Regent's Park. Ja. Als Kind war er im Regent's Park spazierengegangen – seltsam, dachte er, wie ich immer wieder an meine Kindheit denken muß – vielleicht weil ich Clarissa wiedergesehn habe; denn Frauen leben viel mehr in der Vergangenheit als wir, dachte er. Sie hängen an Orten; und an ihren Vätern – eine Frau ist immer stolz auf ihren Vater. Bourton war ein hübscher Ort, wirklich sehr hübsch, aber ich habe mich nie recht vertragen mit dem alten Herrn, dachte er. Es hatte beinahe so etwas wie eine

Szene gegeben, eines Abends, – eine Auseinandersetzung über dies oder jenes; aber worüber, dessen konnte er sich nicht erinnern. Über Politik, vermutlich.

Ja, des Regent's Parks erinnerte er sich; der langen, geraden Allee; des Häuschens links, wo es Kinderballons zu kaufen gab; einer komischen Statue irgendwo, mit einer Inschrift. Er sah sich nach einer leeren Bank um. Er fühlte sich ein wenig dösig und wollte nicht belästigt werden von Leuten, die fragten, wieviel Uhr es sei. Eine ältliche Kinderpflegerin in grauer Tracht mit einem Kind in einem Wagen – das war noch das Beste, was er tun könnte: sich ans andre Ende der Bank zu setzen, auf der die Kinderpflegerin saß.

Ein sonderbar aussehendes Mädchen, dachte er, weil ihm plötzlich Elizabeth einfiel, wie sie ins Zimmer hereingekommen war und neben ihrer Mutter stand. Groß geworden, schon ganz erwachsen, nicht grade hübsch; eher ansehnlich; und sie konnte kaum mehr als achtzehn sein. Vermutlich vertrug sie sich nicht gut mit Clarissa. »Da ist meine Elizabeth« – und dergleichen – warum nicht einfach: »Da ist Elizabeth«? – nur um, gleich vielen Müttern, so zu tun, als wäre alles so, wie es nicht ist. Sie verläßt sich zuviel auf ihren Charme, dachte er. Sie übertreibt das.

Der wohlig aromatische Zigarrenrauch rieselte ihm kühl die Kehle hinab; er paffte ihn aus, in Kringeln, die einen Augenblick tapfer der Luft standhielten; blau, kreisrund – ich werde versuchen, ob ich nicht ein paar Worte mit Elizabeth allein sprechen kann heute abend, dachte er – und dann zu Sanduhrformen zu verschwanken begannen und zerfließend verschwanden; was für sonderbare Formen sie annehmen, dachte er. Mit einemmal schloß er die Augen, hob mit Mühe die Hand und warf das starke Ende der Zigarre weg. Ein großer Pinsel strich sanft über seinen Geist, strich schwankende Äste darüber hin, Kinderstimmen, das Schlurfen von Schritten, das Vorübergehn von Leuten und das Summen des Straßenverkehrs, ein an- und abschwellendes Summen. Hinab sank er, hinab in die Daunen und Federn des Schlafs, bis er ganz versunken und eingemummt war.

Die graue Amme begann wieder zu stricken, als Peter Walsh neben ihr auf der heißen Bank zu schnarchen anfing. In ihrer grauen Tracht, wie sie so, unermüdlich und doch lautlos, die Hände regte, war sie gleichsam die Hüterin der Rechte Schlafender, wie eine dieser Erscheinungen aus Himmel und Zweigen, die im Abendzwielicht in Wäldern aufsteigen. Der einsame Wanderer, Herumstreicher auf Heckenwegen, Störenfried grüner Farne, Vernichter großer Schierlingstauden, wenn er plötzlich aufblickt, sieht er die Riesengestalt dort, am Ende der Schneise.

Vielleicht ein überzeugter Atheist, wird er überrascht von Augenblicken außerordentlicher Erhebung. Nichts existiert außerhalb unser als nur ein Gemütszustand, denkt er; ein Verlangen nach Tröstung, nach Erleichterung, nach etwas außerhalb dieser elenden Zwerge, dieser schwächlichen, dieser häßlichen, dieser feigen Menschen. Doch wenn er sich sie vorstellen kann, dann existiert sie auf irgendeine Weise, denkt er und geht den Pfad weiter, den Blick auf den Himmel und die Zweige gerichtet, denen er im Nu Weiblichkeit verleiht; sieht mit Staunen, wie ernst sie werden; wie majestätisch sie, vom Windhauch bewegt, mit einem dunkeln Flattern von Blättern Barmherzigkeit austeilen, Verstehen, Lossprechung – und dann, sich mit einmal emporwerfend, ihr frommes Aussehn in einem zügellosen Freudentaumel Lügen strafen.

Solcherart sind die Visionen, die dem einsamen Wanderer große Füllhörner voller Früchte darbieten oder ihm ins Ohr flüstern wie auf grünen Meereswogen dahinplatschende

Sirenen oder ihm ins Gesicht geklascht werden wie Rosensträuße oder an die Oberfläche kommen wie bleiche Gesichter, die zu halsen Fischer, den Boden verlierend, durchs Wasser tappen.

Solcherart sind die Visionen, die unaufhörlich heraufffluten, neben dem, was wirklich ist, einhertreiben, ihr Gesicht vor die Wirklichkeit strecken; den einsamen Wanderer oft überwältigen und ihm das Bewußtsein der Erde rauben, den Wunsch heimzukehren, und ihm als Ersatz eine allgemeine Befriedigung schenken, als wäre (so denkt er, während er durch die Waldschneise weitergeht) dieses ganze fieberhafte Leben die einfachste Sache von der Welt; als würden Myriaden von Dingen zu einem; als wäre diese Erscheinung aus Himmel und Zweigen dem aufgewühlten Meer entstiegen (er ist jetzt älter, schon über fünfzig) wie eine aus den Wellen hervorgesogene Gestalt, um aus ihren großmütigen Händen Mitgefühl, Verstehen, Verzeihung herabschauern zu lassen. Also, denkt er, möge ich nie wieder zurückkehren ins Lampenlicht; ins Wohnzimmer; nie mein Buch vollenden; nie wieder meine Pfeife ausklopfen; nie wieder klingeln, damit Mrs. Turner das Geschirr wegräumt; sondern laßt mich lieber geradeaus weitergehn, auf diese große Gestalt zu, die mit einem Hochwerfen ihres Kopfs mich auf ihre flatternden Wimpel emporheben und mit allem übrigen zu nichts zerblasen lassen wird.

Solcherart sind die Visionen. Der einsame Wanderer ist bald aus dem Wald; und dort, in der Tür, die Augen beschirmend, und dann mit ausgestreckten Händen, mit weißer, flatternder Schürze, steht, vielleicht um seine Rückkehr zu erwarten, eine ältliche Frau, die ihm (so mächtig ist diese Schwäche) über die Wüste hinweg nach einem verlorenen Sohn auszuspähen scheint; nach einem verunglückten Reiter zu suchen scheint; die Gestalt der Mutter zu sein scheint, deren Söhne in den Schlachten der Welt gefallen sind. Und darum scheint dem einsamen Wanderer, sobald er durch die Dorfstraße geht, wo die Frauen mit ihrem Strickzeug vor der Tür stehn und die Männer ihre Gärten umgraben, der Abend unheilverkündend zu sein; die Gestalten regungslos, als würde bald ein erhabenes Geschick, ihnen allen schon bekannt und furchtlos erwartet, sie in völlige Vernichtung dahinraffen.

Im Haus, zwischen all den ganz alltäglichen Dingen, dem Schrank, dem Tisch, dem Fenstersims mit den Geranien, wird der vom Lampenlicht gemilderte Umriß der Hauswirtin, die sich herabbeugt, um das Tischtuch wegzunehmen, zu einem anbetungswürdigen Sinnbild, das zu umarmen nur der Gedanke an die Kälte menschlicher Kontakte uns verbietet. Sie greift nach dem Marmeladeglas; schließt es in die Anrichte weg.

»Brauchen Sie noch etwas heute abend, Sir?«

Aber wem gibt der einsame Wanderer Antwort?

So strickte die ältliche Amme neben dem schlafenden Kind im Regent's Park. So schnarchte Peter Walsh. Er erwachte ganz plötzlich und dachte: »Der Tod der Seele.«

»Mein Gott, mein Gott!« sagte er laut vor sich hin, streckte sich und öffnete die Augen. »Der Tod der Seele.« Die Worte hingen mit irgendeiner Begebenheit zusammen, irgendeinem Zimmer, irgendeinem Stück Vergangenheit, von dem er geträumt hatte. Alles wurde jetzt deutlicher: die Begebenheit, das Zimmer, dieses Stück Vergangenheit.

Es war in Bourton, in jenem Sommer zu Anfang der neunziger Jahre, als er so leidenschaftlich in Clarissa verliebt war. Es waren eine Menge Leute da, die lachten und redeten, nach dem Tee, um einen Tisch herum, und das Zimmer war von gelbem Licht gebadet und voller Zigarettenrauch. Es wurde von jemand gesprochen, der sein Hausmädchen geheiratet hatte, einem der Gutsherren der Nachbarschaft, er wußte seinen Namen nicht mehr. Der hatte sein Hausmädchen geheiratet und sie nach Bourton mitgenommen, um Antrittsbesuch zu machen – und ein gräßlicher Besuch war's gewesen. Sie war lächerlich aufgetakelt, »wie ein Kakadu«, hatte Clarissa erzählt und sie nachgeahmt, hörte gar nicht auf, zu reden. Redete und redete. Clarissa ahmte sie nach. Dann sagte jemand – Sally Seton war es – ob es denn etwas ausmache, daß man wisse, sie habe vor ihrer Heirat ein Kind gehabt? (Damals war so etwas, wenn Damen dabei waren, eine kühne Bemerkung gewesen.) Er konnte Clarissa noch heute vor sich sehen, wie sie knallrot wurde; etwas in ihr sich zusammenzog; und sie sagte: »Oh, ich werde nie wieder imstande sein, ein Wort mit ihr zu reden!« Worauf die ganze Gesellschaft da um den Teetisch herum zu wackeln schien. Es war höchst unbehaglich gewesen.

Er hatte es ihr nicht übelgenommen, daß sie sich an der Tatsache stieß; denn zu jener Zeit wußte ein junges Mädchen, das so wie sie erzogen worden war, von nichts; sondern es war ihre Art, die ihn aufbrachte; diese zaghafte, harte, anmaßende, prüde Art. »Der Tod der Seele.« Er hatte das instinktiv gesagt, hatte den Augenblick, wie er das zu tun pflegte, bezettelt – der Tod ihrer Seele.

Alle wackelten sie; ein jedes von ihnen schien sich zu beugen bei ihren Worten und dann anders dazustehn. Er konnte Sally Seton vor sich sehn wie ein Kind, das etwas angestellt hat, wie sie sich vorneigte, mit hochgeröteten Wangen, als wollte sie etwas sagen, getraute sich aber nicht, denn Clarissa schüchterte Leute ein. (Sie war Clarissas beste Freundin, war fast immer in Bourton, ein anziehendes, gut aussehendes, dunkelhaariges Geschöpf, das im Ruf großen Wagemuts stand; und er pflegte ihr Zigarren zu schenken, die sie in ihrem Schlafzimmer rauchte; und sie war entweder mit irgend jemand verlobt oder hatte sich mit ihrer Familie entzweit, und der alte Parry, der konnte weder sie noch ihn ausstehn, was ein starkes Band zwischen ihnen war.) Dann stand Clarissa, mit einer Miene, als fühlte sie sich von ihnen allen beleidigt, auf, murmelte eine Entschuldigung und ging zur Tür; allein. Als sie sie öffnete, kam dieser große zottige Hund, der immer hinter den Schafen her war, herein. Sie warf sich auf ihn, liebkoste ihn wie verzückt. Es war, als sagte sie zu Peter – das Ganze war nur auf ihn gezielt, das wußte er – »Ich weiß, du findest, ich habe mich soeben lächerlich aufgeführt wegen dieser Person; aber sieh nur, was für ein außerordentlich mitfühlendes Geschöpf ich bin! Sieh nur, wie gern ich meinen Rob habe!«

Sie hatten immer diese eigentümliche Fähigkeit besessen, sich wortlos miteinander zu verständigen. Clarissa wußte es sogleich, wenn er etwas an ihr auszusetzen hatte. Dann tat sie etwas ganz Auffälliges, um sich zu verteidigen, wie etwa dieses Getue mit dem Hund – aber er ließ sich nie davon täuschen, er durchschaute Clarissa immer. Nicht, daß er etwas gesagt hätte, natürlich nicht; er saß einfach da und sah düster drein. Ihre Streitereien begannen oft auf diese Weise.

Sie schloß die Tür. Sogleich fühlte er sich äußerst niedergeschlagen. Das Ganze erschien ihm zwecklos – daß er sie weiter liebte; daß sie weiter miteinander stritten; sich wieder versöhnten. Und er ging aus dem Haus und schlenderte allein herum, zwischen den Wirtschaftsgebäuden, den Ställen, sah zu den Pferden hinein. (Es war ein recht bescheidener Besitz; die Parrys waren nie sehr wohlhabend gewesen; doch man sah immer Reitknechte und Stalljungen – Clarissa liebte das Reiten – und ein alter Kutscher war da – wie hieß er nur? – und eine alte Kinderfrau, die alte Moody, die alte Goody, so ähnlich wurde sie genannt, zu der man mitgenommen wurde, sie in ihrem kleinen Zimmer zu besuchen, mit einer Menge Photographien darin und einer Menge Vogelkäfige.)

Der Abend war gräßlich gewesen! Seine Stimmung verdüsterte sich immer mehr, nicht nur deswegen; alles wegen. Und er konnte sie nicht allein sprechen; konnte nichts erklären; konnte es nicht mit ihr austragen. Immer waren andre Leute dabei – und sie tat, als wäre nichts vorgefallen. Das war das Verteufelte an ihr – diese Kälte, dieses Steinerne, etwas, das sehr tief saß bei ihr, das er heute vormittag wieder gespürt hatte, als er mit ihr sprach; etwas Undurchdringliches. Aber, weiß der Himmel! er liebte sie. Sie besaß eine sonderbare Macht, einem an den Nerven zu zupfen, einem die Nerven in Geigensaiten zu verwandeln, ja!

Er war recht spät zum Abendessen hineingegangen, aus einer idiotischen Absicht, sich bemerkbar zu machen, und hatte sich neben die alte Miss Parry gesetzt – Tante Helena – Mr. Parrys Schwester, die sozusagen den Vorsitz führte. Da saß sie mit ihrem weißen Kaschmirschal, den Kopf vor dem Fenster, – eine einschüchternde alte Dame, aber freundlich zu ihm, denn er hatte eine seltene Blume für sie gefunden; sie war eine große Botanikerin, die in schweren Stiefeln losmarschierte, eine schwarze, blecherne Botanisiertrommel auf dem Rücken. Er setzte sich neben sie, brachte aber kein Wort heraus. Alles schien an ihm vorbeizujagen; er saß einfach da und aß. Und dann, als die Mahlzeit schon halb vorbei war, zwang er sich, zum erstenmal zu Clarissa hinüberzusehn. Sie unterhielt sich mit einem jungen Mann zu ihrer Rechten. Plötzlich hatte er eine Offenbarung. »Den wird sie heiraten«, sagte er sich. Er kannte nicht einmal seinen Namen.

Denn es war natürlich an diesem Nachmittag gewesen, an ebendiesem Nachmittag, daß Dalloway zum erstenmal herüberkam; und Clarissa hatte ihn »Wickham« genannt; so hatte es alles begonnen. Irgendwer hatte ihn mitgebracht; und Clarissa hatte seinen Namen verwechselt. Sie stellte ihn allen als Wickham vor. Schließlich sagte er: »Dalloway ist mein Name!« Das war sein erster Eindruck von Richard gewesen – ein blonder junger Mann, ein wenig unbeholfen, der in einem Liegestuhl saß und mit den Worten: »Dalloway ist mein Name!« herausplatzte. Sally hatte sich das zu eigen gemacht; seither nannte sie ihn nur »Dalloway mein Name!«

Er war damals eine Beute von Offenbarungen. Diese – daß sie Dalloway heiraten werde – blendete ihn – überwältigte ihn im Augenblick. Es lag etwas – wie sollte er es ausdrücken? – etwas Gelassenes in ihrem Benehmen Dalloway gegenüber; etwas Mütterliches; etwas Sanftes. Die zwei unterhielten sich über Politik. Während der ganzen Mahlzeit bemühte er sich zu hören, was sie sagten.

Nachher, so konnte er sich erinnern, stand er neben dem Stuhl der alten Miss Parry im Salon. Clarissa kam auf ihn zu, mit ihren vollendeten Manieren, wie eine richtige Gastgeberin, und wollte ihn jemandem vorstellen – sprach, als wären sie einander nie begegnet, was ihn wütend machte. Doch sogar da bewunderte er sie dafür. Bewunderte ihren Mut; ihren gesellschaftlichen Instinkt; bewunderte ihre Fähigkeit, Dinge durchzuführen. »Die perfekte Gastgeberin«, sagte er zu ihr, und sie zuckte wie unter einem Hieb zusammen. Aber er hatte gewollt, daß sie es fühle. Er hätte wer weiß was getan, um ihr wehzutun, nachdem er sie und Dalloway zusammen gesehen hatte. Also ließ sie ihn stehn. Und er hatte das Gefühl, daß sie alle miteinander in einer Verschwörung gegen ihn staken, wie sie so lachten und redeten – hinter seinem Rücken. Und er stand da, als wäre er aus Holz geschnitzt, neben Miss Parrys Stuhl, und sie redete von Waldblumen. Noch nie, noch nie hatte er solche Höllenqualen ausgestanden! Er mußte rein vergessen haben, auch nur so zu tun, als hörte er zu; endlich kam er wieder zu sich; er gewahrte, wie Miss Parry ihn ganz verstört, ganz empört mit ihren vorstehenden Augen ansah. Er hätte beinahe herausgeschrien, er könne nicht aufmerken, er sei in der Hölle! Die andern begannen das Zimmer zu verlassen. Er hörte sie davon reden, Mäntel zu holen und daß es kühl sei auf dem Wasser und so weiter. Sie wollten Boot fahren auf dem Teich, im Mondschein – eine von Sallys verrückten Ideen. Er konnte sie den Mond schildern hören. Und sie gingen alle hinaus. Er blieb ganz allein zurück.

»Wollen Sie denn nicht mit den andern gehn?« fragte Tante Helena – die gute alte Dame! – sie hatte den Grund erraten. Und er wandte sich um, und da stand Clarissa wieder. Sie war zurückgekommen, um ihn zu holen. Er war überwältigt von ihrer Großmut – ihrer Güte.

»Komm doch!« sagte sie. »Die andern warten.«

Noch nie in seinem ganzen Leben war er so glücklich gewesen! Ohne ein Wort waren sie wieder gut miteinander. Sie gingen zum Teich hinunter. Er genoß zwanzig Minuten vollkommener Glückseligkeit. Ihre Stimme, ihr Lachen, ihr Kleid (etwas Fließendes, weiß und dunkelrotes), ihre Lebhaftigkeit, ihre Unternehmungslust; sie veranlaßte alle, auszusteigen und die Insel zu durchforschen; sie scheuchte eine Wasserhenne auf; sie lachte; sie sang. Und während der ganzen Zeit, das wußte er sehr genau, verliebte sich Dalloway in sie; verliebte sie sich in Dalloway; aber es schien nichts auszumachen. Nichts schien etwas auszumachen. Sie saßen auf der Erde und redeten – er und Clarissa. Sie gingen mühelos eins in des andern Geist ein und aus. Und dann, in einer Sekunde, war es vorüber. Er sagte sich, als sie ins Boot stiegen: »Den wird sie heiraten«, sagte es sich dumpf, ohne Groll; doch es war unverkennbar. Dalloway würde Clarissa heiraten.

Dalloway ruderte das Boot zurück. Er sagte nichts. Aber irgendwie, als sie ihm dann beim Aufbruch zusahen, wie er sich aufs Rad schwang, um dreißig Kilometer durch die Wälder heimzufahren, und schwankend die Zufahrt hinabfuhr, mit der Hand winkte und verschwand, fühlte er offenbar das alles, fühlte es instinktiv, gewaltig, stark: die Nacht; die Romantik; Clarissa. Wirklich, er verdiente es, sie zu bekommen.

Was ihn selbst betraf, er war unvernünftig. Seine Ansprüche an Clarissa (das sah er jetzt) waren unvernünftig. Er verlangte Unmögliches. Er machte ihr schreckliche Szenen. Sie hätte ihn, vielleicht, jetzt noch genommen, wenn er weniger unvernünftig gewesen wäre. Sally war dieser Meinung. Sie schrieb ihm den ganzen Sommer hindurch lange Briefe; was sie und Clarissa über ihn geredet hätten; wie sie ihn gelobt habe, wie Clarissa in Tränen ausgebrochen sei! Es war ein außerordentlicher Sommer – nichts als Briefe, Szenen, Telegramme – zeitig am Morgen in Bourton anzukommen und herumzulungern, bis die Dienstboten auf waren; gräßliche Frühstücke zu zweit mit dem alten Mr. Parry; Tante Helena einschüchternd, aber freundlich; von Sally zu langen Gesprächen in den Gemüsegarten entführt zu werden; Clarissa mit Kopfschmerzen zu Bett.

Die letzte Szene, die schreckliche Szene, die er für bedeutungsvoller als alles andre in seinem Leben hielt (vielleicht war das eine Übertreibung – doch so erschien sie ihm nun), ereignete sich um drei Uhr an einem sehr heißen Nachmittag. Eine Nichtigkeit war es gewesen, was zu ihr geführt hatte. Sally hatte beim Mittagessen etwas über Dalloway gesagt, ihn »Dalloway mein Name« genannt; worauf Clarissa steif wurde, rot im Gesicht wurde, wie das so ihre Art war, und heftig hervorstieß: »Diesen matten Witz haben wir nun oft genug gehört!« Mehr nicht; doch ihm war, als hätte sie gesagt: »Ihr seid nur zum Amüsement für mich da, aber Richard Dalloway und ich, wir sind im Einverständnis miteinander.« So faßte er es auf. Er hatte seit vielen Nächten nicht geschlafen. »Es muß einmal Schluß damit sein, so oder so«, sagte er sich. Er sandte ihr durch Sally ein Briefchen, worin er sie bat, ihn um drei beim Springbrunnen zu treffen. »Etwas sehr Wichtiges ist geschehn«, kritzelte er darunter.

Der Springbrunnen lag in der Mitte eines kleinen Rondells, weit weg vom Haus, und ringsherum waren hohe Sträucher und Bäume. Dorthin kam sie, sogar vor der Zeit, und sie standen dann, den Springbrunnen zwischen sich, aus dessen Mundstück (es war schadhaft) unaufhörlich Wasser tröpfelte. Wie sich einem manches im Zusammenhang mit Geschehenem ins Gedächtnis prägte! Zum Beispiel das leuchtend grüne Moos.

Sie rührte sich nicht. »Sag mir die Wahrheit, sag mir die Wahrheit!« wiederholte er immer wieder. Er hatte das Gefühl, seine Stirn werde bersten. Clarissa schien verkrampft, versteinert zu sein. Sie rührte sich nicht. »Sag mir die Wahrheit!« wiederholte er, als plötzlich der alte Breithaupt, die *Times* in der Hand, den Kopf hereinsteckte; zu ihnen hersah; den Mund aufriß; und dann wegging. Keins von beiden rührte sich. »Sag mir die Wahrheit!« wiederholte er. Ihm war, als schabte er an etwas physisch Hartem; sie gab nicht nach. Sie war wie Eisen; war wie Stein; das ganze Rückgrat steif. Und als sie sagte: »Es hat keinen Zweck. Es hat keinen Zweck. Das ist das Ende«, – nachdem er, wie ihm vorkam, stundenlang geredet hatte, wobei ihm die Tränen herunterliefen, – war ihm, als hätte sie ihm ins Gesicht geschlagen. Sie wandte sich, ließ ihn stehn, ging weg.

»Clarissa!« rief er. »Clarissa!« Doch sie kam nicht mehr zurück. Es war vorbei. Er reiste am selben Abend ab. Er hatte sie nicht wiedergesehn.

Es war entsetzlich, rief er, entsetzlich, entsetzlich!

Dennoch, die Sonne schien warm. Dennoch, man kam über Dinge hinweg. Dennoch, das Leben hatte so seine Art, einen Tag an den andern zu fügen. Dennoch, dachte er, gähnte und begann seine Umgebung wahrzunehmen – der Regent's Park hatte sich sehr wenig verändert, seit er ein kleiner Junge gewesen war; bis auf die Eichhörnchen – dennoch, es gab vermutlich Entschädigungen, dachte er – da ließ die kleine Elsie Mitchell, nachdem sie Kieselsteine aufgelesen hatte für die Sammlung, die sie und ihr Brüderchen auf dem Kaminsims des Kinderzimmers anlegten, ihre Handvoll auf den Schoß der Kinderpflegerin plumpsen und lief wieder davon und mit voller Wucht einer Dame gegen die Knie. Peter Walsh lachte hellauf.

Lucrezia Warren Smith aber hatte sich soeben gesagt: Wie teuflisch! Warum soll ich denn leiden? fragte sie sich, während sie den breiten Weg entlangging. Nein; ich halt's nicht länger aus, sagte sie sich, nachdem sie Septimus dort sitzen gelassen hatte, der gar nicht mehr Septimus war und harte, grausame, böse Dinge sagte, mit sich selbst redete, mit einem Toten redete dort auf dem Gartenstuhl, – da lief die Kleine mit voller Wucht in sie hinein, fiel längelang hin und brach in Tränen aus.

Das war eigentlich tröstlich. Sie stellte sie wieder auf die Beine, staubte ihr das Kleidchen ab, küßte sie.

Doch sie selbst hatte nichts Unrechtes getan; sie hatte Septimus geliebt; sie war glücklich gewesen; sie hatte ein schönes Heim gehabt, wo ihre Schwestern noch immer wohnten, noch immer Hüte machten. Warum sollte *sie* leiden?

Die Kleine lief schnurstracks zu einer Bank zurück, und Rezia sah, wie sie gescholten, getröstet, auf den Schoß genommen wurde von der Kinderpflegerin, die ihr Strickzeug weglegte; und der freundlich aussehende Herr ihr seine Uhr hinhielt, damit sie zum Trost darauf blasen könne, bis sie sich öffnete, – doch warum sollte *sie* alledem ausgesetzt sein? Warum nicht in Mailand gelassen worden sein? Warum so gequält werden? Warum?

Ein wenig durch Tränen gewellt, hoben und senkten sich der breite Weg, die Kinderpflegerin, der Mann in Grau, der Kinderwagen vor ihren Augen. Von diesem boshaften Peiniger gewiegt zu werden, das war ihr Los. Aber warum? Sie war wie ein Vogel, der sich unter der dünnen Wölbung eines Blatts verbirgt, der in die Sonne blinzelt, wenn das Blatt sich bewegt; aufschrickt, wenn ein dürres Zweiglein knackt. Sie war ausgesetzt; sie war umringt von den Baumriesen, den Wolkenungeheuern einer gleichgültigen Welt; ausgesetzt; gefoltert; und warum sollte sie leiden? Warum?

Sie runzelte die Stirn; sie stampfte mit dem Fuß. Sie mußte wieder zu Septimus zurück, denn es war beinahe schon Zeit, daß sie zu Sir William Bradshaw gingen. Sie mußte zu Septimus zurück und es ihm sagen, mußte zu ihm zurück dorthin, wo er auf dem grünen Gartenstuhl unter dem Baum saß und mit sich selbst redete oder mit diesem Toten, Evans, den sie nur ein einziges Mal einen Augenblick lang gesehn hatte, in dem Laden. Er hatte den Eindruck eines netten, stillen Menschen gemacht; ein guter Freund von Septimus, und er war im Krieg gefallen. Doch so etwas konnte einem jeden geschehn. Ein jeder hatte Freunde, die im Krieg gefallen waren. Jeder Mensch verzichtete auf irgend etwas, wenn er heiratete. Sie hatte auf ihre Heimat verzichtet. Sie war hergekommen, um hier zu leben, in dieser gräßlichen Stadt. Aber Septimus ließ sich gehn und dachte immerfort über schreckliche Dinge nach, wie sie das auch könnte, wenn sie's versuchte. Er war immer sonderbarer geworden. Er sagte, er höre Leute reden hinter den Wänden des Schlafzimmers. Mrs. Filmer fand das sehr merkwürdig. Und er *sah* auch immer alles mögliche – mitten in einem Farnkraut den Kopf eines alten Weibs. Und doch konnte er glücklich sein, wenn er wollte. Sie waren nach Hampton Court gefahren, auf dem Oberdeck eines Autobusses, und vollkommen glücklich gewesen. Die vielen kleinen roten und gelben Blumen im Gras waren schon heraus, wie schwimmende Lämpchen, sagte er und redete und schwatzte und lachte, dachte sich Geschichten aus. Plötzlich, als sie am Fluß standen, sagte er: »Jetzt werden wir uns umbringen«, und sah hinunter mit einem Blick, den sie in seinen Augen gesehn hatte, wenn ein Zug vorbeifuhr, oder ein Omnibus – einem Blick, als ob er von etwas ganz und gar gefesselt wäre; und sie hatte das Gefühl, er entferne sich von ihr, und sie packte ihn am Arm. Doch auf dem Heimweg war er ganz ruhig – ganz vernünftig. Er setzte ihr auseinander, warum sie sich umbringen sollten; und erklärte ihr, wie schlecht die Menschen seien; daß er sehen könne, wie sie sich Lügen ausdachten, während sie auf der Straße vorbeigingen. Er wisse alle ihre Gedanken; er wisse alles. Er wisse den Sinn der Welt, sagte er.

Als sie dann heimkamen, konnte er kaum noch gehn. Er legte sich aufs Sofa, und sie mußte seine Hand halten, damit er nicht hinabfalle, hinab, rief er, in die Flammen! Und er sah Gesichter an den Wänden, die ihn auslachten, ihm gräßliche, abscheuliche Schimpfnamen gaben, sah Hände, die um den Wandschirm herum auf ihn wiesen. Doch sie waren beide ganz allein. Und dann begann er laut zu reden, antwortete Leuten, stritt mit ihnen, lachte, weinte, wurde immer erregter, und sie mußte allerlei aufschreiben. Reiner Unsinn war's; über den Tod; über Miss Isabel Pole. Sie hielt es nicht länger aus. Sie wollte nach Mailand zurück.

Sie war jetzt ganz nahe bei ihm, konnte sehen, wie er zum Himmel aufblickte, vor sich hinmurmelte, die Hände rang. Und doch hat Dr. Hymes gesagt, ihm fehle nichts. Was war also geschehn – warum hatte er sich von ihr entfernt, warum zuckte er, wenn sie bei ihm saß, plötzlich zusammen, sah sie böse an, rückte weg von ihr und wies auf ihre Hand, ergriff sie, sah entsetzt ihre Hand an?

Weil sie ihren Ehering nicht mehr trug? »Meine Hand ist so mager geworden«, sagte sie, »ich hab' ihn in meine Geldbörse getan«, sagte sie ihm.

Er ließ ihre Hand los. Mit ihrer Ehe war es zu Ende, dachte er, voll Qual, voll Erleichterung. Das Seil war zerschnitten; er schwebte auf; er war frei, wie bestimmt war, daß er, Septimus, der Herr der Menschen, frei sein sollte; allein (da seine Frau ihren Ehering weggeworfen hatte; da sie ihn verlassen hatte), allein er, Septimus, war berufen vor allen andern Menschen, die Wahrheit zu vernehmen, den Sinn zu erfahren, der nun endlich nach all den Bemühungen der Zivilisation – den Griechen, Römern, Shakespeare, Darwin und nun ihm selbst – als Ganzes mitgeteilt werden sollte... »Wem?« fragte er laut. »Dem Premierminister«, antworteten die Stimmen, die über seinem Kopf raunten. Das allerhöchste Geheimnis mußte dem Kabinett mitgeteilt werden; erstens, daß Bäume lebendig waren; dann, daß es kein Verbrechen gab; dann Liebe, All-Liebe, murmelte er keuchend, bebend, mühselig diese tiefen Wahrheiten hervorziehend, die auszusprechen, weil sie so tief waren, so schwierig, eine ungeheure Anstrengung erforderte, aber die Welt war durch sie auf immerdar völlig verwandelt.

Kein Verbrechen, Liebe, wiederholte er und tastete nach seinem Merkblock und Bleistift, als ein Skyeterrier seine Hose beschnupperte und er zutiefst erschrocken auffuhr. Der Hund verwandelte sich in einen Menschen! Er konnte nicht zusehen, wie das geschah! Es war grauenhaft, es war schrecklich, anzusehen, wie aus einem Hund ein Mensch wurde! Sogleich trottete der Hund davon.

Der Himmel war göttlich gnadenvoll, unendlich huldreich. Er schonte seiner, verzieh ihm seine Schwächen. Doch welches war die wissenschaftliche Erklärung dafür? (Denn man mußte vor allem wissenschaftlich denken.) Wie kam es, daß er durch Körper hindurchsehen, die Zukunft voraussehen konnte, in welcher Hunde zu Menschen werden würden? Es war die Hitzewelle, vermutlich, und ihre Wirkung auf ein durch äonenlange Evolution hochempfindlich gemachtes Gehirn. Wissenschaftlich ausgedrückt, wurde von der Welt das Fleisch weggeschmolzen. Sein Körper wurde immer ausgemergelter, bis nur noch die Nervenfasern übrig waren; er lag ausgebreitet da wie ein Schleier über Fels.

Er lehnte sich in den Stuhl zurück, erschöpft, aber aufrechtgehalten. Er lehnte da und ruhte, wartete, bevor er abermals, mit qualvoller Mühe, den Menschen den Sinn auslegte. Hoch oben lag er da, auf dem Rücken der Welt. Die Erde erschauerte unter ihm. Rote Blumen wuchsen ihm durchs Fleisch; ihre steifen Blätter raschelten um seinen Kopf. Musik begann gegen den Fels hier oben zu schmettern. Es ist eine Autohupe unten auf der Straße, murmelte er; doch hier oben hallte der Klang von Fels zu Fels, teilte sich, vereinte sich wieder zu Klangbündeln, die als glatte Säulen emporstiegen (daß man Musik sehen konnte, auch das war eine Entdeckung) und zu einem Hymnus wurden, einem Hymnus, jetzt von der Schalmei eines Hirtenknaben umrankt (da bläst ein alter Mann vor der Schenke drüben auf seiner Blechflöte, murmelte er) und, als der Knabe stehnblieb, aus seiner Schalmei hervorplätschernd, die dann, als er immer höher stieg, ihre erlesene Klage sang, während unten der Trubel des Verkehrs vorbeiströmte. Diese Elegie spielt der Knabe mitten im Verkehrslärm, dachte Septimus. Jetzt zieht er sich auf die Schneefelder hinauf zurück, und Rosen hängen um ihn – die üppigen roten Rosen, die auf der Tapete meines

Schlafzimmers wachsen, erinnerte er sich. Die Musik verstummte. Er hat seine paar Kupfer gekriegt, deutete er es aus, und ist zur nächsten Schenke weitergegangen.

Doch er selbst blieb hoch oben auf seinem Felsen liegen gleich einem ertrunkenen Seemann auf einer Klippe. Ich habe mich über den Bootsrand gebeugt und bin hinuntergefallen, dachte er. Ich bin untergegangen im Meer. Ich bin tot gewesen und bin doch jetzt am Leben, aber laßt mich noch ausruhen, flehte er. (Er redete wieder mit sich selbst – es war schrecklich, schrecklich!) Und wie, bevor man erwacht, Vogelstimmen und rollende Räder in seltsamer Harmonie schnattern und rattern, lauter und lauter werden und der Schläfer fühlt, wie er immer näher ans Gestade des Lebens herantreibt, so fühlte auch Septimus, daß er sich dem Leben näherte, die Sonne wärmer schien, Rufe lauter tönten, etwas Außerordentliches bevorstand.

Er brauchte nur die Augen zu öffnen; doch ein Gewicht lastete auf ihnen; eine Furcht. Er mühte sich; riß sie mit Gewalt auf; blickte umher; sah den Regent's Park vor sich. Lange Bänder von Sonnenlicht lächelten schmeichelnd ihm zu Füßen. Die Bäume winkten, schwenkten die Äste. Wir heißen willkommen, schien die Welt zu sagen; wir empfangen; wir erschaffen. Schönheit, schien die Welt zu sagen. Und wie um es zu beweisen (wissenschaftlich), erstand im Augenblick, wo immer er hinsah – auf die Häuser, die Geländer, die Antilopen, die den Hals über den Bretterzaun streckten, – Schönheit. Einem Blatt zuzusehn, wie es im Luftzug erzitterte, war köstliche Freude; oben am Himmel den Schwalben, wie sie dahinschossen, umschwenkten, hierhin und dorthin flitzten, rundum und rundum, immer jedoch mit völliger Beherrschung, wie von Gummibändern gehalten; und dem Auf und Nieder der Mücken; und dem Sonnenlicht, das bald auf dieses, bald auf jenes Blatt fiel, in neckischem Spiel, es aus purem Frohsinn mit weichem Gold überglitzerte; und dann und wann ein Glockenklang (vielleicht eine Autohupe), himmlisch an die Grashalme bimmelnd, – das alles, gelassen und vernünftig, aus gewöhnlichen Dingen gemacht, wie es war, das war nun Wahrheit; Schönheit, die war nun Wahrheit. Schönheit war überall.

»Es ist Zeit«, sagte Rezia.

Das Wort »Zeit« sprengte seine Hülse; ergoß seine Fülle über ihn, und von seinen Lippen fielen wie Muscheln, wie Späne von einem Hobel, ohne sein Zutun, harte, weiße, unvergängliche Worte und flogen sogleich, ihre Plätze einzunehmen in einer Ode an die Zeit; einer unsterblichen Ode an die Zeit. Er sang. Evans antwortete hinter einem Baum hervor. Die Toten wandelten in Thessalien, sang Evans, zwischen den Orchideen. Dort hatten sie gewartet, bis der Krieg vorbei wäre, und jetzt würden die Toten, würde Evans selbst –

»Um Gottes willen, kommt nicht!« schrie Septimus auf. Denn er vermochte es nicht, die Toten zu erblicken.

Doch die Zweige teilten sich. Ein Mann in Grau kam leibhaftig auf ihn zu. Es war Evans! Aber kein Schlamm war an ihm; keine Wunden; er war nicht verändert. Ich muß es der ganzen Welt verkünden, rief Septimus aus und hob die Hand (als der Mann in dem grauen Anzug näherkam), hob die Hand wie eine Kolossalgestalt, die seit undenklichen Zeiten das Los der Menschheit beweint, allein in der Wüste, die Hände an die Stirn gedrückt, Furchen der Verzweiflung in den Wangen, und auf einmal Licht sieht am Saum der Wüste, das immer heller wird und auf die eisenschwarze Gestalt fällt (Septimus erhob sich halb von seinem Stuhl), und Legionen von Menschen hinter sich, die sich anbetend niedergeworfen haben, empfängt er, der trauernde Riese, einen Augenblick lang auf seinem Antlitz die volle –

»Aber ich bin so unglücklich, Septimus«, sagte Rezia und versuchte, ihn auf den Stuhl niederzuziehen.

Die Millionen wehklagten; seit Jahrtausenden hatten sie getrauert. Er würde sich umwenden, er würde ihnen, in ein paar Augenblicken, nur noch ein paar Augenblicken, von dieser Erlösung künden, dieser Freude, dieser erstaunlichen Offenbarung –

»Wie spät ist es, Septimus?« fragte Rezia. »Wie spät ist es?«

Er redete wieder mit sich selbst, er fuhr halb auf; dieser Herr dort mußte ihn bemerken, er sah zu ihnen beiden her.

»Ich werde es dir verkünden«, sagte Septimus sehr langsam und träumerisch, den Toten in Grau geheimnisvoll anlächelnd. Als er lächelnd so dasaß, schlug es ein Viertel – ein Viertel vor zwölf.

Und das heißt Jungsein! dachte Peter Walsh, als er an den beiden vorbeikam. Eine schreckliche Szene zu haben – die arme junge Frau sah ganz verzweifelt aus – mitten am Vormittag. Worum es wohl ging, fragte er sich; was hatte der junge Mann im Überzieher zu ihr gesagt, daß sie so dreinsah? In was für eine scheußliche Klemme waren die zwei geraten, daß sie so verzweifelt dreinsahen an einem schönen Junitag? Das Belustigende, wenn man nach England zurückkam, nach fünf Jahren, war die Art, wie einem, zumindest in den ersten Tagen, Dinge auffielen, als hätte man sie früher nie gesehn; ein Liebespaar, das unter einem Baum miteinander stritt; das häusliche Familienleben in den Parks. Noch nie hatte er London so bezaubernd gefunden – das Verschwimmende der Fernblicke; die Fülle; das Grün; die Zivilisiertheit, nach Indien, dachte er, über das Gras schlendernd.

Diese Empfänglichkeit für Eindrücke war ihm, zweifellos, zum Verhängnis geworden. Sogar noch in *seinem* Alter war er, wie ein Junge oder gar ein Mädchen, diesen wechselnden Stimmungen unterworfen; gute Tage, böse Tage, aus gar keinem Grund; ein Glücksgefühl beim Anblick eines hübschen Gesichts, gradezu Trostlosigkeit beim Anblick einer alten Schachtel. Nach Indien, freilich, verliebte man sich in jedes weibliche Wesen, dem man begegnete. Sie hatten alle etwas so Frisches; sogar die ärmsten waren gewiß besser gekleidet als vor fünf Jahren; und seinen Augen war die Mode noch nie so vorteilhaft erschienen; die langen schwarzen Mäntel; die Schlankheit; die Eleganz; und dann diese entzückende und scheinbar ganz allgemeine Mode, sich zu schminken. Jede Frau, sogar die ehrbarste, hatte Rosen unter Glas blühen; wie mit dem Messer geschnittene Lippen; rabenschwarze Locken; überall war etwas Geplantes, war Kunst zu merken; irgendeine Veränderung hatte zweifellos stattgefunden. Woran dachten die jungen Leute heutzutage? fragte sich Peter Walsh.

Diese fünf Jahre – von 1918 bis 1923 – mußten, so vermutete er, irgendwie sehr bedeutsam gewesen sein. Die Leute sahen anders aus. Die Zeitungen waren anders geworden. Jemand hatte zum Beispiel in einer der Wochenschriften ganz offen über WC.'s geschrieben. Das wäre vor zehn Jahren unmöglich gewesen – ganz offen in einer achtbaren Wochenschrift über WC.'s zu schreiben. Und dann dieses Hervorziehen eines Lippenstifts, einer Puderquaste in aller Öffentlichkeit. An Bord des Schiffs, auf der Heimreise, waren haufenweise junge Männer und Mädchen gewesen – Betty und Bertie, an die zwei erinnerte er sich vor allen, – die ganz offen miteinander poussierten; auch an die alte Mutter, die mit ihrem Strickzeug dabeisaß und ihnen zusah, kühl und gelassen. Das Mädchen pflegte einfach stehnzubleiben und sich die Nase zu pudern vor allen Leuten. Und die zwei waren nicht verlobt; unterhielten sich bloß; keins verletzte die Gefühle des andern. Hart wie Eisen war sie –

Betty Soundso – aber ein netter Kerl durch und durch. Sie würde eine sehr gute Ehefrau abgeben mit dreißig – sie würde heiraten, sobald es ihr paßte, zu heiraten; würde einen reichen Mann heiraten und in einem großen Haus wohnen, unweit von Manchester.

Wer war es nur, der das getan hatte? fragte sich Peter Walsh und bog in den Broad Walk ein – einen reichen Mann geheiratet hatte und in einem großen Haus unweit von Manchester wohnte? Jemand, der ihm unlängst einen langen, überschwenglichen Brief geschrieben hatte über »blaue Hortensien«. Wenn sie blaue Hortensien sehe, müsse sie an ihn und die alten Zeiten denken – Sally Seton, natürlich! Sally Seton – die allerletzte, weiß Gott, von der man erwartet hätte, sie werde einen reichen Mann heiraten und in einem großen Haus unweit von Manchester wohnen; die ungestüme, die tollkühne, die romantische Sally!

Doch von allen damaligen Freunden Clarissas – den Whitbreads, Kindersleys, Cunninghams, Kinlock Joneses – war Sally vermutlich die beste. Jedenfalls bemühte sie sich, Dinge zu erfassen. Sie durchschaute jedenfalls Hugh Whitbread – den untadeligen Hugh – während Clarissa und alle andern ihm zu Füßen lagen.

»Die Whitbreads?« konnte er sie sagen hören. »Wer sind schon die Whitbreads? Kohlenhändler. Ehrbare Kaufleute.«

Sally konnte Hugh aus irgendeinem Grund nicht ausstehn. Er habe nichts im Kopf als sein eigenes Aussehn, behauptete sie. Er hätte ein Herzog sein sollen. Dann hätte er bestimmt eine der Prinzessinnen des Königshauses geheiratet. Und natürlich hegte Hugh eine so außerordentliche, selbstverständliche und begeisterte Verehrung für die englische Aristokratie wie kein andrer, dem er je begegnet war. Sogar Clarissa mußte das zugeben. Ach, aber er sei doch ein so netter Kerl, so selbstlos, verzichte seiner alten Mutter zuliebe darauf, auf die Jagd zu gehn, vergesse nie die Geburtstage seiner Tanten und so weiter.

Sally, das mußte man ihr zugutehalten, durchschaute das alles. Wessen sich Peter unter anderm besonders deutlich erinnerte, das war ein Gespräch an einem Sonntagvormittag in Bourton über die Rechte der Frauen (dieses vorsintflutliche Thema), bei dem Sally plötzlich ärgerlich wurde, aufbrauste und Hugh sagte, er versinnbildliche alles das, was am Leben des britischen Mittelstands am verabscheuungswürdigsten sei. Sie sagte ihm, sie halte ihn für verantwortlich für das Vorhandensein »aller dieser bedauernswerten Mädchen in Piccadilly« – ihn, Hugh, den vollkommenen Gentleman! Armer Hugh! Noch nie hatte ein Mensch so entsetzt dreingeblickt! Sie habe es mit Vorbedacht gesagt, erzählte sie später (denn sie und Peter trafen einander oft im Gemüsegarten und tauschten Beobachtungen aus). »Er hat nichts gelesen, nie über etwas nachgedacht, nie etwas empfunden«, hörte er sie mit dieser nachdrucksvollen Stimme sagen, die in einem so viel weiteren Umkreis vernehmbar war, als sie dachte. Die Stallburschen hätten mehr Leben in sich als Hugh, sagte sie. Er sei ein vollkommenes Exemplar des Internatschulentyps, sagte sie. Kein andres Land als England hätte ihn hervorbringen können. Sie war wirklich boshaft, aus irgendeinem Grund; hatte etwas gegen ihn. Irgend etwas – er hatte vergessen, was – war im Rauchzimmer vorgefallen. Er hatte sie gekränkt – sie geküßt? Unmöglich! Kein Mensch glaubte natürlich auch nur ein Wort gegen Hugh. Wer hätte das können? Er Sally im Rauchzimmer geküßt? Wenn es irgendeine Ehrenwerte Edith oder Lady Violet gewesen wäre, vielleicht; aber nicht Sally, diese Zigeunerin, die keinen Knopf Geld, dafür aber einen Vater oder eine Mutter besaß, die in Monte Carlo spielte. Denn von allen Leuten, die er je gekannt hatte, war Hugh der größte Snob – der servilste – nein, nicht daß er wirklich ein Kriecher gewesen wäre; dazu war er viel zu eingebildet. Ein erstklassiger Kammerdiener – das war der auf der Hand liegende Vergleich – einer, der hinterdrein geht und Handkoffer nachträgt; dem man das Absenden eines Telegramms anvertrauen kann – unentbehrlich für Gastgeberinnen. Und er hatte seine Bestimmung gefunden – hatte seine Ehrenwerte Evelyn geheiratet; sein Pöstchen bei Hof bekommen, betreute des Königs Keller, putzte die königlichen Schuhschnallen, ging in seidener Kniehose und Spitzenrüschen umher. Wie unbarmherzig gerecht das Leben war! Ein Pöstchen bei Hof!

Er hatte diese Dame geheiratet, die Ehrenwerte Evelyn, und sie wohnten hier irgendwo, dachte er (mit einem Blick auf die pompösen Häuser, die auf den Park sahen), denn er hatte einmal da zu Mittag gegessen, in einem Haus, das, wie alle Besitztümer Hughs, etwas hatte, was ein andres Haus unmöglich auch haben konnte – eingebaute Schränke für die Hauswäsche vielleicht. Man mußte mitkommen, sie sich ansehen – mußte immer eine Menge Zeit damit verbringen, zu bewundern, was es grade war – Wäscheschränke, Kissenüberzüge, alte Eichenmöbel, Bilder, die Hugh für einen Pappenstiel aufgegabelt hatte. Doch Mrs. Hugh verriet manchmal den ganzen Zauber. Sie war eine von diesen unscheinbaren, mausigen kleinen Frauen, die bewundernd zu großen Männern aufblicken. Sie war leicht zu übersehn. Dann auf einmal sagte sie etwas – etwas ganz Unerwartetes – etwas Ätzendes. Sie besaß vielleicht Überbleibsel der großen Manier. Der Kohlenstaub war ihr wohl manchmal ein wenig zu stark – machte die Luft zu dick. Und so lebten sie da, mit ihren eingebauten Wäscheschränken und ihren Alten Meistern und ihren mit echten Spitzen besetzten Kissenüberzügen, von einem Jahreseinkommen von vermutlich fünf- bis zehntausend Pfund, während er, der zwei Jahre älter war als Hugh, sich eine Stellung ergattern mußte.

Mit dreiundfünfzig mußte er hingehn und solche Leute fragen, ob sie ihm nicht irgendeinen Sekretärsposten verschaffen könnten, irgendeine Einpaukerstelle, kleinen Jungen Latein beizubringen, jedes Winks eines hohen Tiers in einem Amt gewärtig, irgend etwas, das fünfhundert im Jahr einbrächte; denn wenn er Daisy heiratete, würden sie, auch samt seiner Pension, keinesfalls mit weniger auskommen. Whitbread könnte ihm vermutlich was verschaffen; oder Dalloway. Es war ihm gleich, worum er Dalloway bäte. Der war ein durch und durch anständiger Kerl; etwas beschränkt; etwas stur im Kopf; ja; aber ein anständiger Kerl durch und durch. Was immer er anpackte, tat er auf die gleiche sachlich vernünftige Art; ohne eine Spur von Phantasie, ohne einen Funken von Brillanz, aber mit der unerklärlichen Ordentlichkeit von Leuten seines Schlags. Er hätte ein Landjunker sein sollen – er war vergeudet in der Politik. Am besten machte er sich im Freien, mit Pferden und Hunden – wie tüchtig hatte er sich zum Beispiel erwiesen, als Clarissas großer zottiger Hund in eine Falle geriet und ihm die eine Pfote fast weggerissen wurde und Clarissa einer Ohnmacht nahe war und Dalloway alles besorgte; das Verbinden, das Schienen; und ihr sagte, sie solle sich nicht lächerlich machen. Das war's vermutlich, was ihr an ihm gefiel, – das war's, was sie brauchte. »Also, meine Liebe, mach dich nicht lächerlich! Halt dies – hol das!«, und die ganze Zeit dieses Einsprechen auf den Hund, als wäre der ein Mensch.

Aber wie war es möglich, daß sie all dieses Zeug über Dichtkunst schluckte? Wie konnte sie ihn nur derart über Shakespeare loslegen lassen? Ernsthaft und feierlich stellte sich Richard Dalloway auf die Hinterbeine und sagte, kein anständiger Mensch sollte die Shakespearschen Sonette lesen, denn das sei, als horchte man an einem Schlüsselloch (überdies war das Verhältnis kein solches, das seinen Beifall fand). Kein anständiger Mensch dürfe seiner Frau erlauben, mit einer Freundin zu verkehren, welche den Mann ihrer verstorbenen Schwester geheiratet hat. Schier unglaublich! Das einzige, was man tun konnte, war, ihn mit gebrannten Mandeln zu bewerfen, – sie waren grade beim Dinner. Doch Clarissa hing an seinen Lippen; fand, das sei so aufrichtig von ihm; so selbständig gedacht. Wer weiß, ob sie ihn nicht vielleicht für den originellsten Kopf hielt, dem sie je begegnet war!

Das war noch etwas, das ihn mit Sally verband. Es gab dort einen Teil des Gartens, wo sie oft miteinander auf und ab gingen, ein ummauertes Fleckchen mit Rosenbüschen und riesigen Blumenkohlstauden, – er erinnerte sich, wie Sally eine Rose abriß und stehnblieb, um auszurufen, wie wunderschön die Kohlblätter im Mondlicht aussähen (außerordentlich, wie lebhaft ihm das alles wieder einfiel, Dinge, an die er jahrelang nicht mehr gedacht hatte), und ihn beschwor, halb lachend natürlich, Clarissa doch einfach zu entführen, sie vor den Hughs und den Dalloways und allen den andern »vollkommenen Gentlemen« zu erretten, die »ihre Seele ersticken« würden (sie schrieb damals heftweise Gedichte), aus ihr eine bloße Gastgeberin machen, sie in ihrer Weltdamenhaftigkeit nur noch bestärken würden. Doch man mußte gerecht sein gegen Clarissa. Hugh, den jedenfalls würde sie nicht heiraten. Sie hatte eine durchaus klare Vorstellung davon, was sie wollte. Ihre Gefühlsseligkeit lag ganz und gar an der Oberfläche. Darunter war sie sehr klug – konnte den Charakter von Menschen viel besser beurteilen als zum Beispiel Sally, und war doch, alles in allem, eine sehr weibliche Frau; besaß diese außergewöhnliche, diese weibliche Gabe, sich ihre eigene Welt zu schaffen, wo immer sie sich auch aufhielt. Sie betrat ein Zimmer; sie stand, wie er sie oft gesehn hatte, auf der Schwelle, mit vielen Leuten um sich herum; doch Clarissa war diejenige, die einem im Gedächtnis blieb. Nicht, daß sie eine auffallende Erscheinung gewesen wäre; sie war gar nicht schön; sah nicht malerisch aus; sie sagte nie etwas besonders Gescheites; und doch war sie da – sie war da!

Nein, nein, nein! Er war nicht mehr in sie verliebt! Er empfand nur, nachdem er sie heute vormittag, umgeben von Scheren und Nähseiden, mit ihren Vorbereitungen für den Abend beschäftigt gesehn hatte, daß seine Gedanken nicht von ihr loskonnten; sie kam immer wieder, wie ein an einen anstoßender Schläfer in einem Eisenbahnabteil; was natürlich nicht Verliebtsein bedeutete; er dachte nur an sie, kritisierte sie, begann, nach dreißig Jahren, von neuem mit dem Versuch, sie sich zu erklären. Was man vor allem von ihr sagen konnte: sie war ein Weltkind, es lag ihr zuviel an Rang und gesellschaftlicher Stellung und am Hochkommen in der Welt – und das stimmte in gewissem Sinn; sie hatte es ihm gegenüber zugegeben. (Man konnte sie immer dahin bringen, ihre Unzulänglichkeiten einzugestehn; sie war ehrlich.) Sie sagte etwa, daß sie alte Schachteln, Schlotterer und Schlemihle nicht ausstehn könne – vermutlich, wie er einer war; daß sie finde, niemand habe das Recht, mit den Händen in den Hosentaschen umherzuschlendern; daß man etwas tun müsse, etwas sein müsse; und diese großen Modedamen, diese Herzoginnen und uralten Gräfinnen, denen man in ihrem Salon begegnete, – so unsagbar fern sie seiner Meinung nach auch allem standen, was nur irgendwie wichtig war, bedeuteten ihr etwas Wirkliches. Lady Bexborough, von der hatte sie einmal gesagt, sie halte sich so aufrecht (und das tat auch Clarissa; nie ließ sie sich in irgendeiner Bedeutung des Wortes gehn; kerzengerade, das war sie; tatsächlich ein wenig starr). Sie hatte gesagt, Lady Bexborough besitze die Art von Mut, die sie, je älter sie werde, desto höher achte. In alledem war natürlich ein guter Schuß Dalloway; ein Gutteil dieses gemeinsinnigen, fürs Britische Weltreich eintretenden, zollreformerischen, der herrschenden Klasse eigenen Geistes, der bei ihr, wie er das zu tun pflegt, immer stärker geworden war. Obwohl sie doppelt so gescheit war wie Dalloway, mußte sie alles mit seinen Augen sehn – eine der Tragödien des Ehelebens. Mit einem Geist, der durchaus ihr eigener war, mußte sie alles mit Richards Worten sagen – als wüßte man nicht aufs letzte I-Tüpfelchen, was Richard dachte, wenn man beim Frühstück die *Morning Post* gelesen hatte! Alle diese Gesellschaften, zum Beispiel, wurden nur für ihn gegeben, oder für ihre Idee von ihm (denn, um gerecht gegen Richard zu sein, er wäre als Gutsbesitzer in Norfolk glücklicher gewesen). Clarissa machte ihren Salon zu einem wirklichen Treffpunkt; sie besaß Genie dafür. Immer wieder hatte er mitangesehn, wie sie sich einen unfertigen jungen Menschen hernahm, ihn zurechtdrehte, zurechtbog, aufweckte; in Gang brachte. Eine unendliche Zahl langweiliger Leute setzte sich natürlich um sie herum an. Doch es tauchten auch seltsame, erstaunliche Menschen bei ihr auf; ein Künstler manchmal; manchmal ein Schriftsteller; sonderbare Käuze in dieser Umgebung. Und hinter alledem dieses Netzwerk von Besuchemachen, Visitenkartenabgeben, Gutsein zu Leuten; dieses Umherlaufen mit Blumensträußchen, mit kleinen Geschenken; Soundso fuhr nach Frankreich – mußte ein Luftkissen bekommen; er zehrte wahrhaftig an ihrer Kraft, all dieser endlose Verkehr, den Frauen ihrer Art unterhielten; doch sie tat es aufrichtig, aus einem natürlichen Instinkt.

Seltsamerweise war sie einer der skeptischesten Menschen, denen er jemals begegnet war, und vielleicht (dies war eine

Theorie, die er aufzustellen pflegte, um eine Erklärung für sie zu finden, für sie, die in manchem so leicht zu durchschauen, in anderm so unergründlich war), vielleicht sagte sie sich: Da wir eine zum Untergang bestimmte Rasse sind, an ein sinkendes Schiff gekettet (als Mädchen waren Huxley und Tyndall ihre bevorzugte Lektüre gewesen, und die beiden liebten diese nautischen Vergleiche), da das Ganze nur ein schlechter Scherz ist, wollen wir wenigstens unser Teil leisten; die Leiden unsrer Mitgefangenen (abermals Huxley) lindern; das Verlies mit Blumen und Luftkissen ausschmücken; so anständig sein, als wir nur können; diese Grobiane, die Götter, sollen nicht in allem ihren Willen haben! Denn ihrer Vorstellung nach waren die Götter, welche keine Gelegenheit vorbeigehn ließen, den Menschen wehzutun, ihnen das Leben zu erschweren und zu verderben, ernstlich aus dem Konzept gebracht, wenn man sich, trotz alledem, wie eine Dame benahm. Diese Phase war unmittelbar auf Sylvias Tod gefolgt – diesen gräßlichen Unfall. Mit eigenen Augen mitanzusehn, wie die Schwester von einem stürzenden Baum getötet wurde (nur Justin Parry war schuld daran gewesen – seine Nachlässigkeit), noch dazu ein junges Mädchen auf der Schwelle des Lebens, die begabteste von ihnen allen, wie Clarissa immer behauptete, – das genügte, um einen zu verbittern. Später war sie dann vielleicht nicht mehr so ganz davon überzeugt; sie glaubte, es gebe gar keine Götter; niemand treffe eine Schuld; und so entwickelte sie diese Atheistenreligion des Gutestuns um des Gutestuns willen.

Und selbstverständlich genoß sie das Leben unermeßlich. Es lag in ihrer Natur, zu genießen (obwohl sie, weiß Gott, auch zurückhaltend sein konnte, es war nur eine Skizze, was sogar er, so fühlte er manchmal, nach allen diesen Jahren, sich von Clarissa zu machen vermochte). Jedenfalls war nichts von Verbitterung in ihr, nichts von diesem Gefühl, besonders tugendhaft zu sein, das an anständigen Frauen so abstoßend wirkte. Sie genoß so gut wie alles. Ging man etwa mit ihr im Hyde Park spazieren, war's jetzt ein Tulpenbeet, jetzt ein Baby in seinem Kinderwagen, jetzt ein absurdes kleines Drama, das sie sich aus irgend etwas zusammendichtete. (Sehr wahrscheinlich hätte sie mit jenem Liebespaar gesprochen, wenn sie die zwei für unglücklich gehalten hätte.) Sie besaß einen Sinn für Komik, der wirklich ganz köstlich war, doch sie brauchte Menschen, immer wieder Menschen, damit er zur Entfaltung komme; was unvermeidlich zum Ergebnis hatte, daß sie ihre Zeit verzettelte mit Eingeladensein zu Mittagessen, zu Abendessen, mit diesem unaufhörlichen Gesellschaftengeben, diesem Drauflosschwatzen, wobei sie Dinge sagte, die sie gar nicht meinte, und mit alledem ihre Denkschärfe abstumpfte, ihr Unterscheidungsvermögen einbüßte. Da saß sie dann am Kopf der Tafel und gab sich unendliche Mühe mit irgendeinem alten Schöps, der Dalloway vielleicht nützlich sein konnte, – sie kannten die entsetzlichsten Ödiane von ganz Europa – oder Elizabeth kam herein, und alles andre mußte ihr weichen. Elizabeth war in irgendeine Höheretöchterschule gegangen, als er letztesmal in Europa war, hatte sich in diesem Stadium der Unausgegorenheit befunden, ein rundäugiges, blasses Ding, das nichts von seiner Mutter hatte, ein schweigsames, stures Geschöpf, das alles als selbstverständlich hinnahm, ihre Mutter ein großes Aufheben von ihr machen ließ und schließlich, wie eine Vierjährige, fragte: »Darf ich jetzt wieder gehn?« und dann, wie Clarissa mit dieser Mischung aus Belustigung und Stolz, die Dalloway selbst in ihr hervorrief, erzählte, Hockey spielen ging. Und jetzt war Elizabeth schon »in die Gesellschaft eingeführt«, hielt ihn für einen alten Kracher, lachte über die Freunde ihrer Mutter. Na gut, wenn auch! Die Entschädigung fürs Altwerden, dachte Peter

Walsh, als er, den Hut in der Hand, den Regent's Park verließ, war einfach die: die Leidenschaften blieben so gewaltig wie einst, aber man hatte – endlich! – die Fähigkeit gewonnen, die dem Dasein die feinste Würze verleiht, – die Fähigkeit, seine Erfahrungen zu erfassen, sie langsam hin und her zu wenden und sie sich bei Licht zu besehen.

Ein schreckliches Eingeständnis (er setzte den Hut wieder auf), aber heute, mit dreiundfünfzig, brauchte man die Menschen kaum noch! Das Leben selbst, jeder Augenblick davon, jeder Tropfen davon, jetzt, in dieser Minute, hier im Sonnenschein, im Regent's Park, war genug. Übergenug, tatsächlich. Ein ganzes Leben reichte nicht aus, nun, da man die Fähigkeit dazu erworben hatte, ihm seinen vollen Wohlgeschmack abzugewinnen; jedes Quentchen Vergnügen herauszupressen, jede Schattierung von Sinn; die beide um so viel greifbarer, um so viel weniger persönlich waren als früher. Es war unmöglich, daß er je wieder so leiden würde, wie Clarissa ihn leiden gemacht hatte. Stundenlang (wollte Gott, daß man derlei sagen konnte, ohne belauscht zu werden!) stunden-, ja tagelang dachte er gar nicht an Daisy.

Konnte er denn dann in sie verliebt sein, wenn er sich des Elends erinnerte, der Qualen, der außerordentlichen Leidenschaft von damals? Dies war etwas ganz und gar andres – etwas viel Angenehmeres – denn die Wahrheit war natürlich, daß *Daisy* in *ihn* verliebt war. Und das war vielleicht der Grund, daß er, als das Schiff tatsächlich abfuhr, sich so außerordentlich erleichtert gefühlt, sich nichts so sehr gewünscht hatte wie allein zu sein; sich darüber geärgert hatte, alle diese kleinen Aufmerksamkeiten von ihr – Zigarren, Briefchen, eine Reisedecke – in seiner Kabine vorzufinden. Jeder, der ehrlich war, würde dasselbe sagen: man brauchte keine Menschen mehr, wenn man über fünfzig war; man hatte keine Lust mehr, den Frauen immer noch zu sagen, wie hübsch sie seien; das war's, dachte Peter Walsh, was die meisten Fünfziger eingestehn würden, wenn sie ehrlich wären.

Aber diese erstaunlichen Anfälle von Gemütsbewegung – dieses in Tränen Ausbrechen heute vormittag, was sollte das? Was konnte sich Clarissa nur von ihm gedacht haben? Hielt ihn für einen Narren, vermutlich, und nicht zum erstenmal. Eifersucht, die stak hinter alledem – Eifersucht, die alle andern menschlichen Leidenschaften überdauert, dachte Peter Walsh, sein Taschenmesser auf Armeslänge vor sich haltend. Sie komme öfter mit Major Orde zusammen, hatte Daisy in ihrem letzten Brief geschrieben; es vorsätzlich geschrieben, das wußte er; hatte es geschrieben, um ihn eifersüchtig zu machen; er konnte sie sehen, wie sie die Stirn in Falten zog, überlegte, was sie schreiben könnte, um ihm wehzutun; und dennoch machte das keinen Unterschied: er war wütend! Diese ganze lästige Reise nach England und, seinen Anwalt aufzusuchen, hatte er nicht unternommen, um sie zu heiraten, sondern um zu verhindern, daß sie einen andern heirate. Das war's, was ihn gequält, was ihn übermannt hatte, als er Clarissa wiedersah, so gelassen, so kühl, so auf ihr Kleid bedacht oder was immer es war; daß er sich vergegenwärtigte, was sie ihm hätte ersparen können und was sie aus ihm gemacht hatte – einen winselnden, weinerlichen alten Esel. Aber Frauen, dachte er, sein Taschenmesser zuklappend, wissen nicht, was Leidenschaft ist. Sie wissen nicht, was sie Männern bedeutet. Clarissa war kalt wie ein Eiszapfen. Da hatte sie nun neben ihm auf dem Sofa gesessen, hatte ihm ihre Hand überlassen, ihn auf die Wange geküßt und – hier war der Straßenübergang.

Ein Laut unterbrach seine Gedanken; ein gebrechlicher, zitteriger Laut, eine Stimme, die richtungslos hervorquoll, ohne Kraft, ohne Anfang, ohne Ende, die schwächlich und schrill und bar jedes menschlichen Sinns hervorsickerte als ein

I um fa um so
Fu swi tu ehm oh –

eine alterslose, geschlechtslose Stimme, die Stimme einer uralten, aus der Erde dringenden Quelle; die, gerade gegenüber der Untergrundstation Regent's Park, aus einer hageren, schwankenden Gestalt hervorkam, einer Gestalt wie ein Schornstein, eine rostige Pumpe, ein windgepeitschter, immer und ewig unbelaubter Baum, der den Wind durch seine Äste sausen und

I um fa um so
Fu swi tu ehm oh

singen läßt und in dem unaufhörlichen Sturm schwankt und knarrt und stöhnt.

Alle Zeitalter hindurch – als, was jetzt Pflaster, noch Gras war, noch Sumpf war, durch das Zeitalter der Stoßzähne und Mammute, durch das Zeitalter des schweigenden Sonnenaufgangs – stand das verwitterte Weib – denn die Gestalt trug einen Weiberkittel – die rechte Hand ausgestreckt, die linke aufs Herz gedrückt, und sang von Liebe – von Liebe, die Millionen Jahre überdauert hat, sang sie, von Liebe, die ewig währt, und lullte, wie vor Millionen Jahren ihr Liebster, nun schon seit Jahrhunderten tot, mit ihr dahingewandert war im Mai; doch im Lauf von Jahrhunderten, wie Sommertage lang und, so erinnerte sie sich, von roten Astern flammend, war er von ihr gegangen; des Todes ungeheure Sichel hatte über jene gewaltigen Berge hinweggemäht, und als sie dann endlich ihr weißhaariges uraltes Haupt auf die Erde bettete, die nun nichts mehr war als eisige Schlacke, flehte sie die Götter an, ein Büschel purpurnen Heidekrauts neben sie zu legen, dort oben auf ihrer hohen Grabstätte, die von den letzten Strahlen der scheidenden Sonne liebkost wurde; denn dann wäre das Schauspiel des Weltalls zu Ende.

Als gegenüber der Untergrundstation Regent's Park das alte Lied hervorgesprudelt kam, war die Erde jedoch immer noch grün und in Blüte; aber auch wenn es einem so groben Mund entquoll, einem bloßen Erdloch, einem schlammigen obendrein, zwischen Wurzelfasern und verfilzten Gräsern, strömte dennoch das alte Lied, gurgelnd und glucksend durch das verknotete Wurzelwerk unendlicher Zeiten, durch Skelette und Schätze sickernd, in Rinnsalen über das Pflaster und die ganze Marylebone Road entlang und gegen Euston hinab und hinterließ eine feuchte, fruchtbringende Spur.

Immer noch im Gedanken an einen urzeitlichen Mai, in dem sie an der Seite ihres Liebsten dahingewandert war, würde diese rostige Pumpe, diese verwitterte Weibsperson, die eine Hand nach Kupfermünzen ausgestreckt, die andre aufs Herz gedrückt, noch nach zehn Millionen Jahren dastehn und sich erinnern, wie sie einst im Mai, wo jetzt das Meer flutete, dahingewandert war, mit wem, darauf kam's nicht an – ein Mann war er gewesen, o ja, ein Mann, der sie geliebt hatte. Doch das Hingehn ganzer Zeitalter hatte die Klarheit jenes uralten Maientags verwischt; die buntblätterigen Blumen waren von silberigem Rauhreif überzogen; und sie sah nicht mehr, wenn sie ihn (wie sie es jetzt ganz deutlich tat) anflehte: »Laß deine Augen süß die meinen berücken«, sie sah nicht mehr braune Augen, einen schwarzen Bart, ein sonnengebräuntes Gesicht, sondern nur eine aufragende Gestalt, eine Schattengestalt, der sie mit der vogelhaften Munterkeit der sehr Alten noch immer zuzwitscherte: »Reich mir die Hand und laß mich sanft sie dir drücken« (Peter Walsh konnte nicht anders, er mußte dem armen Geschöpf ein Geldstück reichen, bevor er in ein Taxi stieg), »und wenn's jemand sieht, was liegt schon daran?« wollte sie wissen; und die Hand aufs Herz gedrückt, lächelte sie, als sie den Schilling einsteckte, und alle neugierig spähenden

Augen schienen ausgelöscht zu sein, und die vorbeigehenden Generationen – der Gehsteig wimmelte von geschäftig hastenden Mittelständlern – verschwanden wie Blätter, die dazu da waren, niedergetreten zu werden, eingetaucht und durchtränkt und zu fruchtbarer Erde gemacht zu werden von diesem ewigen Frühling–

I um fa um so
Fu swi tu ehm oh.

»Die arme Alte«, sagte Rezia Warren Smith. »Ach, die arme alte Person«, sagte sie, während sie wartete, um die Straße zu überschreiten.

Wie, wenn es eine Regennacht wäre! Und der eigene Vater oder jemand, der einen in besseren Tagen gekannt hatte, käme vorbei und sähe einen hier in der Gosse stehn? Wo schlief sie wohl nachtsüber?

Heiter, fast fröhlich schlängelte sich der unbezwingliche Faden von Tönen in die Luft, wie Rauch aus dem Schornstein einer Hütte sich an glatten Buchenstämmen hinaufrankt und als ein blaues Wölkchen zwischen den höchsten Blättern hervorkommt. »Und wenn's jemand sieht, was liegt schon daran?«

Seit Rezia unglücklich war, nun schon wochenlang, hatte sie Dingen, die sich ereigneten, Bedeutung verliehen, hatte manchmal beinahe das Gefühl, daß sie Leute auf der Straße, die gut und freundlich aussahen, anhalten müsse, nur um ihnen zu sagen: »Ich bin unglücklich«; und diese Alte, die da auf der Straße sang: »Und wenn's jemand sieht, was liegt schon daran?«, gab ihr ganz plötzlich die Gewißheit, daß alles wieder gut werden würde. Sie waren auf dem Weg zu Sir William Bradshaw; sie fand, sein Name klinge nett; er würde Septimus auf der Stelle kurieren. Und dann der Bierwagen da, die grauen Pferde mit den hervorstehenden eingelochtenen Strohhalmen in den Schweifen; die Zeitungsplakate. Unglücklich zu sein, war nur ein dummer, dummer Traum!

Also gingen sie über die Straße, Mr. und Mrs. Septimus Warren Smith; und war denn schließlich irgend etwas Auffallendes an ihnen, etwas, das einen Vorübergehenden ahnen ließe, dies sei ein junger Mann, der die größte Botschaft an die Welt in sich trug und überdies der glücklichste und zugleich der elendste Mensch auf der Welt war? Vielleicht gingen sie langsamer als andre Leute, und es lag etwas Zögerndes, Schleppendes im Gang des jungen Mannes, doch was wäre natürlicher bei einem Kontoristen, der seit Jahren nicht mehr an einem Wochentag um diese Stunde im Westend gewesen war, als immerfort zum Himmel aufzublicken, sich dies, das und jenes anzusehen, als wäre Portland Place ein Zimmer, das er in Abwesenheit der Familie betrat, wo die Kristallüster in Rohleinensäcke gehüllt sind und die Beschließerin dem besichtigenden Fremden, während sie einen Zipfel der langen Vorhänge aufhebt und Schäfte staubigen Lichts auf verlassene, seltsam aussehende Armstühle hereinläßt, erklärt, was für ein wundervolles Haus dies sei; wie wundervoll, aber auch, denkt er, wie seltsam.

Seinem Äußern nach hätte er ein Kontorist sein können, doch von der besseren Sorte; denn er trug braune Schuhe; seine Hände verrieten den gebildeten Menschen; auch sein Profil – sein kantiges, hakennasiges, intelligentes, sensitives Profil; aber nicht ganz so seine Lippen, denn die waren zu schlaff; und seine Augen (wie Augen das zumeist sind) einfach nur Augen; haselnußbraun; groß; so daß er, alles in allem, ein Grenzfall war, weder das eine noch das andre; er würde vielleicht einmal ein Haus in Purley und ein Auto besitzen oder weiter wie bisher möbliert in Hintergassen wohnen, sein Leben lang; einer dieser halbgebildeten Autodidakten, die ihre ganze Bildung aus Büchern haben, den Volksbibliotheken entlehnten, abends, nach der Tagesarbeit, gelesenen, von wohlbekannten, brieflich um Rat gefragten Schriftstellern empfohlenen.

Was die andern Erfahrungen betraf, wie sie der Mensch für sich allein, in seinem Schlafzimmer, in seinem Büro macht, oder wenn er durch Wiesen geht oder durch die Straßen von London, – die besaß er auch. Er war, noch als Knabe, von daheim weg, seiner Mutter wegen; weil sie log; weil er zum fünfzigstenmal mit ungewaschenen Händen zum Tee herunterkam; weil er für einen Dichter keine Zukunft sehen konnte in Stroud – und darum war er, nur seine kleine Schwester einweihend, nach London gegangen und hatte bloß einen absurden kurzen Brief hinterlassen, wie große Männer einen geschrieben haben und die Welt ihn später zu lesen bekam, sobald die Geschichte ihres Ringens berühmt geworden war.

London hat viele Millionen junger Männer verschluckt, die Smith hießen; hielt nichts von phantastischen Vornamen wie Septimus, mit denen ihre Eltern sie auszuzeichnen dachten. Für den in einer Seitengasse der Euston Road Eingemieteten gab es Erlebnisse über Erlebnisse, wie sie ein unschuldiges, rosiges, rundliches Gesicht binnen zweier Jahre in ein hageres, verkniffenes, feindseliges verwandeln. Aber was konnte sogar der aufmerksamste Freund von alledem anderes sagen, als was ein Gärtner sagt, wenn er morgens die Tür des Glashauses öffnet und eine neue Blüte an seiner Pflanze entdeckt: – sie ist aufgeblüht; aufgeblüht aus Eitelkeit, Ehrgeiz, Idealismus, Leidenschaft, Einsamsein, Tapferkeit, Trägheit; den üblichen Samenkörnern, die, alle durcheinandergeschüttelt (in einem Zimmer unweit der Euston Road), ihn schüchtern machten, ihn stottern machten, ihm den Wunsch eingaben, sich zu vervollkommnen, ihn verliebt machten in

Miss Isabel Pole, die im Volksbildungshaus in der Waterloo Road Vorträge über Shakespeare hielt.

Glich er nicht Keats? fragte sie sich; und überlegte, wie sie ihm eine Kostprobe von *Antonius und Kleopatra* und allem übrigen geben könnte; lieh ihm Bücher; schrieb ihm bruchstückhafte Briefe; und entzündete in ihm ein solches Feuer, wie es nur einmal im Leben brennt, ohne Hitze, und eine unendlich ätherische und unstoffliche rotgoldene Flamme über Miss Pole hinflackern ließ; über *Antonius und Kleopatra*; und die Waterloo Road. Er fand Miss Pole schön, hielt sie für unfehlbar weise; träumte von ihr, schrieb ihr Gedichte, die sie, das Thema nicht zur Kenntnis nehmend, mit roter Tinte verbesserte; er sah sie eines Abends durch eine Gartenanlage gehn, in einem grünen Sommerkleid. »Endlich aufgeblüht«, hätte der Gärtner wohl gesagt, wenn er die Tür geöffnet hätte; wäre er hereingekommen, heißt das, an irgendeinem Abend damals und hätte ihn angetroffen, wie er schrieb; wie er das Geschriebene zerriß; wie er um drei Uhr morgens ein Meisterwerk beendete und aus dem Haus lief, um durch die Straßen zu stürmen; in Kirchen ging und den einen Tag fastete, den andern sich betrank, und Shakespeare verschlang, Darwin, die *Geschichte der Zivilisation* und Bernard Shaw.

Irgend etwas war da los, das erkannte Mr. Brewer; Mr. Brewer, Geschäftsführer von Sibley & Arrowsmith, Auktionatoren, Taxatoren und Realitätenmakler; etwas war da los, dachte er, und weil er seinen jungen Leuten väterlich gesinnt war und eine hohe Meinung von Smith' Fähigkeiten hatte und voraussagte, es werde ihm glücken, in zehn Jahren oder fünfzehn auf dem ledernen Armsessel im Allerheiligsten zu sitzen, unter dem Oberlicht, umgeben von allen den Dokumentenschatullen ringsum, »wenn er sich seine Gesundheit bewahrt«, sagte Mr. Brewer, denn darin lag die Gefahr – Septimus machte einen schwächlichen Eindruck; er riet ihm, Fußball zu spielen; lud ihn zum Abendessen ein und glaubte die Möglichkeit zu sehen, ihn für eine Gehaltserhöhung empfehlen zu können, als etwas geschah, was viele von Mr. Brewers Berechnungen über den Haufen warf, ihm die tüchtigsten seiner jungen Leute wegnahm und schließlich – so vorlaut und hinterlistig streckte der Weltkrieg seine Finger aus – eine Gipsfigur der Ceres zerschlug, ein Loch in die Geranienbeete wühlte und die Nerven der Köchin in Mr. Brewers Haushalt in Muswell Hill völlig kaputt machte.

Septimus war einer der ersten, die sich als Freiwillige meldeten. Er ging nach Frankreich, um ein England zu retten, das beinahe ganz aus den Dramen Shakespeares bestand und aus Miss Isabel Pole, wie sie in einem grünen Kleid in der Gartenanlage eines Square lustwandelte. Dort, im Schützengraben, fand die Verwandlung, die Mr. Brewer gewünscht hatte, als er Fußballspielen anriet, sogleich statt; Septimus wurde männlicher; er wurde befördert; er zog die Aufmerksamkeit, sogar die Zuneigung seines Vorgesetzten, der Evans hieß, auf sich. Es war, als spielten zwei Hunde miteinander auf dem Kaminteppich; der eine zerrt an einem Papierknäuel, knurrt, schnappt, beißt dann und wann den älteren Hund ins Ohr; der liegt schläfrig da, blinzelt ins Feuer, hebt die Pfote, wendet sich mit einem gutmütigen Grommeln dem andern zu. Sie mußten immer beieinander sein, alles miteinander tun, miteinander streiten. Aber als Evans (derbknochig, rothaarig, in Damengesellschaft sehr zurückhaltend; Rezia, die ihn nur ein einziges Mal gesehen hatte, nannte ihn »einen ruhigen Menschen«), als Evans, ganz kurz vor dem Waffenstillstand, in Italien fiel, beglückwünschte sich Septimus – weit davon, irgendeine Gemütsbewegung zu zeigen oder anzuerkennen, daß dies das Ende einer Freundschaft war – dazu, nur sehr wenig, und das auf eine sehr vernünftige Weise, zu empfinden. Der Krieg hatte ihn etwas gelehrt. Es war wundervoll! Er hatte den ganzen Zirkus mitgemacht, Freundschaft, Weltkrieg, Tod, war befördert worden, immer noch kaum dreißig, und würde wohl mit dem Leben davonkommen. Darin hatte er recht. Die letzten Granaten verfehlten ihn. Er sah gleichgültig zu, wie sie barsten. Als der Friede kam, war er in Mailand, im Haus eines Schankwirts einquartiert, wo es einen Hof gab, Blumen in Kübeln, Tischchen im Freien, Töchter, die Hüte machten, und mit Lucrezia, der jüngeren, verlobte er sich dann eines Abends, als jähe Angst ihn überkam – er könne nicht mehr fühlen.

Denn nun, als alles vorbei war, der Waffenstillstand unterzeichnet war, die Toten begraben waren, befielen ihn, vor allem des Abends, diese plötzlichen Donnerschläge von Angst, nicht mehr fühlen zu können. Als er die Tür zu dem Zimmer öffnete, wo die jungen Italienerinnen saßen und Hüte machten, konnte er sie sehen, sie hören; sie rieben Drähte blank, umgeben von Schalen voll bunter Glasperlen; sie drehten Formen aus Steifleinen hin und her; der Tisch war ganz besät mit Federn, Flitter, Seidensträhnen, Bändern; Scheren klapperten auf dem Tisch, doch irgend etwas in ihm versagte; er konnte nicht fühlen. Immerhin war das Klappern der Scheren, das Lachen der Mädchen, das Hütemachen ein Schutz für ihn; er war sicher, daß er geborgen war; er hatte eine Zuflucht. Doch er konnte nicht die ganze Nacht hier sitzen bleiben. Denn es gab diese Augenblicke, wenn er am frühen Morgen erwachte. Das Bett fiel; er fiel. Oh, wenn er nur die Scheren, das Lampenlicht, die Hutformen um sich hätte! Er fragte Lucrezia, die jüngere der beiden, ob sie ihn heiraten wolle; die lustige, die übermütige mit den kleinen Künstlerfingern, die sie hochzuheben und zu sagen pflegte: »Da drin steckt's alles.« Seide, Federn und was nicht noch waren für sie etwas Lebendiges.

»Auf den Hut kommt's am meisten an«, sagte sie, wenn sie

miteinander ausgingen. Jeden Hut, der an ihnen vorbeikam, betrachtete sie prüfend; und den Mantel und das Kleid und die Haltung der Frauen. Schlechtangezogensein, Aufgedonnertsein tadelte sie, nicht mit Heftigkeit, sondern mit ungeduldigen Handbewegungen wie die eines Malers, der einen offenbar gutgemeinten aufgelegten Kitsch abtut; und dann wieder anerkannte sie großmütig, immer aber kritisch, ein Ladenmädchen, das sein Fähnchen flott herausstaffiert hatte, oder lobte uneingeschränkt, mit Begeisterung und sachkundig, eine Französin, die in Chinchilla und großer Toilette mit Perlen aus ihrem Wagen stieg.

»Wie schön!« murmelte sie etwa und stieß Septimus an, damit er hinsehe. Doch Schönheit war hinter einer Glasscheibe. Sogar den Geschmack am Essen (Rezia aß gern Eis, Schokolade, Süßigkeiten) hatte er verloren. Er stellte die Tasse auf das Marmortischchen. Er blickte auf die Leute draußen; sie schienen glücklich zu sein, fanden sich mitten auf der Straße zusammen, riefen einander zu, lachten, zankten sich wegen nichts, rein nichts. Er aber schmeckte nichts, fühlte nichts. In der Konditorei, zwischen den Tischchen und den schwatzhaften Kellnern, überfiel ihn die fürchterliche Angst – er könne nicht mehr fühlen. Er konnte vernünftig denken; er konnte lesen, Dante, zum Beispiel, und es fiel ihm ganz leicht (»Septimus, leg doch das Buch endlich weg«, sagte Rezia und schloß langsam das *Inferno*); er konnte die Rechnung addieren; sein Hirn war völlig in Ordnung; dann mußte es also an der Welt liegen – daß er nicht mehr fühlen konnte.

»Die Engländer sind so schweigsam«, sagte Rezia. Sie habe das gern, sagte sie. Sie hatte Respekt vor diesen Engländern und wollte gern London sehen und die englischen Pferde und die Tailor-mades und erinnerte sich, von einer Tante, die dorthin geheiratet hatte und in Soho wohnte, gehört zu haben, was für wundervolle Läden es in London gebe.

Es wäre möglich, dachte Septimus, als er sich England aus dem Abteilfenster besah, nachdem sie in Newhaven gelandet waren, es wäre möglich, daß die Welt selber ohne Sinn ist.

Im Büro rückte er auf einen recht verantwortungsvollen Posten vor. Sie waren stolz auf ihn; er hatte Auszeichnungen bekommen. »Sie haben Ihre Pflicht getan; es ist nun an uns –«, begann Mr. Brewer; und konnte den Satz nicht beenden vor freudiger Bewegung. Sie mieteten eine schöne Wohnung unweit der Tottenham Court Road.

Dort schlug er wieder die Dramen von Shakespeare auf. Dieses knabenhafte Berauschtsein von der Sprache – in *Antonius und Kleopatra* – hatte sich ganz und gar verflüchtigt. Wie sehr Shakespeare die Menschheit verachtete – das Kleideranlegen, das Kinderkriegen, die Erbärmlichkeit des Mundes und des Bauchs! Das enthüllte sich nun Septimus; die Botschaft, die hinter den schönen Worten versteckt war. Das Geheimzeichen, das eine Generation verblümt der nächsten weitergibt, hieß Ekel, Haß, Verzweiflung. Und ebenso bei Dante. Und auch (übersetzt) bei Aeschylus. Da saß nun Rezia am Tisch und putzte Hüte auf. Putzte sie auf für Mrs. Filmers Freundinnen; putzte stundenlang Hüte auf. Sie sah blaß aus, rätselhaft, wie eine Seerose, unter Wasser, eine ertrunkene, dachte er.

»Die Engländer sind so ernst«, sagte sie oft und schlang, ihre Wange an der seinen, die Arme um ihn.

Liebe zwischen Mann und Frau stieß Shakespeare ab. Diese ganze Angelegenheit des Sichbegattens war für ihn, vor seinem Ende, Unflat. Doch Rezia sagte, sie müsse Kinder haben. Sie waren jetzt fünf Jahre verheiratet.

Sie gingen zusammen in den Tower; ins Victoria-und-Albert-Museum; standen im Gedränge, um zu sehen, wie der König das Parlament eröffnete. Und dann gab es alle diese Läden – Hutläden, Kleiderläden, Läden mit Ledertaschen im Schaufenster, vor denen sie stehnblieb und schaute. Aber sie mußte einen Buben haben.

Sie müßten einen Buben haben, der Septimus gliche, sagte sie. Doch niemand könne Septimus gleichen; so sanft, wie er sei; so ernst; so gescheit. Könnte nicht auch sie Shakespeare lesen? Sei Shakespeare ein schwieriger Autor, wollte sie wissen.

Man konnte nicht einfach Kinder in eine solche Welt setzen. Man konnte nicht Leiden immerzu fortpflanzen oder die Brut dieser wollüstigen Tiere vermehren, die, keines dauernden Gefühls fähig, nur von ihren Launen und Eitelkeiten bald hierhin, bald dorthin geschwemmt wurden.

Er sah ihr beim Schnipseln, beim Modeln zu, wie man einem Vogel, der durchs Gras hüpft und flitzt, zusieht, ohne sich zu getrauen, einen Finger zu rühren. Denn in Wahrheit (sie sollte ihr verborgen bleiben) besaßen die Menschen nur so viel an Güte und Glauben und Nächstenliebe, als den Genuß des Augenblicks zu steigern vermochte. Sie jagten in Rudeln. Ihre Rudel durchstöberten die Wüste und verschwanden heulend in die Wildnis. Sie verließen die zu Fall Gekommenen. Sie waren mit Grimassen übertüncht. Da war dieser Brewer, im Büro, mit seinem gewichsten Schnurrbart, seiner Korallennadel und seiner weißen Krawatte und seinen annehmlichen Gemütsbewegungen – und innerlich ganz Kälte und Klebrigkeit – dessen Geranienbeet im Krieg zerstört worden war – dessen Köchin die Nerven kaputtgegangen waren; oder Amelia, wie hieß sie doch? die punkt fünf jedem eine Teetasse brachte – eine feixende, höhnische, obszöne kleine Hexe; und die Toms und Berties in ihren gestärkten Hemdbrüsten, die dicke Tropfen von Laster ausschwitzten. Sie hatten nie bemerkt, daß er sie nackt bei ihren Kapriolen in sein Notizbuch zeichnete. Auf der Straße ratterten die Lieferwagen an ihm vorbei; Grausamkeit starrte gellend von den Zeitungsplakaten: Männer in Bergwerken verschüttet, Frauen lebendigen Leibes verbrannt; und einmal kam ein Zug von Krüppeln und Irren, die, damit sie sich Bewegung machten oder zum Ergötzen der Bevölkerung (der laut lachenden), spazierengeführt wurden, kopfnickend und grinsend in der Tottenham Court Road an ihm vorbeigetorkelt, ein jeder halb abbittend und doch triumphierend einem sein hoffnungsloses Leid aufdrängend. Und würde auch er wahnsinnig werden?

Beim Tee erzählte ihm Rezia, daß Mrs. Filmers Tochter ein Kind erwarte. Und sie selbst wolle einfach nicht alt werden, ohne jemals Kinder gehabt zu haben! Sie fühle sich sehr einsam, sehr unglücklich! Sie weinte zum erstenmal, seit sie verheiratet waren. Wie von sehr fern hörte er ihr Weinen; hörte es ganz genau; vermerkte es deutlich; verglich es mit dem Stampfen eines Pumpenkolbens. Doch er fühlte nichts.

Seine Frau weinte; und er fühlte nichts; tat nur mit jedem Schluchzen, das sie auf diese verzweifelte, diese stille, diese trostlose Weise hervorstieß, noch einen Schritt dem Abgrund zu.

Endlich ließ er mit einer theatralischen Gebärde, die er automatisch und in vollem Bewußtsein ihrer Unaufrichtigkeit machte, den Kopf in die Hände sinken. Jetzt hatte er sich ergeben; jetzt mußten ihm andre weiterhelfen. Man mußte jemand kommen lassen. Er ergab sich.

Nichts konnte ihn aufrütteln. Rezia brachte ihn zu Bett. Sie sandte nach einem Arzt – Mrs. Filmers Dr. Hymes. Dr. Hymes untersuchte ihn. Ihm fehle gar nichts, sagte Dr. Hymes. Oh, diese Erleichterung! Was für ein netter, was für ein guter Mensch! dachte Rezia. Wenn ihm selbst einmal so zumute sei, sagte Dr. Hymes, gehe er in eine Music-Hall. Oder er mache sich einen freien Tag und gehe Golf spielen mit seiner Frau. Warum es nicht mit zwei Bromuraltabletten versuchen, in einem Glas Wasser aufgelöst, abends vor dem Schlafengehn? In diesen alten Häusern von Bloomsbury, sagte Dr. Hymes, die Wand beklopfend, gebe es oft sehr schöne Täfelungen, die aber meist durch die Dummheit der Hausbesitzer mit Tapeten überklebt worden seien. Erst unlängst, als er einen Patienten besuchte, Sir Irgendwer Irgendwas, am Bedford Square –

Also gab es keine Entschuldigung; es war alles in Ordnung mit ihm, bis auf die Sünde, deretwegen die menschliche Natur ihn zum Tod verurteilt hatte; die Sünde, daß er nicht fühlte. Es war ihm nicht nahegegangen, als Evans fiel; das war die schlimmste; doch auch alle seine andern Verbrechen hoben die Köpfe und drohten mit dem Finger und verhöhnten und verpönten über das Fußende des Bettes her in den frühen Morgenstunden den ausgestreckten Körper, der, seiner Erniedrigung bewußt, dalag; daß er seine Frau geheiratet hatte, ohne sie zu lieben; sie belogen hatte; sie verführt hatte; Miss Isabel Pole empört hatte und so von Lastern narbig und gebrandmarkt war, daß es die Frauen überlief, wenn sie ihm auf der Straße begegneten. Das Urteil der menschlichen Natur über solch einen Elenden lautete auf Tod.

Dr. Hymes kam wieder. Hochgewachsen, mit frischem Gesicht, gut aussehend, sich die Schuhe abstaubend, fegte er es alles beiseite – Kopfschmerzen, Schlaflosigkeit, Ängste, Träume –: Nerven, nichts als Nerven, sagte er. Wenn Dr. Hymes jemals bemerkte, daß er selbst auch nur ein Viertelpfund weniger als hundertfünfzig wog, ließ er sich von seiner Frau noch einen Teller Hafergrütze zum Frühstück geben. (Rezia würde lernen, wie man Hafergrütze zubereitet.) Aber, setzte er fort, Gesundheit liege zum großen Teil in unserer Hand. Man müsse sich in alle möglichen äußeren Interessen stürzen; sich irgendein Steckenpferd zulegen. Er schlug den Shakespeare auf – *Antonius und Kleopatra*; stieß

Shakespeare beiseite. Irgendein Steckenpferd, sagte Dr. Hymes, denn verdanke er selbst nicht seine vortreffliche Gesundheit (und dabei arbeite er nicht um ein Haar weniger als die meisten andern Londoner) seiner Fähigkeit, sich stets sogleich von seinen Patienten auf antike Möbel umstellen zu können? Und, wenn er sich die Bemerkung erlauben dürfe, was für einen entzückenden Kamm Mrs. Warren Smith da trage!

Als der verdammte Esel das nächstemal kam, weigerte sich Septimus, ihn zu sehen. Er weigere sich wirklich? sagte Dr. Hymes mit einem liebenswürdigen Lächeln; und er mußte wahrhaftig dieser reizenden kleinen Dame, Mrs. Smith, erst einen freundlichen Schubs versetzen, bevor er an ihr vorbei ins Schlafzimmer ihres Mannes konnte.

»Na, Sie haben wohl Schiß, was?« sagte er liebenswürdig und setzte sich neben seinen Patienten. Er habe also tatsächlich zu seiner Frau, die fast noch ein Kind sei und eine Ausländerin, nicht wahr? davon gesprochen, er werde sich umbringen? Gebe ihr das nicht einen sehr merkwürdigen Begriff von englischen Ehemännern? Habe man nicht vielleicht doch Pflichten seiner Frau gegenüber? Wäre es nicht besser, man täte etwas, statt im Bett zu liegen? Denn er habe vierzig Jahre Erfahrung hinter sich; und Septimus könne es Dr. Hymes aufs Wort glauben – es fehle ihm überhaupt nichts. Und wenn er das nächstemal komme, so hoffte Dr. Hymes, werde er außer Bett sein und nichts unternommen haben, was seine Frau, diese reizende kleine Dame, um ihn besorgt mache.

Die menschliche Natur war, kurz gesagt, hinter ihm her – das widerliche Vieh mit den blutroten Nüstern. Hymes war hinter ihm her. Dr. Hymes kam regelmäßig jeden Tag. Wenn du einmal strauchelst, schrieb Septimus auf die Rückseite einer Ansichtskarte, ist die menschliche Natur hinter dir her. Hymes ist hinter dir her. Ihrer beider einzige Chance sei es, ohne Dr. Hymes etwas ahnen zu lassen, zu entfliehen; nach Italien – irgendwohin, irgendwohin, nur weit weg von Dr. Hymes.

Rezia aber konnte ihn nicht begreifen. Dr. Hymes sei doch ein so guter Mensch. Er nehme solchen Anteil an Septimus. Er wolle ihnen ja nur helfen, ihnen beiden, sage er. Er habe vier kleine Kinder und habe sie, Rezia, zum Tee eingeladen, erzählte sie Septimus.

Er war also verlassen. Die ganze Welt schrie ihm zu: Töte dich, töte dich, um unsertwillen! Doch weshalb sollte er sich töten um ihretwillen? Zu essen war angenehm; die Sonne war warm; und dieses Sichtöten, wie fing man es nur an? Mit einem Tischmesser und, wie abscheulich, mit Strömen von Blut – oder indem man an einem Gasrohr saugte? Er fühlte sich zu schwach; er konnte kaum die Hand heben. Abgesehn davon lag nun, da er ganz allein dastand, verurteilt, verlassen, allein, wie die dem Sterben Nahen allein sind, etwas Schwelgerisches darin; ein Gesondertsein, welches etwas Köstliches hatte; eine Freiheit, welche die noch an etwas Hängenden nie kennenlernen können. Hymes hatte selbstverständlich gewonnen. Doch nicht einmal Hymes selbst wäre imstande, an dieses letzte, am Rande der Welt umherirrende Überbleibsel zu rühren, diesen Ausgestoßenen, der auf die bewohnten Regionen zurückschaute, der wie ein ertrunkener Seemann am Ufer der Welt dalag.

Es geschah in diesem Augenblick (Rezia war einkaufen gegangen), daß sich die große Offenbarung begab. Eine Stimme sprach hinter dem Wandschirm hervor; Evans' Stimme. Die Toten waren um ihn.

»Evans, Evans!« rief er.

Mr. Smith rede laut mit sich selbst, rief Agnes, das Dienstmädchen, Mrs. Filmer in die Küche hinunter zu. »Evans,

Evans!« habe er gesagt, als sie ihm das Tablett brachte. Wie sie zusammengefahren sei! Dann trippelte sie flink die Stiege hinunter.

Und nun kam Rezia herein, Blumen in der Hand, und ging durchs Zimmer und tat die Rosen in eine Vase, auf die ein Sonnenstrahl fiel, und tänzelte lachend im Zimmer umher.

Sie habe die Rosen kaufen müssen, sagte Rezia, von einem armen Mann auf der Straße. Aber sie seien beinahe ganz verwelkt, sagte sie, die Blumen ordnend.

Also stand ein Mann dort draußen; Evans vermutlich; und die Rosen, von denen Rezia sagte, sie seien halb verwelkt, die hatte *er* gepflückt, auf den Wiesen Griechenlands. Sichmitteilen ist Gesundsein; Sichmitteilen ist Glückseligkeit; Sichmitteilen, murmelte er.

»Was sagst du, Septimus?« fragte Rezia, außer sich vor Entsetzen, denn er redete mit sich selbst.

Sie sandte Agnes eilig zu Dr. Hymes. Ihr Mann, sagte sie, sei wahnsinnig. Er kenne sie kaum mehr.

»Du Vieh! Du Vieh!« rief Septimus, als er die menschliche Natur, das heißt Dr. Hymes, ins Zimmer treten sah.

»Aber, aber, was soll denn das?« sagte Dr. Hymes auf die liebenswürdigste Weise von der Welt. »Dummes Zeug zusammenzureden und Ihre Frau zu erschrecken!« Doch er werde ihm etwas geben, damit er schlafen könne. Und wenn sie so reiche Leute seien, sagte Dr. Hymes mit einem ironischen Rundblick durchs Zimmer, sollten sie doch in die Harley Street gehn; wenn sie kein Vertrauen zu ihm hätten, sagte Dr. Hymes, und sah nicht mehr ganz so freundlich drein.

Es war genau zwölf Uhr; zwölf, laut Big Ben; dessen Schlag über den nördlichen Teil Londons getragen wurde;

sich mit dem Schlag andrer Uhren vermischte, sich zart und ätherisch den Wolken und Rauchfähnchen vermengte und dort oben zwischen den Möwen verklang, – zwölf schlug es, als Clarissa Dalloway das grüne Kleid auf ihr Bett legte und die Warren Smiths die Harley Street hinabgingen. Für zwölf waren sie angesagt. Wahrscheinlich, dachte Rezia, war das dort Sir William Bradshaws Haus, das mit dem grauen Auto davor. (Die bleiernen Ringe zergingen in der Luft.)

Und tatsächlich – es war Sir William Bradshaws Auto; langgestreckt, kraftvoll, grau, mit schlichten verschlungenen Initialen auf dem Schlag, als wäre alles Gepränge von Heraldik hier unangebracht und dieser Mann nur ein geisterhafter Helfer, ein Priester der Wissenschaft; und grau wie der Wagen selbst, damit sie zu seiner nüchternen Beredtheit paßten, lagen graue Pelze, silbergraue Decken darin gehäuft, um Ihre Ladyschaft warm zu halten beim Warten. Denn oft mußte Sir William hundert und auch mehr Kilometer aufs Land hinaus fahren, zu den Reichen, den Leidenden, die es sich leisten konnten, das sehr hohe Honorar zu zahlen, das Sir William sehr angemessen für seinen ärztlichen Rat verlangte. Ihre Ladyschaft wartete, zurückgelehnt, die Decken um die Knie, eine Stunde oder länger, und dachte manchmal an den Patienten, manchmal, verzeihlicherweise, an die Mauer von Gold, die mit jeder Minute des Wartens höher wurde, an die immer höher werdende Mauer von Gold zwischen ihnen beiden und allen Wechselfällen und Sorgen (sie hatte sie tapfer getragen; beide hatten sie zu kämpfen gehabt), bis sie sich eingeschlossen fühlte auf einem stillen Meer, wo nur würzige Winde wehten; geachtet, bewundert, beneidet; wo ihr kaum etwas zu wünschen übrigblieb, wenn sie auch ihre Korpulenz bedauerte; jeden Donnerstag großes Abendessen für die Berufskollegen; gelegentlich ein Wohltätigkeitsbasar zu eröffnen; ein Mitglied des Königshauses zu begrüßen; zu wenig Zeit, leider, für ihren Mann, dessen Arbeit immer mehr anwuchs; ein Sohn, der in Eton gut vorwärtskam; sie hätte gern auch eine Tochter gehabt; sie hatte jedoch eine Menge Interessen: Kinderfürsorge; die Nachbehandlung von Epileptikern; und Photographieren; weshalb sie, wenn irgendwo eine Kirche renoviert, eine Kirche gebaut wurde, den Küster mit einem Trinkgeld bestach, den Schlüssel bekam und in der Wartezeit Aufnahmen machte, welche von solchen der Berufsphotographen kaum zu unterscheiden waren.

Sir William selbst war nicht mehr der jüngste. Er hatte sich sehr geplagt; er hatte als Sohn eines kleinen Ladenbesitzers seine Stellung allein durch seine Fähigkeiten errungen; liebte seinen Beruf; machte gute Figur bei festlichen Gelegenheiten und war ein gewandter Redner – was alles zusammen ihn, als er dann geadelt wurde, ein wenig schwerfällig, ein wenig müde aussehn ließ (denn der Strom der Patienten riß nicht ab, die Verantwortlichkeiten und Vorrechte seines Standes waren eine solche Last!), und diese Müdigkeit, im Verein mit seinen grauen Haaren, erhöhte noch das außerordentlich Distinguierte seiner Erscheinung und trug ihm (bei der Behandlung von Nervenkranken von größter Wichtigkeit!) nicht nur den Ruf blitzartig geschickter und beinahe unfehlbarer diagnostischer Genauigkeit ein, sondern auch, Mitgefühl zu besitzen, Takt, Verständnis für die Menschenseele. Er konnte es schon im Augenblick, als sie sein Ordinationszimmer betraten, sehen (Warren Smith hießen sie); er war seiner Sache ganz sicher, kaum daß er den Mann erblickte: es war ein äußerst ernster Fall. Es war ein Fall von völligem Zusammenbruch, alle Symptome schon in vorgeschrittenem Stadium, stellte er in den ersten drei Minuten fest, während er die Antworten auf seine diskret gemurmelten Fragen in eine rosa Karteikarte eintrug.

Seit wann behandle ihn Dr. Hymes?

Seit sechs Wochen.

Ein wenig Bromural verordnet? Sagte, ihm fehle nichts? Aha! (Diese praktischen Ärzte! dachte Sir William. Die Hälfte seiner Zeit verging damit, wieder gutzumachen, was sie verpatzt hatten; manches war nicht wiedergutzumachen.)

»Sie haben sich im Krieg sehr ausgezeichnet?«

Der Patient wiederholte fragenden Tons »im Krieg«.

Er legte also Worten symbolische Bedeutung bei. Ein ernstes Symptom, das auf der Karte zu vermerken war.

»Im Krieg?« wiederholte der Patient. Der Weltkrieg – diese kleine Schuljungenbalgerei mit Schießpulver? War er ausgezeichnet worden? Er wußte es wirklich nicht mehr. Im Krieg, im eigentlichen, hatte er versagt.

»Ja, er hat mit größter Auszeichnung gedient«, versicherte Rezia den Arzt; »er ist befördert worden.«

»Und man hält sehr viel von Ihnen in Ihrem Büro?« murmelte Sir William, mit einem Blick auf Mr. Brewsters überaus wohlwollend abgefaßten Brief. »So daß Sie also gar keinen Grund haben zu irgendwelcher Beunruhigung, keine Geldsorgen, nichts?«

Er hatte ein entsetzliches Verbrechen begangen und war zum Tod verurteilt worden von der menschlichen Natur.

»Ich habe – ich habe«, begann er, »ein Verbrechen begangen –«

»Er hat nicht das geringste begangen«, versicherte Rezia dem Arzt.

Wenn Mr. Smith ein wenig hier warten wolle, sagte Sir William, habe er nebenan mit Mrs. Smith ein paar Worte zu reden. Ihr Mann sei sehr ernstlich krank, sagte Sir William. Habe er gedroht, er werde sich umbringen?

Oh, das habe er, rief sie. Aber er habe es nicht so gemeint, sagte sie. Natürlich nicht; er brauche nur Ruhe, sagte Sir William; Ruhe, Ruhe, Ruhe; lange Bettruhe. Es gebe ein wundervolles Heim auf dem Land, wo ihr Mann vorzüglich aufgehoben sein werde. Weg von ihr? fragte sie. Leider ja; die Menschen, an denen uns am meisten liege, täten uns nicht gut, wenn wir krank seien. Doch er sei nicht wahnsinnig, nicht wahr? Sir William sagte, er spreche nie von »Wahnsinn«; er nenne es, keinen Sinn für das richtige Maß haben. Doch ihr Mann möge Ärzte nicht; er werde sich weigern, dorthin zu gehn. Kurz und freundlich erklärte ihr Sir William den Zustand des Patienten. Ihr Mann habe gedroht, er werde sich umbringen. Da gebe es keine andre Möglichkeit. Das Gesetz verlange es. Er werde im Bett liegen, in einem sehr schönen Haus, auf dem Land. Die Pflegerinnen seien vortrefflich. Sir William werde ihn einmal die Woche besuchen. Wenn Mrs. Warren Smith ganz sicher sei, daß sie keine Fragen mehr zu stellen habe – er dränge seine Patienten nie – würden sie also zu ihrem Mann zurückgehn. Sie hatte nichts mehr zu fragen – nicht Sir William.

Und so gingen sie zu dem Erhabensten der Menschen zurück; zu dem Verbrecher, der seinen Richtern gegenüberstand; dem auf den Höhen ausgesetzten Opfer; dem Flüchtling; dem ertrunkenen Seemann; dem Dichter der unsterblichen Ode; dem Herrn und Meister, der vom Leben in den Tod gegangen war; zu Septimus Warren Smith, der da im Armstuhl unter dem Oberlicht saß, eine Photographie Lady Bradshaws im Hofkleid anstarrte und Botschaften über Schönheit vor sich hinmurmelte.

»Wir sind schon fertig mit unsrer kleinen Unterredung«, sagte Sir William.

»Er sagt, du bist sehr, sehr krank!« rief Rezia.

»Wir haben vereinbart, daß Sie in ein Heim kommen«, sagte Sir William.

»Eins von Dr. Hymes' Heimen?« fragte Septimus höhnisch.

Der Bursche machte einen widerwärtigen Eindruck. Denn

Sir William, dessen Vater ein kleiner Ladenbesitzer gewesen war, hatte einen natürlichen Respekt vor gut erzogenen, gut angezogenen Leuten, welchen Schäbigkeit erboste; und überdies und stärker noch empfand Sir William, der nie Zeit fürs Bücherlesen gehabt hatte, einen tiefsitzenden Groll gegen kultivierte Leute, die in sein Ordinationszimmer kamen und durchblicken ließen, daß Ärzte, deren Beruf beständige Anspannung der höchsten Fähigkeiten mit sich bringt, keine gebildeten Leute seien.

»Eins von *meinen* Heimen, Mr. Warren Smith«, sagte er, »wo wir Sie lehren werden, sich auszuruhen.«

Und dann noch etwas. Er sei ganz sicher, daß Mr. Warren Smith, wenn gesund, der letzte sei, seine Frau zu erschrecken. Dennoch habe er davon gesprochen, sich umzubringen. »Wir alle haben unsre Augenblicke der Verzweiflung«, sagte Sir William.

Wenn du einmal zu Fall gekommen bist, sagte sich Septimus abermals, ist die menschliche Natur hinter dir her. Hymes und Bradshaw sind hinter dir her. Sie durchstöbern die Wüste. Und fliehen heulend in die Wildnis. Streckfolter und Daumschrauben werden angewendet. Die menschliche Natur kennt kein Erbarmen.

»Überkommt Sie manchmal dergleichen?« fragte Sir William, den Bleistift auf der rosa Karte.

Das gehe niemand etwas an, sagte Septimus.

»Kein Mensch lebt nur für sich allein«, sagte Sir William mit einem Blick auf das Photo seiner Frau im Hofkleid.

»Und Sie haben eine glänzende Laufbahn vor sich«, sagte Sir William. Mr. Brewsters Brief lag da auf dem Schreibtisch. »Eine ungewöhnlich glänzende Laufbahn.«

Doch wie, wenn er gestände? Wenn er sich mitteilte? Würden sie ihn dann laufen lassen, Hymes, Bradshaw?

»Ich – ich – « stammelte er.

Aber was hatte er verbrochen? Er konnte sich nicht darauf besinnen.

»Ja?« ermunterte ihn Sir William. (Doch es wurde spät.)

Liebe, Bäume, es gibt kein Verbrechen – was war es, was er verkünden sollte? Er konnte sich nicht darauf besinnen.

»Ich – ich –« stammelte er.

»Versuchen Sie, so wenig als möglich über sich selbst nachzudenken«, sagte Sir William freundlich. Wahrhaftig, in diesem Zustand durfte man den Mann nicht frei herumlaufen lassen.

Gebe es noch etwas, das sie ihn fragen wollten? Er werde alles Nötige veranlassen (murmelte Sir William Rezia zu) und werde sie dann verständigen, zwischen fünf und sechs heute nachmittag.

»Überlassen Sie alles nur mir«, sagte er und verabschiedete die beiden.

Nie, nie in ihrem Leben hatte Rezia solche Qualen ausgestanden! Sir William hatte ihnen gegenüber versagt! Er war kein netter Mensch.

Sich ein solches Auto zu halten, das müsse ihn hübsch was kosten, sagte Septimus, als sie auf die Straße traten.

Sie klammerte sich an seinen Arm. Sie waren in der Not verlassen worden.

Doch was wollte sie mehr?

Sir William widmete jedem Patienten drei Viertelstunden; und wenn in dieser anspruchsvollen Wissenschaft, bei der es sich schließlich und endlich um etwas handelt, wovon wir nichts wissen – das Nervensystem, das menschliche Gehirn – ein Arzt seinen Sinn für das richtige Maß verliert, versagt er als Arzt. Gesundheit muß sein; und Gesundheit bedeutet richtiges Maß; und wenn ein Mann in dein Ordinationszimmer kommt und sagt, er sei Christus (ein sehr verbreiteter Wahn) und etwas verkünden will, wie die das oft wollen, und droht, wie die das oft tun, sich umzubringen, dann ruft man die Gottheit des Maßhaltens an; verordnet Bettruhe; Ruhe und Alleinsein; Stille und Ruhe; Ruhe ohne Freunde, ohne Bücher, ohne Briefe; sechs Monate Ruhe; bis ein Mann, der neunzig Pfund wiegend hineingekommen ist, mit hundertundfünfzig herauskommt.

Sinn für das richtige Maß, Sir Williams Gottheit, den hatte sich Sir William erworben bei Rundgängen durch Krankenhäuser, beim Lachsfischen, beim Zeugen eines einzigen Sohns in der Harley Street mit Lady Bradshaw, die selber Lachse fischte und Aufnahmen machte, welche von solchen eines Berufsphotographen kaum zu unterscheiden waren. Bei diesem Kult des richtigen Maßes prosperierte Sir William nicht nur selber, sondern förderte auch die Prosperität seines Landes, indem er Englands Verrückte absonderte, ihnen das Kinderkriegen verbot, Verzweiflung mit Strafen belegte, es den Untauglichen unmöglich machte, ihre Ansichten zu verbreiten, bis auch sie seinen Sinn für das richtige Maß teilten – seinen, wenn es Männer, Lady Bradshaws, wenn es Frauen waren (sie stickte, sie strickte, sie hatte vier Abende von sieben daheim bei ihrem Sohn verbracht), so daß ihn nicht nur seine Kollegen achteten, seine Untergebenen fürchteten, sondern auch die Freunde und Verwandten seiner Patienten die innigste Dankbarkeit für ihn empfanden, weil er darauf bestand, daß diese prophetischen Heilande und Heilandinnen, die das Ende der Welt voraussagten oder die Wiederkunft Christi, abends ein Glas Milch im Bett tranken, wie's Sir William verordnet hatte; Sir William mit seiner dreißigjährigen Erfahrung in solchen Fällen und seinem unfehlbaren Instinkt dafür, was Irrsinn, was Sinn war; mit seinem Sinn für richtige Maß.

Aber das richtige Maß hat eine Schwester, eine weniger lächelnde, eher furchteinflößende, eine Göttin, die eben jetzt, in diesem Augenblick – in der Hitze und dem Sand Afrikas, dem Schlamm und Schlick Indiens, im Dunstkreis von London, kurzum, wo immer das Klima oder der Teufel die Menschen versucht, vom wahren Glauben, ihrem eigenen Glauben abzufallen, – die eben in diesem Augenblick dabei ist, Altäre zu zertrümmern, Götzenbilder zu zerschmettern und an ihre Stelle ihr eigenes, strenges Antlitz zu setzen. Bekehrung ist ihr Name, und ihre Götterspeise ist der Wille der Schwächlinge; sie liebt es, Eindruck zu machen, sich aufzuzwingen, ihre eigenen, dem Gesicht der Volksmenge aufgeprägten Züge anzubeten. Im Hyde Park steht sie auf einem Zuber und predigt; hüllt sich in Weiß und schreitet büßerisch, als Nächstenliebe verkleidet, durch Fabriken und Parlamente; bietet Hilfe an, begehrt aber Macht; stößt die Andersdenkenden oder Unzufriedenen grob aus dem Weg; spendet ihren Segen denjenigen, die, aufblickend, unterwürfig aus ihren Augen das Licht ihrer eigenen empfangen. Auch diese Dame (Rezia Warren Smith erriet es) hatte ihren Wohnsitz in Sir Williams Herz, wenngleich, wie so oft, unter einer glaubwürdigen Verkleidung verborgen; einem verehrungswürdigen Namen: Liebe, Pflicht, Selbstaufopferung. Wie er sich ins Zeug legte – sich mühte, Geldspenden aufzutreiben, Reformen das Wort zu reden, Stiftungen ins Leben zu rufen! Doch Bekehrung, die wählerische Göttin, liebt Blut mehr als Mörtel und tut sich feinschmeckerisch am menschlichen Willen gütlich. Lady Bradshaw zum Beispiel. Vor fünfzehn Jahren war sie untergegangen. Wie und wann war nicht genau festzustellen; es hatte keine Szenen gegeben, keinen Riß; nur ein allmählich vollgesogenes Versinken ihres Willens in den seinen. Süß lächelte sie, unterwarf sich geschwind; das Abendessen, das wöchentliche, in der Harley Street, acht bis neun Gänge, für zehn bis fünfzehn Gäste aus den freien Berufen, ging glatt und umgänglich vonstatten. Nur im weiteren Verlauf des Abends deutete eine ganz schwache Mattigkeit oder vielleicht ein Unbehagen, ein nervöses Zucken, Tasten, Stolpern und Sichverwirren an, was zu glauben wirklich peinlich war – daß die Arme unaufrichtig war. Früher einmal hatte sie nach Herzenslust Lachse gefischt; nun, eilig beflissen, das Lüsten nach Herrschaft, nach Macht, welches das Auge ihres Gemahls ölig leuchten ließ, zu befriedigen, krampfte, quetschte, schabte und beschnitt sie, was sie sagte, trat zurück, guckte hindurch; so daß man zwar nicht genau wußte, was den Abend unangenehm machte und diesen Druck auf den Kopf verursachte (der sich wohl dem beruflichen Gespräch zuschreiben ließ oder der Ermüdung eines großen Arztes, dessen Leben, so sagte Lady Bradshaw, »nicht ihm gehört, sondern seinen Patienten«), aber es war unangenehm; daher die Gäste, wenn die Uhr zehn schlug, sogar die Luft auf der Harley Street draußen mit Wonne einatmeten, welche Erleichterung seinen Patienten jedoch versagt war.

Hier in dem grauen Zimmer mit den Bildern an den Wänden, den kostbaren Möbeln, unter dem Mattglasoberlicht, erfuhren sie das Ausmaß ihrer Verfehlungen; in den Lehnsessel gekauert, sahen sie ihn wunderliche Turnübungen für sie machen, die Arme vorstoßen, sie scharf an die Hüften zurücknehmen, um (wenn der Patient widerspenstig war) zu beweisen, daß Sir William Herr seiner Handlungen war, der Patient aber nicht. Dabei brachen einige Schwächlinge zusammen; schluchzten, unterwarfen sich; andre, von Gott weiß welch maßlosem Wahn verleitet, nannten Sir William ins Gesicht einen verdammten Schwindler; stellten sogar, noch frevelhafter, das Leben selbst in Frage. Warum überhaupt leben, wollten sie wissen. Sir William antwortete, das Leben sei etwas Gutes. Gewiß, Lady Bradshaw hing in Straußfedernpracht über dem Kaminsims, und sein Einkommen belief sich auf gut zwölftausend Pfund im Jahr. Doch ihnen gegenüber, verwahrten sie sich, ihnen gegenüber sei das Leben nicht so freigebig gewesen. Er schwieg dazu. Es fehlte ihnen der Sinn für das richtige Maß. Und vielleicht gebe es am Ende gar keinen Gott? Er zuckte die Achseln. Also kurz und gut, zu leben oder nicht zu leben gehe nur einen selbst an? Aber da waren sie im Irrtum. Sir William hatte einen Freund in Surrey, bei dem etwas gelehrt wurde, was, wie Sir William freimütig zugab, eine schwierige Kunst war, – Sinn für das richtige Maß zu haben. Ferner gab es so etwas wie Familienbande; Ehre; Tapferkeit; und eine glänzende Laufbahn. Alle diese hatten in Sir William einen entschlossenen Verfechter. Wenn sie nicht wirkten, war sein Beistand die Polizei und auch das Wohl der menschlichen Gesellschaft, die, so bemerkte er sehr ruhig, dafür sorgen werde, dort unten in Surrey, daß diese asozialen Triebe, die mehr als auf irgend etwas anderes auf einen Mangel an guter Herkunft zurückzuführen seien, gebändigt würden. Und dann stahl sich aus ihrem Versteck und bestieg ihren Thron jene Göttin, deren besondere Lust es ist, sich über Widerstand hinwegzusetzen und ins Allerheiligste andrer Menschen unauslöschlich das eigene Bildnis einzuprägen. Nackt, wehrlos erhielten die Erschöpften, die Freundlosen den Stempel von Sir Williams Willen aufgedrückt. Er stürzte sich auf sie; er verschlang sie. Er ließ Leute in eine geschlossene Anstalt bringen. Es war diese Verbindung von Entschlußkraft und Menschlichkeit, was Sir William bei den Verwandten seiner Opfer so ungemein beliebt machte.

Lucrezia aber rief, als sie mit Septimus durch die Hearley Street ging, aus, sie könne diesen Menschen nicht leiden.

Schrotend und schneidend, teilend und unterteilend knabberten die Uhren in der Harley Street an dem Junitag, rieten zu Unterwerfung, betonten Autorität und wiesen im Chor auf die ungeheuern Vorteile eines Sinns für das richtige Maß hin, bis der ganze Berg von Zeit so verkleinert war, daß eine Firmenuhr, wohlwollend und brüderlich, als wäre es den Herren Rigby & Lowndes ein Vergnügen, diese Auskunft gratis zu erteilen, verkündete, daß es halb zwei war.

Wenn man hinaufsah, ergab sich, daß jeder Buchstabe ihres Firmennamens für eine der Stunden stand; im Unterbewußtsein war man Rigby & Lowndes dankbar, daß sie einen mit der von Greenwich bestätigten Zeit beschenkten; und diese Dankbarkeit (so grübelte Hugh Whitbread, während er müßig vor dem Schaufenster verweilte) nähme selbstverständlich dann die Form an, hineinzugehn und von Rigby & Lowndes Socken oder Schuhe zu kaufen. So grübelte er weiter. Es war seine Gewohnheit. Er drang nicht sehr tief allerdings; streifte nur Oberflächen; die toten Sprachen, die lebenden, das Leben in Konstantinopel, Paris, Rom; Reiten, Jagen, Tennisspielen waren's früher einmal gewesen. Boshafte Zungen behaupteten, daß er jetzt im Buckingham Palace in Seidenstrümpfen und Kniehose Wache halte, aber niemand wisse, was er bewache. Doch er tat es außerordentlich tüchtig. Er schwamm seit fünfundfünfzig Jahren oben auf der Creme der englischen Gesellschaft. Er hatte Premierminister persönlich gekannt. Von seinen Zuneigungen hieß es, daß sie tief seien. Und wenn es auch wahr war, daß er an keiner der großen Bewegungen seiner Zeit teilgenommen oder kein bedeutendes Amt innegehabt hatte, so standen ihm doch ein paar bescheidene Reformen gutgeschrieben; eine Verbesserung der öffentlichen Nachtasyle war eine davon; die Schonung von Eulen in der Grafschaft Norfolk eine andre; Dienstmädchen hatten Grund, ihm dankbar zu sein; und sein Name unter Briefen an die *Times*, die um Geld für gute Zwecke baten, sich ans Publikum mit dem

Ersuchen wendeten, etwas zu schützen, zu erhalten, nicht durch Abfälle zu verunzieren, die Rauchplage zu bekämpfen und Unsittlichkeit in den öffentlichen Gärten auszumerzen, forderte Beachtung.

Und auch prächtige Figur machte er, wie er da für einen Augenblick (während der Schlag der halben Stunde verhallte) stehnblieb um kritisch, kennerisch Socken und Schuhe zu besehn; untadelig, gediegen, als betrachtete er die Welt von einer gewissen Höhe herab und kleidete sich dementsprechend; war sich jedoch der durch Statur, Wohlhabenheit, und Gesundheit auferlegten Verpflichtungen bewußt, befleißigte sich immer, auch wenn nicht unbedingt nötig, gewissenhaft kleiner Höflichkeiten, altmodischer Zeremonien, die seinem Gehaben Qualität verliehen, etwas, das ihm nachahmenswert, das ihn denkwürdig erscheinen ließ, denn er ginge zum Beispiel niemals zum Lunch zu Lady Bruton, die er gut zwanzig Jahre kannte, ohne ihr in der ausgestreckten Hand einen Strauß Nelken zu überreichen und sich bei Miss Brush, Lady Brutons Sekretärin, nach ihrem Bruder in Südafrika zu erkundigen, was, aus irgendeinem Grund Miss Brush, obwohl es ihr an allen weiblichen Reizen fehlte, so übelnahm, daß sie antwortete: »Danke, es geht ihm ausgezeichnet in Südafrika«, wenn es ihm doch seit mehr als sechs Jahren recht schlecht ging – in Portsmouth.

Lady Bruton jedoch zog Richard Dalloway vor, der gleichzeitig mit Hugh Whitbread anlangte. Tatsächlich trafen sie auf der Schwelle zusammen.

Lady Bruton zog natürlich Richard Dalloway vor. Er war aus viel feinerem Holz. Doch sie ließ nicht zu, daß man ihren armen lieben Hugh schlechtmachte. Sie könnte nie vergessen, wie gütig er gewesen war – wirklich bemerkenswert gütig – bei genau welcher Gelegenheit, das hatte sie vergessen. Aber er war bemerkenswert gütig gewesen. Wie auch immer, der Unterschied zwischen einem Mann und einem andern war nicht sehr groß. Sie hatte nie einsehn können, weshalb man Leute sezieren sollte – wie Clarissa Dalloway das tat – sezieren und dann wieder zusammensetzen; keinesfalls, wenn man zweiundsechzig war. Sie nahm Hughs Nelken mit ihrem kantigen, grimmigen Lächeln entgegen. Es komme niemand außer ihnen beiden, sagte sie. Sie habe sie unter falschen Vorspiegelungen hergelockt, damit sie ihr bei einer schwierigen Sache hälfen –

»Aber erst wollen wir essen«, sagte sie.

Und so begann ein lautlos und erlesen zelebriertes Hin und Her durch Schwingtüren, ein Hin und Her von Mädchen in weißer Schürze und weißem Häubchen, nicht Handlangerinnen aus Notwendigkeit, sondern Eingeweihten in ein Mysterium oder eine großartige Täuschung, wie Gastgeberinnen in Mayfair sie zwischen halb zwei und zwei Uhr vollbringen, wenn auf einen Wink der ganze Handel und Wandel aufhört und an seine Stelle diese intensive Illusion tritt, vor allem über das Essen, – daß es alles nicht mit Geld bezahlt ist; und daß sich der Tisch von selbst mit Glas und Silber gedeckt hat, mit kleinen Matten, Schalen voll roter Früchte; ein Überzug brauner Sahne den Steinbutt maskiert; Stückchen zerlegten Huhns in Kasserollen schwimmen; mit farbigen Flammen verschwenderisch das Kaminfeuer brennt; und beim Port und Kaffee (den nicht mit Geld bezahlten) steigen erfreuliche Bilder vor versonnenen Augen auf; sanft versonnenen Augen; Augen, denen das Leben wie Musik vorkommt, wie ein Mysterium; Augen, nun erhellt, um wohlgefällig die Schönheit der roten Nelken zu betrachten, die Lady Bruton (deren Bewegungen immer eckig waren) neben ihren Teller gelegt hatte; so daß Hugh Whitbread, im Einklang mit dem ganzen Weltall, und dabei seiner Stellung darin vollkommen sicher, die Gabel ruhen ließ und sagte:

»Würden sie sich nicht bezaubernd ausnehmen an Ihrer Spitzenbluse?«

Miss Brush verübelte ihm diese Vertraulichkeit heftig. Sie hielt ihn für einen mangelhaft erzogenen Menschen; damit brachte sie Lady Bruton immer zum Lachen.

Lady Bruton ergriff die Nelken, hielt sie etwas steif in der Hand, ungefähr ebenso wie der General hinter ihr auf dem Porträt den Kommandostab hielt; sie saß regungslos, wie in einer Trance. Was war sie nur? Die Urenkelin des Generals? Die Ururenkelin? fragte sich Richard Dalloway. Sir Roderick, Sir Miles, Sir Talbot – der war's. Es war bemerkenswert, wie die Familienähnlichkeit in den Frauen erhalten blieb. Sie hätte selber ein Dragonergeneral sein sollen. Und er hätte mit Freuden unter ihr gedient; er empfand die größte Achtung vor ihr; er hegte solche romantische Ansichten über junonische alte Damen von Rasse und hätte gern, nach seiner gutmütigen Art, ein paar junge Hitzköpfe seiner Bekanntschaft zum Lunch zu ihr mitgebracht; als könnte ein Typ wie der ihre aus liebenswürdigen, teetrinkenden Enthusiasten gezüchtet werden! Er kannte die Gegend, aus der sie stammte. Er kannte ihre Familie. Es gab dort einen Weinstock, der noch immer trug, unter dem entweder Lovelace oder Herrick – sie selbst las nie Gedichte, doch so erzählte man sich – gesessen hatte.

Lieber noch warten, bevor sie ihnen mit der Sache käme, die ihr zu schaffen machte (ein Aufruf an die Öffentlichkeit; wenn ja, wie abgefaßt, und so weiter), lieber warten, bis sie ihren Kaffee haben, dachte Lady Bruton; und legte also die Nelken wieder neben ihren Teller.

»Wie geht's Clarissa?« fragte sie unvermittelt.

Clarissa behauptete immer, Lady Bruton könne sie nicht leiden. Lady Bruton stand tatsächlich in dem Ruf, sich mehr für die Politik als für Menschen zu interessieren; Gespräche zu führen wie ein Mann; die Hand im Spiel gehabt zu haben bei einer berüchtigten Intrige der achtziger Jahre, die jetzt in Memoiren erwähnt zu werden begann. Ganz gewiß war, daß es eine Nische in ihrem Salon gab, und in dieser Nische ein Tischchen, und auf diesem Tischchen eine Photographie General Sir Talbot Moores; des inzwischen längst verstorbenen, der hier (eines Abends in den achtziger Jahren) im Beisein Lady Brutons und mit ihrem Wissen, vielleicht auf ihren Rat, bei einer historisch gewordenen Gelegenheit eine Depesche abgefaßt hatte, die den britischen Truppen befahl, anzugreifen. (Sie bewahrte den Federhalter auf und kargte nicht mit der Geschichte.) Daher fiel es, wenn sie so hinwarf: »Wie geht's Clarissa?«, Ehemännern schwer – und sie zweifelten, auch wenn ihren Gattinnen noch so sehr ergeben, insgeheim selber daran – sie davon zu überzeugen, daß Lady Bruton Interesse für Frauen aufbringe, die ihren Männern oft im Weg standen, sie davon abhielten, Posten im Ausland anzunehmen, und mitten in der Parlamentssession ans Meer gebracht werden mußten, um sich von der Grippe zu erholen. Trotz alledem wurde eine solche Erkundigung – »Wie geht's Clarissa?« – von Frauen unfehlbar als Signal einer Wohlgesinnten erkannt, fast einer stummen Gefährtin, deren Äußerungen (vielleicht ein halbes Dutzend im Lauf eines ganzen Lebens) die Anerkennung einer weiblichen Kameradschaft bedeuteten, welche tiefer ging als alle Herrenessen und die Lady Bruton und Mrs. Dalloway, die selten zusammenkamen und, wenn das geschah, einander gleichgültig und sogar feindselig zu sein schienen, in einem ganz einzigartigen Bündnis verband.

»Ich traf Clarissa heute vormittag im Park«, sagte Hugh Whitbread, mit dem Löffel in die Kasserolle fahrend, erpicht darauf, sich diese kleine Anerkennung zu gönnen, denn er brauchte nur nach London zu kommen, und sogleich traf er alle und jeden; aber verfressen, einer der verfressensten Menschen, den sie kannte, dachte Milly Brush, die Männer mit unbestechlicher Rechtlichkeit beobachtete und ewigwährender Ergebenheit fähig war, besonders ihrem eigenen Geschlecht gegenüber, denn sie selbst war knorrig, dürftig, kantig und ohne alle weibliche Reize.

»Wißt ihr, wer in London ist?« sagte Lady Bruton, sich plötzlich besinnend. »Unser alter Freund Peter Walsh.«

Alle drei lächelten sie. Peter Walsh! Und Mr. Dalloway freue sich wirklich darüber, fand Milly Brush, und Mr. Whitbread denkt nur an sein Stück Huhn.

Peter Walsh! Alle drei, Lady Bruton, Hugh Whitbread und Richard Dalloway, erinnerten sich an dasselbe – wie leidenschaftlich Peter verliebt gewesen war; einen Korb bekommen hatte; nach Indien gegangen war; ein Versager geworden war; in allem Mißerfolg gehabt hatte; und Richard Dalloway hatte den lieben, netten Kerl überdies sehr gern. Milly Brush konnte das sehn; sah etwas Tiefes in dem Braun seiner Augen; sah, wie er zögerte, überlegte; und das interessierte sie, wie Mr. Dalloway sie immer interessierte, denn was denke er nur von Peter Walsh? fragte sie sich.

Daß Peter Walsh in Clarissa verliebt gewesen war; daß er nach dem Lunch sogleich heimgehn wollte, um Clarissa zu sehen; daß er ihr wortwörtlich sagen werde, er liebe sie. Ja, das wollte er ihr sagen.

Milly Brush hätte sich einst beinahe in diese Schweigsamkeit verliebt; und Mr. Dalloway war immer so verläßlich; und auch ein solcher Gentleman. Nun, da sie vierzig war, brauchte es nur ein Kopfnicken von Lady Bruton, eine jähe kleine Kopfbewegung, und Milly Brush verstand den Wink, wie versunken sie auch immer in diese Überlegungen eines abseitsstehenden Geistes sein mochte, einer unbestechlichen Seele, der das Leben nichts vormachen konnte, denn es hatte ihr keinen Zierat von auch nur dem geringsten Wert geschenkt: keine Locke, kein Lächeln, keine Lippen, Wangen, Nase; überhaupt nichts; es brauchte also nur ein Kopfnicken Lady Brutons, und Perkins wurde Weisung erteilt, sie solle sich mit dem Kaffee beeilen.

»Ja, Peter Walsh ist zurückgekommen«, sagte Lady Bruton. Es war irgendwie ein wenig schmeichelhaft für sie alle. Er war zurückgekommen, abgekämpft, erfolglos, an ihr sicheres Gestade. Aber ihm zu helfen, so überlegten sie, wäre unmöglich; es war irgendeine Schwäche in seinem Charakter. Hugh Whitbread sagte, man könnte ja Soundso gegenüber seinen Namen erwähnen. Er runzelte bekümmert und wichtigtuend die Stirn bei dem Gedanken an die Briefe, die er an die Chefs von Regierungsämtern schreiben würde über »meinen alten Freund Peter Walsh« und so weiter. Doch es würde zu nichts führen – zu nichts Dauerndem, seines Charakters wegen.

»Wahrscheinlich eine Weibergeschichte«, sagte Lady Bruton. Sie hatten alle erraten, daß so etwas dahinter steckte.

»Jedenfalls«, sagte Lady Bruton, die von dem Thema wegwollte, »werden wir das Ganze von Peter selbst hören.«

(Der Kaffee ließ sehr lange auf sich warten.)

»Seine Adresse?« murmelte Hugh Whitbread fragend; und augenblicks lief ein kleines Gekräusel über die graue Flut von Dienstbeflissenheit, die Lady Bruton tagaus, tagein umspülte, einsammelnd, abhaltend, sie in ein zartes Gewebe einhüllte, das Zusammenstöße dämpfte, Unterbrechungen milderte und um das Haus in der Brook Street ein feines Netz breitete, darin Dinge hängenblieben und sogleich säuberlich herausgelöst wurden von der grauhaarigen Perkins, die seit dreißig Jahren bei Lady Bruton war und nun die Adresse aufschrieb; sie Mr. Whitbread reichte, der sein Notizbuch hervorholte, die Brauen hochzog und, während er den Zettel zwischen Dokumente von allergrößter Wichtigkeit schob, sagte, er wolle dafür sorgen, daß Evelyn ihn zum Lunch einlade.

(Es wurde mit dem Servieren des Kaffees gewartet, bis Mr. Whitbread mit dem Aufschreiben der Adresse fertig war.)

Hugh war bei allem sehr langsam, dachte Lady Bruton. Und er wurde dick, gewahrte sie. Richard sah immer darauf, in allerbester Kondition zu sein. Sie wurde ungeduldig. Ihr ganzes Wesen stellte sich jetzt, dieses ganze überflüssige Getändel (Peter Walsh und seine Angelegenheiten) beiseite fegend, positiv, unbezweifelbar, herrisch auf die Sache ein, die ihre Aufmerksamkeit völlig in Anspruch nahm, und nicht nur ihre Aufmerksamkeit, sondern diese Faser, die das Rückgrat ihrer Seele war, diesen wesentlichen Teil von ihr, ohne den Millicent Bruton nicht Millicent Bruton gewesen wäre; auf dieses Projekt, jungen Leuten beiderlei Geschlechts, von achtbaren Eltern abstammenden, zur Auswanderung zu verhelfen und sie mit guten Fortkommensaussichten in Kanada unterzubringen. Sie übertrieb das. Sie hatte vielleicht den Sinn für das richtige Maß verloren. Auszuwandern erschiene andern vielleicht nicht als das auf der Hand liegende Heilmittel, als die großartigste Idee. Es wäre für sie (weder für Hugh noch für Richard, ja nicht einmal für die ergebene Miss Brush) nicht das Mittel zur Befreiung eines gestauten Geltungsbedürfnisses, welches eine kraftvolle, martialische Frau, eine wohlgenährte, wohlgeborene, mit unmittelbaren Antrieben, unumwundenen Gefühlen und geringer Selbstbeobachtungsgabe (einfach und schlicht – weshalb konnte nicht jedermann einfach und schlicht sein? hätte sie gern gewußt), in sich aufsteigen fühlt, sobald einmal die Jugend vorbei ist; welches sich auf irgend etwas entladen muß – sei es Emigration, sei es Emanzipation; doch was immer es war, dieses Etwas, worum das Wesen ihrer Seele täglich kreiste, es wurde unvermeidlich ein Prisma, ein schimmerndes, halb Spiegel, halb Edelstein; den einen Augenblick sorgsam verborgen, damit die Leute es nicht verspotteten; im nächsten stolz hergezeigt. Aus Emigration war, kurz gesagt, großenteils Lady Bruton geworden.

Doch das erforderte Schreiben. Und ein einziger Brief an die *Times*, pflegte sie Miss Brush zu sagen, falle ihr schwerer, als eine Expedition nach Südafrika zu veranstalten (was sie im Krieg unter anderm auch getan hatte). Nach einer solchen vormittägigen Schlacht des Beginnens, Zerreißens, von neuem Beginnens fühlte sie immer die Unzulänglichkeit ihres Weibseins wie bei keiner andern Gelegenheit und wandte sich dann dankbar dem Gedanken an Hugh Whitbread zu, der sich – niemand konnte das bezweifeln – auf die Kunst verstand, Briefe an die *Times* zu schreiben.

Ein Mensch, der so ganz anders veranlagt war als sie selbst, die Sprache dermaßen beherrschte; imstande war, Dinge so zu sagen, wie Redakteure sie gesagt haben wollten; Leidenschaften besaß, welche man nicht einfach mit Gier bezeichnen konnte. Lady Bruton hielt oft mit ihrem Urteil über Männer zurück, aus Achtung vor dieser geheimnisvollen Übereinstimmung, worin sich die, aber nie eine Frau, mit den Gesetzen des Weltalls befanden; wußten, wie etwas auszudrücken war; wußten, was zu sagen war; so daß sie, wenn Richard sie beriet und Hugh den Brief für sie verfaßte, sicher war, sie werde schon das Richtige getan haben. Also ließ sie Hugh seinen Teller Soufflé aufessen; erkundigte sich indes nach der armen Evelyn; wartete, bis die beiden rauchten, und sagte dann:

»Milly, würden Sie die Schriftstücke holen gehn?«

Und Miss Brush ging und kam zurück; legte Schriftstücke auf den Tisch; und Hugh zückte seine Füllfeder; seine silberne Füllfeder, die ihm seit zwanzig Jahren diene, sagte er, die Kappe abschraubend; sie sei noch immer tadellos in Ordnung; er habe sie von der Erzeugerfirma nachsehn lassen; kein Grund, habe die gesagt, daß sie sich jemals abnützen sollte. Was irgendwie für Hugh sprach und für die Gefühle, die seine Feder ausdrückte (so empfand Richard Dalloway), als Hugh begann, sorgfältig Großbuchstaben, die er einringelte, auf den freien Rand zu schreiben, und auf diese wunderbare Weise aus Lady Brutons Verworrenheiten etwas Sinnvolles machte, einen Satzbau, vor dem der Redakteur der *Times*, so fühlte Lady Bruton, die der wunderbaren Verwandlung zusah, Respekt haben müßte. Hugh war langsam. Hugh war beharrlich. Richard fand, man müsse etwas riskieren. Hugh schlug Abänderungen vor, um die Gefühle der Leute zu schonen, die man, wie er, als Richard lachte, ein wenig gereizt sagte, »in Betracht ziehen müsse«, und las dann laut, »daß wir, demzufolge, der Ansicht sind, die Zeit sei reif… die überschüssige Jugend unserer ständig anwachsenden Bevölkerung… und es den Toten schuldig sind…«, was Richard alles nur für Wattierung und Geschwafel hielt, aber für harmlos, natürlich, und Hugh brachte weiter in alphabetischer Reihenfolge Gefühle edelster Gesinnung zu Papier, streifte Zigarrenasche von der Weste und faßte von Zeit zu Zeit zusammen, was für Fortschritte sie bisher gemacht hatten, und las schließlich den Entwurf zu einem Brief vor, von dem Lady Bruton das bestimmte Gefühl hatte, er sei ein Meisterstück. War es möglich, daß, was sie gemeint hatte, wirklich so klang?

Hugh konnte nicht dafür Gewähr leisten, daß die Redaktion den Brief abdrucken werde; aber er würde mit jemand bei einem Lunch zusammentreffen…

Worauf Lady Bruton, die selten etwas mit Anmut tat, sich alle Nelken Hughs in den Kleidausschnitt stopfte und ihn, die Arme ausbreitend, »mein Premierminister!« nannte. Was sie ohne sie beide angefangen hätte, wisse sie wirklich nicht. Damit hob sie die Tafel auf. Und Richard Dalloway schlenderte, wie er das immer tat, vor das Porträt des Generals, um einen Blick darauf zu werfen, weil er, wann immer ihm auch nur eine Minute Muße bliebe, vorhabe, eine Geschichte der Familie Lady Brutons zu schreiben.

Und Millicent Bruton war sehr stolz auf ihre Vorfahren. Doch die könnten warten, die könnten warten, sagte sie mit einem Blick auf das Bild; womit sie meinte, daß ihre Vorfahren – Militärs, Verwaltungsbeamte, Admiräle – Männer der Tat gewesen seien, die ihre Pflicht erfüllt hatten; und Richards oberste Pflicht seinem Land gelte; doch es sei ein gutes Gesicht, sagte sie; und alle Familienpapiere lägen für Richard bereit, unten in Aldmixton, wann immer die Zeit dafür käme; sobald die Labour Party an die Regierung käme, meinte sie. »Oh, diese Nachrichten aus Indien!« rief sie aus.

Und dann, als sie in der Halle standen und gelbe Handschuhe aus der großen Schale auf dem Malachittisch nahmen und Hugh aus ganz überflüssiger Courtoisie Miss Brush eine nicht benötigte Eintrittskarte anbot oder irgendeine andere Artigkeit erwies, was ihr im Innersten verhaßt war, und sie krebsrot wurde, wandte sich Richard, den Hut in der Hand, an Lady Bruton und sagte:

»Wir werden Sie doch heute abend auf unsrer Gesellschaft sehn?« Worauf Lady Bruton wieder ihr hoheitsvolles Wesen annahm, das beim Briefaufsetzen in die Brüche gegangen war. Vielleicht käme sie; vielleicht käme sie nicht. Clarissa besitze eine so wundervolle Energie. Für sie selbst seien Gesellschaften ein Schrecken. Aber freilich, sie werde alt. Das ließ sie durchblicken, als sie hier in ihrer Haustür stand; stattlich; sehr aufrecht; während ihr Chow sich hinter ihr rekelte und Miss Brush, die Hände voller Schriftstücke, in den Hintergrund verschwand.

Und Lady Bruton stieg schwerfällig, majestätisch in ihr Zimmer hinauf und lag dann, den einen Arm steif von sich gestreckt, auf dem Sofa. Sie seufzte, sie schnarchte, nicht etwa eingeschlafen, nur schlummerig und träg, schlummerig und träg wie im Sonnenschein dieses heißen Junitags ein Kleefeld, über dem die Bienen rundum und umherfliegen und die gelben Schmetterlinge. Immer kehrte sie wieder zurück zu jenen Wiesen unten in Devonshire, wo sie auf Patty, ihrem Pony, über die Bäche gesprungen war, mit Mortimer und Tom, ihren Brüdern. Und die Hunde waren da; die Ratten waren da; ihr Vater und ihre Mutter waren da, auf dem Rasen unter den Bäumen, und der gedeckte Teetisch und die Dahlienbeete, die Stockrosen, das Pampasgras; und sie, die drei kleinen Fratzen – immer auf einen Streich aus! – die sich ganz beschmutzt und beschmiert durchs Gebüsch, damit niemand sie sehe, zurückstahlen von irgendeiner Spitzbüberei. Was die alte Kinderfrau immer über ihre Kleidchen zu zetern hatte!

Ach Gott, fiel ihr ein – es war Mittwoch in der Brook Street. Diese lieben guten Kerle, Richard Dalloway, Hugh Whitbread, waren an diesem heißen Tag durch die Straßen gegangen, deren Brummeln zu ihr hier heraufklang, wo sie auf dem Sofa lag. Macht war ihr zuteil geworden, Geltung, Einkommen. Sie hatte im Vordertreffen ihrer Zeit gestanden. Sie hatte gute Freunde gehabt; die fähigsten Männer des Tages gekannt. Das Gemurmel von London flutete zu ihr herauf, und ihre Hand auf der Sofalehne schloß sich um einen imaginären Kommandostab, wie ihre Großväter einen gehalten haben mochten, mit dem sie nun, schlummerig und träg, wie sie war, Bataillone zu kommandieren schien, die nach Kanada marschierten, – und diese braven Kerle marschierten da durch London, über dieses ureigenste Gebiet von ihnen, dieses Stückchen Teppich: Mayfair.

Und weiter und weiter entfernten sie sich von ihr, waren durch einen dünnen Faden noch mit ihr verbunden (da sie mit ihr zu Mittag gegessen hatten), einen Faden, der sich dehnen und dehnen, dünner und dünner werden würde, wie sie so durch London schritten; als wären die Freunde, die man besaß, noch mit einem verbunden, nachdem man mit ihnen zu Mittag gegessen hatte, – durch einen dünnen Faden, der (während sie hier döste) mit dem Klang der Glocken verschwamm, welche die Stunde schlugen oder zum Gottesdienst läuteten, wie ein einzelner Spinnenfaden vom Regen betropft wird und, belastet, sackt. So schlummerte sie ein.

Und Richard Dalloway und Hugh Whitbread zögerten an der Ecke der Conduit Street im selben Augeblick, als Millicent Bruton dort auf ihrem Sofa den Faden abreißen ließ; schnarchte. Windstöße trafen an der Straßenecke aufeinander. Die beiden sahen in ein Schaufenster; sie hatten nicht den Wunsch, etwas zu kaufen oder zu reden, sondern sich zu trennen, und nur der an der Straßenecke aufeinandertreffenden Windstöße wegen, eines Aussetzens der Gezeiten des Körpers wegen, zweier Kräfte, der des Vormittags und der des Nachmittags, wegen, die einander in einem Wirbel begegneten, hielten sie hier inne. Ein Zeitungsplakat flog auf in die Luft, erst kühn wie ein Drachen, blieb dann schweben, sauste herab, flatterte; und ein Frauenschleier verfing sich. Gelbe Sonnenplachen schwankten. Die Hast des vormittägigen Verkehrs verlangsamte sich, und einzelne Karren ratterten unbekümmert durch halb leere Straßen. In Norfolk, wo Richard mit der Hälfte seiner Gedanken weilte, stülpte ein linder, warmer Luftzug die Blütenblätter um; kräuselte die Gewässer; wellte die blühenden Gräser. Heuende, die sich in den Schatten der Hecken hingeworfen hatten, um die Mühsal des Morgens wegzuschlafen, teilten Vorhänge aus grünen Halmen; hielten schwankende Kugeln wilden Kerbels auseinander, um zum Himmel aufzusehn; zum blauen, zum stetigen, zum strahlenden Sommerhimmel.

Er wurde sich bewußt, daß er einen zweihenkeligen jakobäischen Silberhumpen ansah und daß Hugh Whitbread herablassend, mit Kennermiene, eine spanische Halskette bewunderte, nach deren Preis er sich zu erkundigen gedachte für den Fall, daß sie Evelyn gefiele; aber er fühlte noch immer träge Benommenheit; konnte weder denken noch sich rühren. Das Leben hatte dieses Strandgut da angeschwemmt; ein Schaufenstervoll bunten Tands, und man stand davor in der starren Lethargie, der steifen Unbiegsamkeit alter Menschen und sah hinein. Evelyn Whitbread mochte vielleicht gern die spanische Halskette haben wollen – das mochte sie vielleicht. Er jedenfalls mußte gähnen. Hugh wollte soeben in den Laden gehn.

»Meinetwegen!« sagte Richard und folgte ihm.

Weiß Gott, er hatte keine Lust, mit Hugh hineinzugehn und Halsketten zu kaufen. Doch der Körper hat seine Gezeiten. Der Vormittag trifft auf den Nachmittag. Wie eine schwache Schaluppe auf tiefem, tiefem Gewässer wurden Lady Brutons Urgroßvater und seine Biographie und seine Feldzüge in Nordamerika überflutet und zum Sinken gebracht. Und auch Millicent Bruton. Sie ging unter. Richard war es völlig schnuppe, was aus dem Auswanderungsplan würde; und ob die Redaktion der *Times* den Brief drucken werde oder nicht. Die Halskette hing gestreckt zwischen Hughs untadeligen Fingern. Mochte er sie einem Mädchen schenken, wenn er schon Schmuck kaufen mußte, – irgendeinem jungen Mädchen da auf der Straße! Denn die Wertlosigkeit dieses Lebens kam Richard hübsch zwingend zum

Bewußtsein – Halsketten für Evelyn zu kaufen! Hätte er einen Sohn gehabt, er hätte ihm gesagt: »Arbeite! Arbeite!« Aber er hatte seine Elizabeth; er vergötterte seine Elizabeth.

»Ich möchte Mr. Dubonnet sprechen«, sagte Hugh auf seine knappe, weltläufige Art. Es stellte sich heraus, daß dieser Dubonnet die Maße von Mrs. Whitbreads Hals wußte oder, seltsamer noch, was sie von spanischem Schmuck hielt und wieviel sie von diesem Artikel besaß (worauf Hugh sich nicht besinnen konnte). Was alles Richard Dalloway höchst sonderbar vorkam. Denn er machte Clarissa nie Geschenke, außer einem Armband vor zwei oder drei Jahren, das keinen großen Beifall gefunden hatte. Sie trug es nie. Es schmerzte ihn, sich zu erinnern, daß sie es nie trug. Und wie ein einzelner Spinnenfaden, nachdem er hin und her geschwankt hat, sich an die Spitze eines Blattes hängt, so heftete sich Richards Denken, das sich von seiner Lethargie erholt hatte, nun auf Clarissa, die dieser Peter Walsh so leidenschaftlich geliebt hatte; denn er hatte dort beim Mittagessen eine plötzliche Vision gehabt; von sich und von Clarissa; von ihrem Leben miteinander; und nun zog er das Tablett mit den alten Schmuckstücken zu sich her, und erst diese Brosche da, dann den Ring dort in die Hand nehmend, fragte er: »Was kostet das?«, aber traute seinem eigenen Geschmack nicht. Er hätte gern die Wohnzimmertür geöffnet und beim Eintreten etwas hingehalten; ein Geschenk für Clarissa. Aber was nur? Doch Hugh war jetzt aufgestanden. Er benahm sich unglaublich patzig. Wirklich, nachdem er fünfunddreißig Jahre hier Kundschaft sei, habe er keine Lust, sich von jemand so jungem abspeisen zu lassen, der sein Geschäft nicht verstehe. Denn Dubonnet, so schien es, war ausgegangen, und Hugh wollte nichts kaufen, bevor es Mr. Dubonnet nicht beliebte, zur Stelle zu sein. Worauf der junge Mann errötete und seine korrekte kleine Verbeugung machte. Es war alles völlig korrekt, und doch hätte Richard so etwas nicht sagen können, nicht ums liebe Leben! Warum sich Leute solche verdammte Unverschämtheit gefallen ließen, konnte er sich nicht vorstellen. Hugh entwickelte sich zu einem unerträglichen Esel. Richard Dalloway konnte seine Gesellschaft nicht länger als eine Stunde ertragen. Und an seinen steifen Hut schnippend, als Abschiedsgruß, bog Richard an der Ecke in die Conduit Street ein, begierig, ja, sehr begierig, an diesem Spinnenfaden von Anhänglichkeit zwischen sich und Clarissa weiterzuwandern; er wollte geradeswegs zu ihr gehn, nach Westminster.

Aber er wollte beim Hereinkommen etwas in der Hand haben. Blumen? Ja, Blumen, da er seinem Geschmack in Goldschmuck nicht traute; eine Unmenge Blumen, Rosen, Orchideen; um zu feiern, was, wie man es auch einschätzen mochte, ein Ereignis war; dieses Gefühl für sie, als beim Lunch von Peter Walsh gesprochen worden war; und sie beide sprachen nie davon. Nicht seit Jahren hatten sie davon gesprochen; was, dachte er, die roten und weißen Rosen ergreifend (einen riesigen Strauß in Seidenpapier), der größte Fehler auf der Welt ist. Die Zeit kommt, wo es nicht ausgesprochen werden kann; man scheut sich zu sehr, es auszusprechen, dachte er, und steckte die zwei, drei Silberstücke Wechselgelds ein und wandte sich, den großen Strauß an sich gedrückt, nach Westminster, um ihr (was immer sie von ihm denken mochte), seine Blumen hinhaltend, wortwörtlich zu sagen: »Ich liebe dich.« Warum nicht? Wirklich, es war ein Wunder, wenn man an den Krieg dachte und die tausende arme Teufel, noch das ganze Leben vor sich, verscharrt, schon halb vergessen; es war ein Wunder. Da schritt er so durch London hin, um Clarissa wortwörtlich zu sagen, er liebe sie. Was man doch nie sagt, dachte er. Zum Teil aus Faulheit; zum Teil aus Schüchternheit; und Clarissa – es war schwierig, an sie zu denken; außer plötzlich einmal; wie beim Lunch heute, als er sie ganz deutlich vor sich sah; ihrer beider ganzes Leben. Er blieb an der Straßenkreuzung stehn und sagte sich abermals – von Natur schlicht und unverdorben, weil er viel auf Fußwanderungen und auf die Jagd gegangen war; sich im Unterhaus beharrlich und ausdauernd für die Sache der Bedrückten eingesetzt hatte und seinen Instinkten gefolgt war; sich seine Schlichtheit bewahrt hatte, dabei aber recht schwerzüngig geworden war, recht steif – er sagte sich abermals, es sei ein Wunder, daß er mit Clarissa verheiratet war; ein Wunder – sein Leben war ein Wunder, dachte er; noch zögernd, hinüberzugehn. Aber es brachte sein Blut in Wallung, kleine Geschöpfe von fünf oder sechs Jahren allein über Piccadilly hinübergehn zu sehen. Die Polizei hätte den Verkehr sogleich aufhalten müssen. Er gab sich keinen Illusionen über die Londoner Polizei hin. Tatsächlich sammelte er Beweismaterial für ihre Pflichtversäumnisse und Übergriffe; und diese fliegenden Händler, denen nicht erlaubt war, ihre Karren auf der Straße hinzustellen; und Prostituierte – guter Gott, die Schuld lag nicht an ihnen, und an den jungen Männern auch nicht, sondern an unserer abscheulichen Gesellschaftsordnung und so weiter; was er alles bedachte, und ihm das anzumerken war, als er so, ergraut, unverdrossen, adrett, sauber, den Green Park durchschritt, um seiner Frau zu sagen, er liebe sie.

Denn er wollte es ihr wortwörtlich sagen, sobald er ins Zimmer träte; weil es jammerschade war, nie zu sagen, was man fühlte, dachte er, während er den Park durchschritt und mit Vergnügen beobachtete, wie im Schatten der Bäume ganze Familien, arme Familien, sich hingelagert hatten; Kinder mit den Beinen in der Luft strampelten; Milch saugten; Papiertüten umherlagen, die (wenn Leute etwas dagegen hatten) leicht aufgelesen werden konnten von einem dieser dicken Herren in Livree; denn er war der Meinung, daß jeder Park und auch jede Gartenanlage auf einem Square während der Sommermonate den Kindern offenstehn sollte (das Gras des Parks flammte und erlosch abwechselnd, beleuchtete die armen Mütter von Westminster und ihre krabbelnden Kleinen, als würde unterhalb eine gelbe Lampe hin- und herbewegt). Aber was sich tun ließe für Vagabundinnen wie dieses arme Geschöpf, das auf den Ellbogen gestützt dalag (als hätte sie sich aller Bindungen ledig auf die Erde geworfen, um neugierig zu beobachten, kecke Vermutungen anzustellen; das Warum und Wozu zu erwägen, unverschämt, mit losem Mundwerk, humorvoll), das wußte er nicht. Seine Blumen wie eine Waffe tragend, näherte sich Richard Dalloway ihr; gespannt ging er an ihr vorbei; es war noch Zeit für einen Funken zwischen ihnen – sie lachte bei seinem Anblick, er lächelte gutmütig, das Problem der Vagabundin erwägend; nicht, daß sie je miteinander sprechen würden; aber Clarissa würde er sagen, wortwörtlich, daß er sie liebte. Er war früher einmal eifersüchtig gewesen auf Peter Walsh; eifersüchtig auf ihn und Clarissa; aber sie hatte ihm oft gesagt, sie habe recht gehabt, Peter Walsh nicht zu heiraten; und das war, wenn man Clarissa kannte, offenbar wahr; sie brauchte eine Stütze. Nicht, daß sie schwach war; aber sie brauchte eine Stütze.

Was den Buckingham Palace betraf (der wie eine alte Primadonna sich dem Publikum ganz in Weiß zeigte), so konnte man ihm eine gewisse Würde nicht absprechen, erwog er; und man konnte auch nicht verachten, was schließlich für Millionen von Menschen (eine kleine Schar wartete am Tor, um den König ausfahren zu sehn) ein Symbol darstellte, so absurd es auch war; ein Kind mit einer Schachtel Bausteine hätte Besseres leisten können, dachte er und blickte zum Denkmal der Königin Victoria auf (an die er sich erinnern konnte, wie sie mit ihrer Hornbrille durch Kensington fuhr), zu diesem weißen Marmorgupf gebauschter Mütterlichkeit; aber er ließ sich gern von den Nachkommen Horsas regieren; er hatte Kontinuität gern; und das Gefühl, die Traditionen der Vergangenheit weiterzureichen. Es war ein großes Zeitalter gewesen, darin er gelebt hatte. Überhaupt war sein Leben ein Wunder; das durfte er nicht verkennen. Hier war er nun, in den besten Jahren, auf dem Weg zu seinem Haus in Westminster, um Clarissa zu sagen, er liebe sie. Das ist Glücklichsein, dachte er. Das ist es, sagte er sich, als er den Dean's Yard betrat. Big Ben begann zu schlagen, erst die Ankündigung, musikalisch, dann die Stunde, unwiderruflich. Mittagsgesellschaften vergeuden einem den ganzen Nachmittag, dachte er, sich seiner Haustür nähernd.

Der Klang von Big Ben durchflutete Clarissas Wohnzimmer, wo sie ganz schrecklich verstimmt an ihrem Schreibtisch saß; verstimmt, verärgert; es war durchaus wahr, daß sie Ellie Henderson nicht zu ihrer Gesellschaft eingeladen hatte; aber sie hatte es mit Absicht unterlassen. Nun schrieb ihr Mrs. Marsham, sie habe Ellie Henderson gesagt, sie werde Clarissa fragen – »Ellie würde so gern kommen«.

Aber warum sollte sie alle langweiligen Weiber Londons zu ihren Gesellschaften einladen? Warum sollte sich Mrs. Marsham einmischen? Und da hatte sich nun Elizabeth den ganzen Tag mit Doris Kilman eingeschlossen. Etwas Übelkeiterregenderes konnte sie sich nicht vorstellen. Gebete zu dieser Stunde mit dieser Person! Und der Klang der Turmglocke durchflutete das Zimmer mit seiner schwermütigen Welle, die zurückwich und sich sammelte, um noch einmal angerollt zu kommen; da hörte sie geistesabwesend etwas an der Tür herumtappen, etwas kratzen. Wer nur – um diese

Zeit? Drei Uhr, gütiger Himmel! Schon drei! Denn mit überwältigender Offenheit und Würde schlug die Uhr drei Mal; und Clarissa hörte nichts andres; aber der Türknauf drehte sich, und herein kam Richard! Welche Überraschung! Herein kam Richard und hielt Blumen in der Hand. Sie hatte ihm gegenüber versagt, einmal in Konstantinopel; und Lady Bruton, von deren Lunchgesellschaften es hieß, sie seien außerordentlich unterhaltsam, hatte sie nicht eingeladen. Er hielt ihr Blumen hin – Rosen, rote und weiße Rosen. (Doch er konnte es nicht über sich bringen zu sagen, er liebe sie; nicht wortwörtlich.)

»Aber wie wunderschön!« rief sie und nahm die Blumen. Sie verstand; sie verstand, ohne daß er sprach; seine Clarissa. Sie tat sie in die Vasen auf dem Kaminsims. Wie wunderschön sie aussähen, sagte sie. Und sei es amüsant gewesen? Habe Lady Bruton nach ihr gefragt? Peter Walsh sei zurück. Mrs. Marsham habe geschrieben. Müsse sie Ellie Henderson einladen? Diese Kilman sei oben.

»Aber setzen wir uns doch für fünf Minuten«, sagte Richard.

Es sah alles so leer aus. Alle Stühle standen an der Wand. Was war denn hier los gewesen? Ach so, wegen der Gesellschaft heute abend; nein, er habe nicht an die vergessen. Und Peter Walsh sei also zurück? O ja, er sei bei ihr gewesen. Und er werde seine Scheidung betreiben; er sei verliebt in irgendeine Frau dort, und er habe sich nicht im geringsten verändert. Sie habe hier gesessen, beim Ausbessern ihres Kleids ...

»... und an Bourton gedacht«, sagte sie.

»Hugh war bei dem Lunch«, sagte Richard. Auch sie habe ihn getroffen? Also, er werde absolut unerträglich. Kaufe Evelyn Halsketten; sei dicker denn je; ein unerträglicher Esel.

»Und es überkam mich: Dich hätte ich fast geheiratet«, sagte sie, mit ihren Gedanken bei Peter, wie er hier gesessen mit seiner kleinen Schmetterlingsbinde und seinem Taschenmesser, es geöffnet, es geschlossen hatte. »Genau so, wie er immer war, weißt du.«

»Beim Lunch wurde von ihm gesprochen«, sagte Richard. (Aber er konnte ihr nicht sagen, daß er sie liebte. Er hielt ihre Hand. Das ist Glücklichsein, dachte er.) Sie hätten einen Brief an die *Times* aufgesetzt für Millicent Bruton. Das sei so ziemlich alles, wofür Hugh tauge.

»Und unsre teure Miss Kilman?« fragte er. Clarissa fand die Rosen einfach entzückend; erst alle beieinander; jetzt von selbst sich verteilend.

»Also die Kilman kommt daher, grade als wir mit dem Lunch fertig sind«, erzählte sie. »Elizabeth wird rot. Und dann haben sie sich eingeschlossen. Vermutlich beten sie jetzt.«

Guter Gott! Er mochte das nicht; aber so etwas ging vorüber, wenn man sich nicht darum kümmerte.

»In ihrem Wasserdichten, mit einem Schirm«, sagte Clarissa.

Er hatte ihr nicht gesagt: »Ich liebe dich«; aber er hielt ihre Hand fest. Das ist Glücklichsein, das! dachte er.

»Aber warum sollte ich alle langweiligen Weiber in London zu meinen Gesellschaften einladen?« sagte Clarissa.

Und wenn Mrs. Marsham eine Gesellschaft gebe, lade *sie* da *ihre* Gäste ein?

»Arme Ellie Henderson«, sagte Richard. Es war sehr wunderlich, wieviel Clarissa an ihren Gesellschaften lag, dachte er.

Und Richard merkte nie, wie ein Zimmer aussah. Aber – was habe er sagen wollen?

Wenn sie sich zuviel sorgte wegen dieser Gesellschaften, würde er sie keine mehr geben lassen. Wünschte sie am Ende, sie hätte Peter geheiratet? Doch er mußte gehn.

Er sollte schon weg sein, sagte er und stand auf. Aber er blieb einen Augenblick vor ihr stehn, als wollte er noch etwas sagen; und sie fragte sich, was? Wozu? Da waren doch die Rosen.

»Ein Komitee?« fragte sie, als er schon die Tür öffnete.

»Armenier«, sagte er; oder sagte er »Albanier«?

Und es ist eine Würde in Menschen; eine Einsamkeit; sogar zwischen Eheleuten ist eine Kluft; und das muß man respektieren, dachte Clarissa, während sie ihn die Tür öffnen sah; denn man selbst würde es nicht hergeben oder es, gegen seinen Willen, seinem Mann nehmen, ohne die eigene Unabhängigkeit, die eigene Selbstachtung zu verlieren – etwas schließlich Unbezahlbares.

Er kam mit einem Kissen und einer Steppdecke zurück.

»Eine Stunde völliger Ruhe nach dem Mittagessen«, sagte er. Und dann ging er.

Wie ihm das ähnlich sah! Er würde weiter: »eine Stunde völliger Ruhe nach dem Mittagessen« sagen, bis ans Ende aller Zeiten, weil ein Arzt ihr das einmal verordnet hatte. Es sah ihm ähnlich, was Ärzte sagten, wörtlich zu nehmen; ein Teil seiner anbetungswürdigen göttlichen Einfalt, die niemand in demselben Ausmaß besaß; die bewirkte, daß er hinging und etwas tat, während sie und Peter ihre Zeit damit vertrödelten, darüber zu streiten. Er war schon auf dem halben Weg ins Unterhaus, zu seinen Armeniern, seinen Albaniern, nachdem er sie, Clarissa, auf dem Sofa untergebracht hatte, seine Rosen vor sich. Und die Leute würden sagen: »Clarissa Dalloway ist verwöhnt.« Es lag ihr viel mehr an ihren Rosen als an den Armeniern. Aus dem Dasein hinausgehetzt, verstümmelt, erfroren, die Opfer von Grausamkeit und Ungerechtigkeit (sie hatte Richard das ein über das andre Mal sagen hören) – nein, sie vermochte nichts zu empfinden für die Albanier, oder waren's die Armenier? Doch sie liebte ihre Rosen (half das den Armeniern nicht?) – die einzigen Blumen, die abgeschnitten zu sehn sie ertragen konnte. Aber Richard war schon im Unterhaus; bei seinem Komitee, nachdem er alle ihre Schwierigkeiten geschlichtet hatte. Nein doch; das war leider nicht wahr. Er sah nicht die Gründe dagegen, Ellie Henderson einzuladen. Sie würde es natürlich tun, da er es wünschte. Weil er die Kissen gebracht hatte, würde sie sich hinlegen... Aber – aber – warum fühlte sie sich plötzlich, ohne daß sie irgendeinen Grund entdecken konnte, verzweifelt unglücklich? Wie jemand, der ein Gran von Perlen oder Diamanten hat ins Gras fallen lassen und die schlanken Halme sehr sorgfältig hierhin und dahin zur Seite biegt und überall vergeblich sucht und es endlich dort unten an den Wurzeln erspäht, so ging sie eins nach dem andern durch; nein, es war nicht Sally Setons Behauptung, Richard werde nie ins Kabinett gelangen, weil er ein zweitklassiges Gehirn habe (das fiel ihr jetzt wieder ein); nein, daraus machte sie sich nichts; und auch mit Elizabeth und Doris Kilman hatte es nichts zu tun; das waren einfach Tatsachen. Es war ein Gefühl, ein unangenehmes Gefühl, vielleicht von früher im Tag her; etwas, das Peter gesagt hatte, verbunden mit einer Niedergeschlagenheit, die sie empfunden. In ihrem Schlafzimmer, als sie den Hut abnahm; und was Richard gesagt hatte, verstärkte die noch. Aber was hatte er gesagt? Dort standen seine Rosen. Ihre Gesellschaften! Das war's! Ihre Gesellschaften! Beide kritisierten sie sie sehr unfair, machten sich sehr zu Unrecht lustig über sie wegen ihrer Gesellschaften. Das war es! Das war es!

Nun, wie würde sie sich verteidigen? Jetzt, da sie wußte, was es war, fühlte sie sich vollkommen glücklich. Sie dachten, oder zumindest Peter dachte, daß es sie freue, sich aufzuspielen; daß sie gern berühmte Leute um sich habe, große Namen; kurzum, einfach ein Snob sei. Also Peter mochte das denken. Richard hielt es bloß für töricht von ihr, sich gern in solche Aufregungen zu stürzen, denn sie wisse, daß das schlecht für ihr Herz sei. Es sei kindisch, dachte er. Und beide irrten sie durchaus. Was sie gernhatte, war einfach das Leben.

»Darum tue ich es«, sagte sie, sagte es laut, zum Leben.

Seit sie auf dem Sofa lag, klausuriert, davon ausgenommen, erhielt die Anwesenheit dieses Etwas, die sie als so unverkennbar empfand, leibhaftiges Dasein; mit Klanggewändern von der Straße, ein sonniges, heißen Atem flüsterndes, der die Rollgardinen bauschte. Doch angenommen, Peter sagte zu ihr: »Ja, ja, aber deine Gesellschaften – was für einen Sinn haben die?«, wäre alles, was sie antworten könnte (und man könnte von niemand erwarten, daß er es verstünde), sie seien eine Opfergabe; was schrecklich unbestimmt klang. Aber wer war schon Peter, um zu behaupten, daß das Leben eine einfache Sache sei? – Peter, der stets Verliebte, und stets in die Unrichtige? Was ist deine Liebe? könnte sie ihn fragen, und sie wußte seine Antwort; daß sie das Allerwichtigste von der Welt sei und eine Frau sie unmöglich verstehn könne. Schön. Aber konnte irgendein Mann verstehn, was *sie* meinte? Was das Leben betraf? Sie konnte sich nicht vorstellen, daß Peter oder Richard sich die Ungelegenheiten machen würden, ohne jeden Grund eine Gesellschaft zu geben.

Aber, um tiefer zu gehn, unter das, was die Leute sagten (und wie oberflächlich, wie bruchstückhaft diese Urteile waren!), und in ihrer eigenen Vorstellung nun, was bedeutete es ihr also, dieses Ding, das sie das Leben nannte? Oh, es war sehr sonderbar. Da war Soundso in South Kensington; und jemand oben in Bayswater; und jemand anders etwa in Mayfair. Und sie hatte unaufhörlich ein Gefühl von ihrer aller Existenz; sie fühlte, welche Vergeudung es war; wie schade es war; und sie fühlte, wenn sie nur zusammengebracht werden könnten! Also brachte sie sie zusammen. Und es war eine Opfergabe: zu vereinen, zu erschaffen; aber wem dargebracht?

Eine Opfergabe um des Opferns willen vielleicht. Jedenfalls war es ein Geschenk von ihr. Nichts andres von geringster Wichtigkeit besaß sie; konnte nicht denken, schreiben, nicht einmal Klavierspielen. Sie verwechselte Armenier und Türken; liebte Erfolg; haßte Unbehagen. Wollte, daß man sie gernhabe; redete haufenweise Unsinn. Und heute noch – frage sie einer, was der Äquator sei, und sie wüßte es nicht!

Dennoch, daß wirklich ein Tag dem andern folgte; Mittwoch, Donnerstag, Freitag, Samstag; daß man aufwachte am Morgen; den Himmel erblickte; im Park spazierenging; Hugh Whitbread begegnete, dann plötzlich Peter hereinkam; dann diese Rosen; es war genug. Nach alledem, wie unglaublich der Tod war! – daß es enden mußte; und niemand auf der ganzen Welt wissen würde, wie sie es alles geliebt hatte; wie sie jeden Augenblick...

Die Tür öffnete sich. Elizabeth wußte, daß ihre Mutter ruhte. Sie kam sehr leise herein. Blieb ganz still stehn. War es wahr, daß ein Mongole an der Küste von Norfolk Schiffbruch erlitten und eine der Dallowayschen Damen sich (wie Mrs. Hilbery behauptete) mit ihm eingelassen hatte, vielleicht vor hundert Jahren? Denn die Dalloways waren für gewöhnlich blond; blauäugig; Elizabeth dagegen war schwarzhaarig; hatte Chinesenaugen in einem blassen Gesicht; etwas orientalisch Mysteriöses; war sanft, nachdenklich, still. Als Kind hatte sie einen vollkommenen Sinn für Humor gehabt; aber jetzt, mit siebzehn, warum, das konnte Clarissa nicht im geringsten verstehn, war sie sehr ernst geworden; wie eine in eine glänzend grüne Scheide eingeschlossene Hyazinthe, deren Knospen grade nur getönt sind, eine Hyazinthe, die keine Sonne gehabt hat.

Sie stand ganz still und blickte auf ihre Mutter. Aber die Tür blieb halb offen, und hinter der Tür, das wußte Clarissa, stand Miss Kilman; Miss Kilman in ihrem Wasserdichten, und sie belauschte alles, was gesprochen wurde.

Ja, Miss Kilman stand auf dem Treppenabsatz, und sie trug einen Regenmantel; aber hatte ihre Gründe dafür. Erstens war er billig; zweitens war sie über vierzig; und kleidete sich schließlich nicht, um zu gefallen. Überdies war sie arm; entwürdigend arm, sonst hätte sie nicht von Leuten wie den Dalloways Arbeit angenommen; von reichen Leuten, die sich gern gütig zeigten. Mr. Dalloway, man mußte gerecht gegen ihn sein, *war* gütig zu ihr gewesen. Aber Mrs. Dalloway nicht; nur herablassend. Sie kam aus der wertlosesten aller Klassen – der der Reichen, die einen Anflug von Kultur hatten. Hier waren überall kostspielige Sachen; Bilder; Teppiche; eine Menge Dienstboten. Miss Kilman war der Ansicht, daß sie ein gutes Recht auf alles hatte, was die Dalloways für sie taten.

Sie war geprellt worden. Ja, das Wort war keine Übertreibung, denn gewiß hatte doch ein Mensch ein Recht auf irgendeine Art von Glücklichsein? Und sie war nie glücklich gewesen, da sie doch so unbeholfen war und so arm. Und dann, grade als sie vielleicht eine Chance gehabt hätte, an Miss Dolbys Schule, war der Krieg gekommen; und sie war nie fähig gewesen, zu lügen. Miss Dolby hatte gemeint, sie werde sich wohler fühlen bei Leuten, die ihre Ansichten über die Deutschen teilten. Sie hatte gehn müssen. Es war wahr, daß die Familie deutschen Ursprungs war; ihren Namen im achtzehnten Jahrhundert Kielmann geschrieben hatte; aber ihr Bruder war für England gefallen. Man warf sie hinaus, weil sie nicht vorgeben wollte, daß die Deutschen alle Schurken seien, – da sie doch deutsche Freunde besaß und die einzigen glücklichen Tage ihres Lebens in Deutschland verbracht hatte! Und schließlich kannte sie sich doch aus in Geschichte! Sie hatte dann nehmen müssen, was sich ihr bot. Mr. Dalloway hatte sie zufällig kennengelernt, als sie für die Quäker arbeitete. Er hatte ihr erlaubt (und das war wirklich generös von ihm), seine Tochter in Geschichte zu unterrichten. Auch trug sie in ein paar Abendkursen vor und so weiter. Dann war Unser Herr zu ihr gekommen (und hier neigte sie immer den Kopf). Vor zwei Jahren und drei Monaten war sie des Lichts ansichtig geworden. Jetzt beneidete sie Frauen wie Clarissa Dalloway nicht mehr; sie bedauerte sie.

Sie bedauerte und verachtete sie aus tiefstem Herzen, während sie auf dem weichen Teppich stand und den alten Stich eines kleinen Mädchens mit Muff ansah. Bei all diesem Luxus, der hier getrieben wurde, welche Hoffnung gab es da auf bessere Zustände? Statt auf einem Sofa zu liegen – »meine Mutter ruht«, hatte Elizabeth gesagt – hätte sie in einer Fabrik sein müssen; hinter einem Ladentisch; Mrs. Dalloway und alle die andern feinen Damen! Voll brennender Verbitterung hatte Miss Kilman vor zwei Jahren und drei Monaten eine Kirche betreten. Sie hatte den Rev. Edward Whittaker predigen, die Knaben singen gehört, die feierlichen Lichter durchs Kirchenschiff kommen gesehn; und ob es die Musik war oder die Stimmen (sie selbst fand, wenn sie am Abend allein war, Trost bei einer Violine; aber es klang ohrenzerreißend; sie hatte kein Gehör) – die hitzigen und turbulenten Gefühle, die in ihr kochten und brodelten, waren beschwichtigt worden, während sie dort saß, und sie hatte ausgiebig geweint und dann Mr. Whittaker in seinem Privathaus in Kensington aufgesucht. Es sei die Hand Gottes, hatte er gesagt. Der Herr habe ihr den Weg gewiesen. Also dachte sie jetzt, sooft die hitzigen und schmerzlichen Gefühle in ihr aufwallten, dieser Haß auf Mrs. Dalloway, dieser Groll gegen die Welt, immer an Gott. Sie dachte an Mr. Whittaker. Auf Wut folgte friedliche Ruhe. Ein süßer Balsam füllte ihre Adern. Ihre Lippen öffneten sich, und furchtgebietend in ihrem Wasserdichten, auf dem Treppenabsatz stehend, blickte sie mit stetiger und finsterer Gelassenheit Mrs. Dalloway entgegen, die mit ihrer Tochter herauskam.

Elizabeth sagte, sie habe ihre Handschuhe vergessen. Das sagte sie, weil Miss Kilman und ihre Mutter einander haßten. Sie konnte es nicht ertragen, sie beieinander zu sehn. Sie lief hinauf, um ihre Handschuhe zu holen.

Aber Miss Kilman haßte Mrs. Dalloway nicht. Als sie nun ihre großen stachelbeergrünen Augen auf Clarissa richtete, deren rosiges Gesichtchen wahrnahm, ihren zarten Körper, ihr frisches und elegantes Aussehn, fühlte Miss Kilman: Du Törichte, Einfältige! Du, die du weder Kummer noch Freude je gekannt hast; die du dein Leben vertändelt hast! Und in ihr entstand ein übermächtiges Verlangen, sie zu überwältigen; ihr die Maske herunterzureißen. Wenn sie sie hätte niederschlagen können, wäre ihr das eine Erleichterung gewesen. Aber es war nicht der Leib, es war die Seele und deren Spotten, was sie unterwerfen wollte; ihre Überlegenheit fühlen lassen wollte. Wenn sie sie nur zum Weinen bringen könnte; sie zugrunde richten, sie demütigen könnte; sie auf die Knie und zu dem Ausruf zwingen könnte: Sie haben recht! Aber dies war Gottes Wille, nicht der ihre. Es müßte ein religiöser Sieg sein. Also glotzte sie nur; glurte nur.

Clarissa war wirklich entsetzt. Die da eine Christin – diese Person? Diese Person hatte ihr ihre Tochter genommen! Die da in Berührung mit den unsichtbaren Wesenheiten! Plump, häßlich, gewöhnlich, ohne Güte oder Anmut wollte die den Sinn des Lebens kennen?

»Sie wollen Elizabeth in die Army & Navy Stores mitnehmen?« fragte Mrs. Dalloway.

Miss Kilman bejahte. Da standen sie. Miss Kilman hatte nicht die Absicht, sich angenehm zu machen. Sie hatte sich immer ihren Lebensunterhalt verdient. Ihre Kenntnis der neuzeitlichen Geschichte war äußerst gründlich. Aus ihrem kärglichen Einkommen legte sie soundsoviel für gute Zwecke, an die sie glaubte, beiseite; wogegen diese Frau da nichts tat, an nichts glaubte; ihre Tochter aufzog wie – aber hier war Elizabeth wieder, ziemlich außer Atem, dieses schöne Mädchen.

So, also sie wollten in die Army & Navy Stores gehn! Sonderbar war, wie, während Miss Kilman so dastand (und sie stand wahrhaftig mit der Wucht und Schweigsamkeit eines prähistorischen Ungetüms da, für urzeitlichen Kampf gepanzert), die Idee von ihr sich mit jeder Sekunde verringerte, wie der Haß (der Ideen, nicht Menschen gilt) abbröckelte, wie sie ihre Bösartigkeit verlor, ihr Ausmaß, und mit jeder Sekunde immer mehr bloß diese Miss Kilman in einem Wasserdichten wurde, Miss Kilmann, der, weiß der Himmel, Clarissa gern geholfen hätte.

Bei diesem Einschrumpfen des Ungetüms lachte Clarissa. Während sie die beiden verabschiedete, lachte sie.

Und so gingen sie, Miss Kilman und Elizabeth, die Treppe hinunter.

Aus einem plötzlichen Antrieb, aus heftiger Seelenangst, denn diese Person nahm ihr ihre Tochter, beugte sich Clarissa über das Treppengeländer und rief: »Vergiß nicht an heute abend! Vergiß nicht an unsre Gesellschaft heute abend!«

Aber Elizabeth hatte schon die Haustür geöffnet. Ein Lastwagen fuhr vorbei. Es kam keine Antwort.

Liebe und Religion! dachte Clarissa, ins Wohnzimmer zurückgehend und am ganzen Leib ein Kribbeln fühlend. Wie abscheulich, wie verabscheuenswert sie sind! Denn nun, da sie Miss Kilman nicht mehr leibhaftig vor Augen hatte, war sie überwältigt von ihr – von der Idee von ihr. Sie sind die grausamsten Dinge auf der Welt, dachte sie, und sah Miss Kilman vor sich, ungeschickt, erhitzt, herrschsüchtig, heuchlerisch, heimlich lauschend, eifersüchtig, unendlich grausam und skrupellos, in einen Regenmantel gekleidet, auf dem Treppenabsatz: Liebe und Religion! Hatte sie selbst je versucht, jemand zu bekehren? Wünschte sie nicht immer, daß jeder Mensch nur er selbst sei? Und sie beobachtete durchs Fenster, wie die alte Dame gegenüber die Treppe hinaufstieg. Mochte sie hinaufsteigen, wenn sie Lust hatte, mochte sie stehnbleiben; dann, wie Clarissa sie oft gesehn hatte, ihr Schlafzimmer erreichen, die Vorhänge auseinanderhalten und wieder in den Hintergrund verschwinden. Irgendwie respektierte man das – diese alte Frau, die aus dem Fenster blickte, ganz dessen unbewußt, daß sie beobachtet wurde. Es lag etwas Ehrfurchtgebietendes darin – aber Liebe und Religion würden das zerstören, was immer es war: die Unantastbarkeit der Seele. Diese abscheuliche Kilman würde sie zerstören. Doch es war ein Anblick, bei dem sie am liebsten geweint hätte.

Auch Liebe zerstörte. Alles, was edel war, alles, was echt war, verging. Peter Walsh nun etwa. Ein bezaubernder Mensch, gescheit, voller Ideen. Wenn man etwas über Pope wissen wollte, zum Beispiel, oder Addison oder einfach nur unsinnig drauflos reden wollte, wie Leute seien, was Dinge bedeuteten, wußte Peter besser Bescheid als jeder andre. Peter war es, der ihr so viel gegeben hatte; Peter, der ihr Bücher geliehen hatte. Aber man brauchte sich nur die Frauen anzusehn, die er liebte, – ordinär, unbedeutend, alltäglich; und an Peter zu denken, den Verliebten, – er war sie aufsuchen gekommen nach so vielen Jahren, und wovon hatte er geredet? Von sich. Leidenschaft ist etwas Gräßliches!

dachte sie. Etwas Entwürdigendes! Und sie dachte an die Kilman und ihre Elizabeth, wie sie nun den Army & Navy Stores zuschritten.

Big Ben schlug die halbe Stunde.

Wie außerordentlich es war, wie seltsam, ja rührend, die alte Dame (sie waren schon seit vielen Jahren Nachbarinnen) sich vom Fenster wegbewegen zu sehn, als wäre sie an diesen Klang geknüpft. So gigantisch er war, er hatte etwas mit ihr zu tun. Herab, mitten unter Alltagsdinge herab senkte sich der Fingerzeig und verlieh dem Augenblick Feierlichkeit. Sie war, so stellte sich Clarissa vor, durch diesen Klang gezwungen, sich zu bewegen, zu gehn – aber wohin? Clarissa versuchte, ihr mit dem Blick zu folgen, als sie sich wegwandte und verschwand, und konnte grade noch ihr weißes Häubchen sich im Hintergrund des Schlafzimmers umherbewegen sehen. Sie war noch immer dort und bewegte sich am andern Ende des Zimmers umher. Wozu Glaubensbekenntnisse und Gebete und Wasserdichte? Wenn doch, dachte Clarissa, dies das Wunder ist, dies das Geheimnis ist; sie meinte die alte Dame, die sie von der Kommode zum Toilettetisch gehn sehen konnte. Sie konnte sie noch immer sehen. Und das höchste Geheimnis, von dem die Kilman behaupten mochte, sie habe es enträtselt, oder Peter sagen mochte, er habe es enträtselt, Clarissa aber nicht glaubte, daß eins von ihnen auch nur die leiseste Ahnung hatte, wie es zu enträtseln sei, war einfach dies: hier war ein Raum; dort ein andrer. Enträtselte die Religion das? Oder die Liebe?

Liebe – aber da kam die andre Uhr, die Uhr, die immer zwei Minuten später schlug als Big Ben, hereingeschlurrt, mit einem Schoßvoll Allerlei, das sie ausschüttete, als wäre es ja ganz gut und schön, daß Big Ben so majestätisch, so feierlich, so unparteiisch verkündete, was recht sei, sie aber müßte daneben noch an alle möglichen Kleinigkeiten denken – an Mrs. Marsham, an Ellie Henderson, an die Gläser für das Eis – alle möglichen Kleinigkeiten kamen hereingeflutet und herbeigeplätschert und angetanzt im Kielwasser dieses feierlichen Stundenschlags, der flach dalag wie ein Streifen von Gold auf dem Meer. Mrs. Marsham, Ellie Henderson, Gläser fürs Eis. Sie mußte sogleich telephonieren.

Geschwätzig, aufgeregt klang die verspätete Turmuhr, die im Kielwasser von Big Ben mit ihrem Schoßvoll Nichtigkeiten einherkam. Zerschlagen, zerbrochen vom Ansturm der Wagen, von der Brutalität der Lieferautos, vom eifrigen Ausschreiten der Myriaden kantiger Männer, geschmeidiger Frauen, von den Kuppeln und Türmen der Bürohäuser, der Hospitäler, schienen sich die letzten Reste dieses Schoßvolls Allerlei wie der Schaum einer sich erschöpfenden Welle am Körper Miss Kilmans zu brechen, die für einen Augenblick auf der Straße stillstand und murmelnd hervorstieß: »Es ist das Fleisch!«

Es war das Fleisch, was sie im Zaum halten mußte. Clarissa Dalloway hatte sie beleidigt. Das hatte sie erwartet. Aber sie selbst hatte keinen Sieg errungen; sie hatte das Fleisch nicht gebändigt. Häßlich war sie, plump, und Clarissa Dalloway hatte sie deswegen ausgelacht; und hatte die fleischlichen Gelüste in ihr wiederbelebt, denn sie machte sich etwas daraus, neben Clarissa so auszusehn, wie sie aussah. Und so eine Aussprache wie Clarissa hatte sie auch nicht. Aber warum ihr ähneln wollen? Warum? Sie verachtete Mrs. Dalloway aus tiefstem Herzen; Mrs. Dalloway war nicht ernst; sie war nicht gut; ihr Leben war ein Gewebe aus Eitelkeit und Täuschung. Und doch war sie, Doris Kilman, überwältigt worden. Sie war tatsächlich nahe daran gewesen, in Tränen auszubrechen, als Clarissa Dalloway sie auslachte. »Es ist das Fleisch, es ist das Fleisch«, murmelte sie (denn es war ihre Gewohnheit, laut mit sich selbst zu reden) und versuchte, dieses turbulente und schmerzliche Gefühl zu unterdrücken, während sie die Victoria Street entlangging. Sie betete zu Gott. Sie konnte es nicht ändern, daß sie häßlich war. Sie konnte es sich nicht leisten, hübsche Kleider zu kaufen. Clarissa Dalloway hatte sie ausgelacht – aber sie wollte ihre Gedanken auf etwas andres richten, bevor sie zu der Briefkastensäule dort käme. Auf jeden Fall hatte sie Elizabeth. Aber sie wollte an etwas andres denken; sie würde an Rußland denken, bevor sie zu der Briefkastensäule käme.

Es mußte sehr schön sein auf dem Land heute, sagte sie sich, mit diesem heftigen Groll gegen die Welt ringend, wie Mr. Whittaker sie geheißen hatte; diesem Groll gegen die Welt, die sie verschmäht hatte, verhöhnt hatte, ausgestoßen hatte, ja ihr vor allem diese Schmach angetan hatte – sie mit ihrem unliebenswerten Körper zu behaften, dessen Anblick die Leute kaum ertragen konnten. Sie mochte ihr Haar frisieren, wie sie wollte, ihre Stirn blieb einem Ei ähnlich, kahl und weiß. Kein Kleid paßte ihr, was für eins immer sie kaufte. Und für ein weibliches Wesen bedeutete das natürlich, nie mit dem andern Geschlecht zusammenzukommen. Nie stünde sie bei jemand an erster Stelle. Manchmal war ihr in letzter Zeit gewesen, als wären, abgesehn von Elizabeth, ihre leiblichen Genüsse das einzige, wofür sie lebte; ihr Mittagessen, ihr Tee; nachts ihre Wärmflasche. Aber man mußte kämpfen; Sieger bleiben; gläubig auf Gott vertrauen. Mr. Whittaker hatte gesagt, sie sei zu einem Zweck auf der Welt. Aber niemand wußte von der Qual! Er hatte, auf das Kruzifix weisend, gesagt, Gott wisse davon. Aber warum mußte sie so leiden, wenn andre Frauen, zum Beispiel Clarissa Dalloway, dem entgingen? Erkenntnis komme durch Leiden, hatte Mr. Whittaker gesagt.

Sie war an der Briefkastensäule vorbei, und Elizabeth

schwenkte in die kühle braune Tabakabteilung der Army & Navy Stores ein, während sie selbst noch immer vor sich hinmurmelte, was Mr. Whittaker über Erkenntnis, die durch Leiden kam, und über das Fleisch gesagt hatte. »Das Fleisch«, murmelte sie abermals.

In welche Abteilung sie wolle? unterbrach Elizabeth sie.

»Unterröcke«, sagte sie kurz und marschierte geradeswegs zu den Aufzügen.

Und sie fuhren hinauf. Elizabeth steuerte sie hier durch und dort durch; führte sie in ihrer Geistesabwesenheit, als wäre sie ein großes Kind, lenkte sie wie ein unförmiges Schlachtschiff. Da hingen die Unterröcke, braun, züchtig, gestreift, frivol, haltbar, hauchdünn; und in ihrer Geistesabwesenheit wählte sie einen schauderhaften, und die Verkäuferin hielt sie für verrückt.

Elizabeth fragte sich ziemlich verwundert, während das Päckchen gemacht wurde, woran Miss Kilman wohl denke. Sie müßten nun Tee trinken gehn, sagte Miss Kilman, sich aufraffend, sich sammelnd. Und sie fuhren in ein andres Stockwerk und tranken Tee.

Elizabeth fragte sich ziemlich verwundert, ob Miss Kilman wirklich hungrig sein könne; weil sie auf diese Weise aß, gierig aß und immer wieder zu einer Schüssel glasierter Kuchen auf dem Tisch nebenan hinsah; und als dann eine Dame mit einem Kind sich an den Tisch setzte und das Kind nach einem der Kuchen griff, konnte da Miss Kilman das wirklich übelnehmen? Ja, Miss Kilman nahm es übel. Sie hatte diesen Kuchen wollen – den mit dem rosa Zuckerguß. Die Freude am Essen war fast die einzige reine Freude, die ihr geblieben war, und dann sogar die vereitelt zu sehn!

Wenn Menschen glücklich seien, hätten sie einen Notvorrat, so hatte sie Elizabeth gesagt, von dem sie zehren können, wogegen sie selbst wie ein Rad ohne Luft im Reifen sei (sie liebte solche Vergleiche), das von jedem Kieselstein gerüttelt werde, – so etwas sagte sie, wenn sie nach der Stunde noch blieb und am Kamin stand mit ihrer Büchertasche, ihrem »Ranzen«, so nannte sie sie, dienstagvormittags, nachdem die Stunde vorbei war. Und sie redete da auch vom Krieg. Es gebe schließlich Leute, die nicht der Meinung seien, die Engländer seien ausnahmslos im Recht. Es gebe Bücher darüber, es gebe Versammlungen, es gebe andre Standpunkte. Wolle Elizabeth nicht mit ihr kommen, um Soundso reden zu hören (einen höchst sonderbar aussehenden alten Mann)? Ein andermal nahm Miss Kilman sie in irgendeine Kirche in Kensington mit, und sie tranken dann Tee mit einem Geistlichen. Miss Kilman hatte ihr Bücher geliehen. Jus, Medizin, Politik, alle Berufe stünden Frauen ihrer Generation offen, sagte ihr Miss Kilman immer. Aber was sie selbst betreffe, ihre Karriere sei unbedingt ruiniert. Aber sei es ihre Schuld? Gütiger Himmel, nein, antwortete Elizabeth.

Und dann käme ihre Mutter und riefe sie weg, um ihr zu sagen, daß ein Korb aus Bourton gekommen war, und hätte Miss Kilman nicht gern ein paar Blumen? Sie war immer sehr, sehr nett zu Miss Kilman, aber Miss Kilman drückte Blumen immer alle zu einem Büschel zusammen und wußte nicht über Alltäglichkeiten zu plaudern, und was Miss Kilman interessierte, langweilte ihre Mutter, und sie und ihre Mutter waren schrecklich, wenn sie zusammen waren; und Miss Kilman blähte sich auf und sah sehr unschön aus, aber sie war furchtbar gescheit. Elizabeth hatte nie über die Armen nachgedacht. Sie und ihre Familie hatten alles, was sie brauchten, – ihre Mutter nahm jeden Tag das Frühstück im Bett ein; Lucy trug es ihr hinauf; und sie hatte alte Frauen gern, weil sie Herzoginnen waren und von irgendeinem Lord abstammten. Aber Miss Kilman sagte (an einem dieser Dienstagvormittage, nach der Unterrichtsstunde): »Mein Großvater hatte eine Lack- und Farbenhandlung in Kensington.« Miss Kilman war ganz anders als irgend jemand sonst, den sie kannte; sie bewirkte, daß man sich so klein vorkam.

Miss Kilman trank noch eine Tasse Tee. Elizabeth, mit ihrem orientalischen Wesen, ihrer undurchdringlichen Rätselhaftigkeit, saß steif aufrecht; nein, sie wolle gar nichts mehr. Sie sah sich nach ihren Handschuhen um – ihren weißen Handschuhen. Sie lagen unter dem Tisch. Ah, aber sie dürfe noch nicht gehn! Miss Kilman konnte sie nicht weglassen, diese Jugend, die so schön war; dieses Mädchen, das sie aufrichtig liebte! Ihre große Hand öffnete und schloß sich auf dem Tisch.

Doch es war vielleicht irgendwie ein wenig schal, empfand Elizabeth. Und sie ginge wirklich schon ganz gern.

»Aber«, sagte Miss Kilman, »ich bin noch nicht ganz fertig.«

Selbstverständlich, dann wollte Elizabeth warten. Aber es sei recht stickig hier.

»Sind Sie auch mit dabei, bei der Gesellschaft heute abend?« fragte Miss Kilman. Elizabeth vermutete, daß sie dabei sein werde; ihre Mutter wolle es. Sie dürfe sich nicht von Gesellschaften ganz in Anspruch nehmen lassen, sagte Miss Kilman und befingerte die letzten zwei Zoll einer Schokoladerolle.

Sie habe Gesellschaften nicht sehr gern, sagte Elizabeth. Miss Kilman öffnete den Mund, schob ein wenig das Kinn vor und schluckte die letzten Zoll der Schokoladerolle, wischte sich dann die Finger und schwenkte den Tee in ihrer Tasse rundum.

Es würde sie im nächsten Augenblick zerreißen, fühlte sie. Die Qual war so fürchterlich. Wenn sie Elizabeth nur festhalten könnte, mit ihr schalten und walten könnte, wenn sie sie sich ganz zu eigen machen könnte, und für immer, und dann sterben! Mehr wollte sie nicht. Aber hier zu sitzen, unfähig, sich irgend etwas einfallen zu lassen, was sie sagen könnte; zu sehen, wie Elizabeth sich gegen sie wandte; sogar von ihr als abstoßend empfunden zu werden – das war zuviel; sie konnte es nicht ertragen. Die dicken Finger krümmten sich einwärts.

»Ich gehe nie auf Gesellschaften«, sagte Miss Kilman, nur um Elizabeth vom Weggehn abzuhalten. »Die Leute laden mich nicht ein« – und sie wußte, als sie das sagte, es war dieser Egoismus, der ihr Verhängnis war; Mr. Whittaker hatte sie gewarnt; aber sie konnte nicht dagegen an. Sie hatte so entsetzlich gelitten. »Warum sollten sie mich auffordern?« sagte sie. »Ich bin häßlich, ich bin unglücklich.« Sie wußte, es war idiotisch. Aber schuld waren alle diese Leute, die vorbeigingen, – Leute mit Päckchen, die sie verachteten, die sie zwangen, das zu sagen. Immerhin, sie war Doris Kilman. Sie hatte ihr Diplom. Sie war eine Frau, die es in der Welt zu etwas gebracht hatte. Ihre Kenntnis der neuzeitlichen Geschichte war mehr als achtunggebietend.

»Ich bedaure mich nicht«, sagte sie. »Ich bedaure« – sie wollte sagen »Ihre Mutter«, aber nein, sie konnte das nicht sagen, nicht zu Elizabeth. »Ich bedauere andre Leute viel mehr.«

Wie ein stummes Geschöpf, das zu einem unbekannten Zweck an ein Gatter herangeführt wurde und dasteht und sich sehnt, hinwegzugaloppieren, schwieg Elizabeth Dalloway. Würde Miss Kilman noch etwas sagen?

»Vergessen Sie mich nicht ganz!« sagte Doris Kilman; ihre Stimme zitterte. Ganz ans andre Ende der Wiese galoppierte das stumme Geschöpf voller Schrecken.

Die große Hand öffnete und schloß sich.

Elizabeth wandte den Kopf. Die Kellnerin kam. Man müsse an der Kasse zahlen, sagte Elizabeth und verließ den Tisch und wand ihr, so fühlte Miss Kilman, gradezu die Eingeweide aus dem Leib, zog und streckte sie, den Raum durchschreitend, und dann, mit einem letzten Winden, war sie, sehr höflich den Kopf neigend, gegangen.

Sie war gegangen. Miss Kilman saß an dem Marmortischchen zwischen den Schokoladerollen und wurde einmal, zweimal, dreimal von den Schlägen des Leidens getroffen. Elizabeth war gegangen. Mrs. Dalloway hatte gesiegt. Elizabeth war von ihr gegangen. Schönheit war von ihr gegangen; Jugend war von ihr gegangen.

So saß sie da. Dann stand sie auf, stolperte zwischen den kleinen Tischen durch, taumelte ein wenig von einer Seite zur andern, und jemand kam ihr mit ihrem Unterrock nach, und sie verirrte sich, und eigens fürs Mitnehmen nach Indien zugerichtete Koffer versperrten ihr den Weg; geriet dann in die Wöchnerinnenausstattungen und Säuglingswäsche; und zwischen allen Waren der Welt hindurch, verderblichen und dauerhaften, ganzen Schinken, Arzneimitteln, Blumen, Briefpapier, alle mit ihren verschiedenen Gerüchen, bald süßlichen, bald säuerlichen, latschte sie; sah sich, in voller Größe in einem Spiegel, so latschen, den Hut schief, sehr rot im Gesicht; und gelangte endlich auf die Straße hinaus.

Der Turm der Westminsterkathedrale erhob sich vor ihr, der Wohnstätte Gottes. Inmitten all des Straßentrubels war hier die Wohnstätte Gottes. Verbissen machte sie sich mit ihrem Päckchen auf den Weg nach der andern heiligen Stätte, der Westminsterabtei, wo sie, die Hände wie ein Zelt vor dem Gesicht, neben Leuten saß, die es gleichfalls an diesen Zufluchtsort getrieben hatte; neben den bunt zusammengewürfelten Andächtigen, nun ihres gesellschaftlichen Rangs entkleidet, fast auch des Geschlechts, wenn sie die Hände vors Gesicht hoben; aber, sobald sie sie sinken ließen, sogleich andächtige Engländer und Engländerinnen des Mittelstands, manche von ihnen schon mit der Absicht, sich nachher die wächsernen Königsmasken anzusehn.

Miss Kilman jedoch hielt weiter ihr Zelt vors Gesicht. Bald allein gelassen; bald wieder umgeben. Neue Andächtige kamen von der Straße herein und ersetzten die Umherwandernden, und noch immer, während die Leute alles anstarrten und am Grab des Unbekannten Soldaten vorbeischlurrten, noch immer hielt sie die Augen mit den Fingern vergittert und versuchte, in dieser doppelten Dunkelheit, denn das Licht in der Abtei war körperlos, sich über alle weltlichen Güter, alle Begierden, alle Bedarfsartikel zu erheben, Haß und auch Liebe von sich abzutun. Ihre Hände zuckten. Sie schien zu ringen; und doch war für andre Gott zugänglich und der Weg zu Ihm glatt. Mr. Fletcher vom Schatzamt, im Ruhestand, Mrs. Gorham, Witwe des berühmten Königlichen Anwalts, näherten sich ihm einfach, und wenn sie mit dem Beten fertig waren, lehnten sie sich zurück, genossen die Musik (die Orgel tönte wohllautend) und sahen Miss Kilman am Ende der Stuhlreihe beten, beten, und betrachteten sie, da sie noch immer auf der Schwelle ihrer Unterwelt verweilten, mitfühlend als eine Seele, die in derselben Region umging; eine Seele aus immaterieller Substanz; nicht als ein weibliches Wesen: als eine Seele.

Aber Mr. Fletcher mußte gehn. Er mußte an ihr vorbei, und da er selbst wie aus dem Schächtelchen war, konnte er nicht anders als ein bißchen betrübt sein über die Unordentlichkeit dieser armen Person; das Haar hing ihr herab; ihr Päckchen lag auf den Fliesen. Sie ließ ihn nicht sogleich vorbei. Aber während er so stand und um sich blickte, auf die weißen Marmorstatuen, die grauen Fensterscheiben und alle die angesammelten Schätze (denn er war außerordentlich stolz auf die Abtei), machte ihre kraftvolle Vierschrötigkeit, als sie so dasaß und von Zeit zu Zeit die Knie rückte (er war so rauh, der Zugang zu ihrem Gott, – und so zäh ihr Verlangen), Eindruck auf ihn, wie sie auf Mrs. Dalloway Eindruck gemacht hatte (die den Gedanken an sie an diesem Nachmittag nicht loswerden konnte), auf den Rev. Edward Whittaker und auch auf Elizabeth.

Und Elizabeth wartete in der Victoria Street auf einen Omnibus. Es war so schön, im Freien zu sein. Sie dachte, sie brauche vielleicht noch nicht nach Hause zu gehn. Es war so schön, in der frischen Luft zu sein. Also wollte sie aufs Oberdeck eines Omnibusses. Denn schon, sogar als sie hier stand, in ihrem sehr gut geschnittenen Mantel, begann es... Die Leute begannen sie einer Pappel zu vergleichen, dem jungen Tag, einer Hyazinthe, einem Reh, fließendem Wasser und einer Lilie; und es machte ihr das Leben zur Last, denn es war ihr um so viel lieber, in Ruhe gelassen zu werden und auf dem Land tun zu können, was sie wollte, aber sie verglichen sie nun einmal einer Lilie, und sie mußte auf Gesellschaften gehn, und es war so trübselig, in London statt auf dem Land zu sein, allein mit ihrem Vater und den Hunden.

Autobusse kamen herbeigeschwenkt, hielten an, fuhren weiter – grellbunte Karawanen, glitzernd von rotem und gelbem Lack. Aber welchen sollte sie nehmen? Sie hatte für keinen eine besondere Vorliebe. Selbstverständlich würde sie sich nicht hineindrängen. Sie neigte dazu, passiv zu sein. Ausdrucksfähigkeit war, was ihr fehlte, aber ihre Augen waren schön, chinesisch, orientalisch, und, wie ihre Mutter behauptete, war sie, mit so hübschen Schultern und ihrer guten Haltung, immer reizend anzusehn; und in letzter Zeit, besonders am Abend, wenn sie sich für etwas interessierte, denn nichts schien sie zu erregen, sah sie fast schön aus, sehr ansehnlich, sehr gelassen. Woran dachte sie wohl? Jeder Mann verliebte sich in sie, aber in Wirklichkeit war sie entsetzlich gelangweilt. Denn es begann. Ihre Mutter konnte es sehn – die Komplimente begannen. Daß sie sich nicht mehr daraus machte – auch nichts aus ihren Kleidern – das beunruhigte

Clarissa manchmal. Aber vielleicht war das ganz gut so, wenn alle diese jungen Hunde und Meerschweinchen um sie herum die Staupe hatten, und es verlieh ihr einen gewissen Reiz. Und nun hatte sie also diese wunderliche Freundschaft mit Miss Kilman. Na, dachte Clarissa um etwa drei Uhr morgens, während sie Baron Marbot las, weil sie nicht schlafen konnte, es beweist immerhin, daß sie ein Herz hat.

Plötzlich trat Elizabeth vor und bestieg sehr geschickt vor allen andern den Omnibus. Sie wählte einen Sitz auf dem Oberdeck. Der draufgängerische Geselle, ein Bus, der nicht der Stadtgemeinde gehörte, fuhr an, sprang vorwärts; sie mußte sich an der Geländerstange festhalten, denn er war ein Pirat, tollkühn, unbekümmert, fuhr rücksichtslos dahin, machte gefährliche Bogen, schnappte frech einen Fahrgast oder ließ einen Fahrgast unbeachtet, drängte sich aalartig und anmaßend dazwischen, um dann keck, alle Segel gehißt, Whitehall hinaufzusausen. Und wandte Elizabeth einen einzigen Gedanken auf die arme Miss Kilman, die sie ohne Eifersucht liebte, für die sie ein Reh war auf einer Lichtung, ein Mond in einem Waldtal? Nein, sie war entzückt, frei zu sein. Die frische Luft war so köstlich. Es war so stickig gewesen in den Army & Navy Stores. Und nun war es wie Reiten, wenn man Whitehall so hinaufsauste; und jeder Bewegung des Omnibus folgte der schöne Körper in dem rehbraunen Mantel ungezwungen wie eine Reiterin, wie die Galionsfigur eines Schiffs, denn die Brise zauste sie ein wenig; die Hitze verlieh ihren Wangen die Blässe weißbemalten Holzes; und ihre schönen Augen, die keinen andern Augen zu begegnen hatten, blickten geradeaus, leer, hell, mit der starrenden unglaublichen Unschuld einer Skulptur.

Es war dieses ewige Reden von ihren eigenen Leiden, was es einem mit Miss Kilman so schwierig machte. Und hatte sie recht? Wenn das den Armen half, daß man in Komitees war und jeden Tag viele Stunden dafür hingab (in London sah sie ihn kaum), dann, weiß Gott, tat das ihr Vater – wenn es das war, was Miss Kilman damit meinte, ein Christ zu sein; aber es ließ sich so schwer sagen. Oh, sie würde gern ein wenig weiterfahren. Noch einen Penny bis zum Ende des Strands? Also, hier, noch einen Penny! Sie wollte durch den Strand fahren.

Sie hatte Leute, die krank waren, gern. Und jeder Beruf stehe Frauen ihrer Generation offen, sagte Miss Kilman. Also könnte sie Ärztin werden. Sie könnte Landwirtin werden. Tiere waren oft krank. Sie könnte tausend Morgen besitzen und Leute unter sich haben. Sie würde sie in ihren Häuschen besuchen gehn. Hier war Somerset House, wo das Grundbuch geführt wurde. Man könnte eine sehr gute Landwirtin werden – und dieser Gedanke war seltsamerweise, obgleich Miss Kilman ihr Teil daran hatte, fast ganz durch Somerset House hervorgerufen. Es sah so prächtig aus, so ernst, dieses große graue Gebäude. Und der Gedanke gefiel ihr, daß hier Leute arbeiteten. Ihr gefielen diese Kirchen; wie Formen aus grauem Papier waren sie, die sich dem Strom auf dem Strand entgegenstellten. Hier war es ganz anders als in Westminster, dachte sie, bei der Chancery Lane aussteigend. Hier war es so ernst; es war so geschäftig. Kurzum, sie hätte gern einen Beruf gehabt. Sie würde Ärztin werden, Landwirtin, vielleicht Abgeordnete, wenn sie es notwendig fände. Und alles nur wegen des Strands.

Die Füße dieser Leute, die so eifrig ihren Tätigkeiten nachgingen, ihre Hände, die Stein auf Stein legten, Gehirne, die immerzu beschäftigt waren, und nicht mit trivialem Geschwätz (Frauen mit Pappeln zu vergleichen! – was, natürlich, oft recht aufregend war, aber sehr albern), sondern mit Gedanken an Schiffe, an Geschäfte, an Gesetze, an Verwaltung, und bei alledem so würdevoll (sie war jetzt im Temple), heiter (dort war der Fluß), gottesfürchtig (hier war die Rundkirche), machten sie fest entschlossen, was immer ihre Mutter sagen mochte, entweder Landwirtin oder Ärztin zu werden. Aber sie war natürlich sehr träge.

Und es wäre viel besser, nichts davon zu sagen. Es schien so dumm zu sein. Und es war so etwas, was manchmal tatsächlich geschah, wenn man allein war, – daß Gebäude, deren Erbauer man gar nicht wußte, oder Menschenscharen, die aus der City kamen, mehr Macht hatten als ein einzelner Geistlicher in Kensington, als irgendeins der Bücher, die Miss Kilman ihr geliehen hatte, etwas, das schlummernd, ungelenk und scheu auf dem sandigen Grund des Geistes lag, dazu anzustacheln, an die Oberfläche zu kommen und sie zu durchbrechen, wie ein Kind plötzlich die Arme hochstreckt; es war vielleicht grade das, ein Seufzer, ein Armestrecken, ein Antrieb, eine Offenbarung, was eine bleibende Wirkung hatte. Und dann sank es wieder hinab auf den sandigen Grund. Sie mußte heim. Sie mußte sich fürs Dinner umkleiden. Aber wie spät war es? – Wo war hier eine Uhr?

Sie blickte die Fleet Street entlang. Sie ging grade nur noch ein kleines Stückchen weiter gegen St. Paul's, scheu wie jemand, der auf den Zehenspitzen eindringt, ein fremdes Haus bei Nacht mit einer Kerze durchforscht, ängstlich gespannt, ob der Eigentümer nicht am Ende plötzlich seine Schlafzimmertür weit aufreißen und fragen werde, was sie hier zu suchen habe; und sie wagte es ebensowenig, in eins der wunderlichen Seitengäßchen, einen der verlockenden Durchgänge abzuschweifen, wie in einem fremden Haus Türen zu öffnen, die vielleicht Schlafzimmertüren oder Wohnzimmertüren waren oder geradeswegs in die Speisekammer führten. Denn niemand von den Dalloways ging täglich den Strand entlang; sie war eine Pionierin, eine Vagabundin, wagemutig, zuversichtlich.

Ihre Mutter fand, daß sie, in vieler Hinsicht, außerordentlich unreif sei, wie ein Kind, das noch immer an Puppen hängt, an alten Pantoffeln; ein richtiges Baby; und das sei reizend. Anderseits aber bestand in der Familie Dalloway natürlich die Tradition öffentlichen Diensts. Äbtissinnen, Schulleiterinnen, Würdenträgerinnen in der Republik der Frauen – das waren sie gewesen, ohne hervorragend zu sein, irgendeine von ihnen. Sie drang ein wenig weiter in der Richtung auf St. Paul's vor. Ihr gefiel diese Gutmütigkeit, dieses Schwesterliche, Mütterliche, Brüderliche des Tumults. Es schien ihr gut. Der Lärm war ungeheuer; und plötzlich erklangen Trompeten (ein paar Arbeitslose), schmetterten, ratterten in dem Tumult; militärische Musik; als marschierten Leute; aber hätten sie im Sterben gelegen – hätte irgendeine Frau ihren letzten Atemzug getan und wer immer bei ihr wachte das Fenster des Zimmers, wo sie soeben diesen Akt höchster Würde vollbracht hatte, geöffnet und hinabgesehn auf die Fleet Street, dieser Tumult, diese militärische Musik hätten triumphierend zu ihm hinaufgeklungen, tröstend, unbekümmert.

Es war nichts Bewußtes. Es lag keine Anerkennung eines günstigen oder ungünstigen Geschicks darin, und aus ebendiesem Grund war es für diejenigen, die wie betäubt waren vom Warten auf das letzte Zucken des Bewußtseins auf den Gesichtern der Sterbenden, tröstend. Vergeßlichkeit von Menschen mochte verwunden, ihre Undankbarkeit ätzen, aber diese Stimme, die endlos hervorquoll, jahraus, jahrein, würde in sich aufnehmen, was immer es sein mochte; dieses Gelübde, diesen Wagen da, dieses Leben, diesen endlosen Zug; würde sie alle umhüllen und mit sich führen, wie in dem groben Eisstrom eines Gletschers ein Knochensplitter festgehalten wird, ein blaues Blütenblatt, ein Eichenstamm, und alle weitergerollt werden.

Aber es war später, als sie gedacht hatte. Ihrer Mutter wäre es nicht recht, daß sie so allein umherwanderte. Sie kehrte um, den Strand entlang.

Ein Windstoß (trotz der Hitze wehte ein beträchtlicher Wind) blies einen dünnen schwarzen Schleier über die Sonne und über den Strand. Die Gesichter blaßten; die Omnibusse verloren plötzlich ihr Leuchten. Denn wenngleich die Wolken von gebirgigem Weiß waren, so daß man sich einbilden mochte, mit einer Haue harte Splitter von ihnen abhacken zu können, und breite goldene Hänge, Rasenflächen himmlischer Lustgärten, an ihren Flanken und ganz das Aussehn fester Wohnsitze hatten, für den Rat der Götter über der Welt errichtet, herrschte doch eine ewige Bewegung unter ihnen. Signale wurden zwischen ihnen ausgetauscht, wenn, wie um einen schon vereinbarten Plan auszuführen, nun ein Gipfel zusammenschrumpfte, nun ein ganzer Block von Pyramidengröße, der unveränderlich seinen Platz behauptet hatte, in die Mitte vorrückte oder gravitätisch den feierlichen Zug an einen neuen Ankerplatz führte. Wie fest sie auch an ihre Pfosten gebunden zu sein schienen, in völliger Einmütigkeit zur Ruhe gekommen, konnte nichts frischer, freier, an der Oberfläche empfindlicher sein als diese schneeweißen oder golden entflammten Wölbungen; sich zu verändern, wegzugleiten, sich aufzulösen, das war dieser feierlichen Versammlung sogleich möglich; und trotz der ernsten Unbeweglichkeit, der aufgespeicherten Mächtigkeit und Festigkeit, warfen sie nun Licht auf die Erde, nun Dunkel.

Gelassen und geschickt bestieg Elizabeth Dalloway einen nach Westminster fahrenden Omnibus.

Zu gehn und zu kommen, zu winken, zu signalisieren, das schienen Licht und Schatten, die nun die Wand grau machten, nun die Bananen hellgelb, nun den Strand grau, nun die Omnibusse hellgelb, das schienen sie Septimus Warren Smith, der auf dem Sofa im Wohnzimmer lag und zusah, wie das wässerige Gold mit der erstaunlichen Empfindlichkeit eines lebenden Geschöpfs auf den Rosen der Tapete erglühte und verblaßte. Draußen zogen die Bäume ihr Laub wie ein Schleppnetz durch die Tiefen der Luft; ein Geräusch von Wasser war in dem Zimmer, und durch das Wellenrauschen kamen die Stimmen singender Vögel. Jede Macht schüttete ihre Schätze über sein Haupt, und seine Hand lag da auf der Rücklehne des Sofas, wie er seine Hand, wenn er im Meer badete, oben auf den Wellen liegen und treiben gesehn hatte, während er weit weg auf dem Ufer Hunde bellen und bellen hörte in der Ferne. Fürchte nicht mehr, sagte das Herz im Leibe; fürchte nicht mehr.

Er hatte keine Furcht. In jedem Augenblick bedeutete ihm die Natur durch einen lachenden Wink wie diesen goldenen Fleck, der an der Wand – dort, dort, dort – rundum glitt, ihre Entschlossenheit, ihm, indem sie ihre Federbüsche schwenkte, ihre Haarflechten schüttelte, ihren Mantel hin und her wendete, in Schönheit, immer in Schönheit, und ganz nahe herzustand und durch die hohlen Hände Shakespeares Worte hauchte, zu zeigen, was sie meinte.

Rezia, die am Tisch saß und einen Hut in den Händen zurechtbog, beobachtete ihn; sah ihn lächeln; er war also glücklich. Aber sie konnte es nicht ertragen, ihn lächeln zu sehn. Das war keine Ehe; das hieß nicht, jemandes Mann sein: so seltsam dreinzusehn, immer aufzufahren, zu lachen, stundenlang schweigend dazusitzen oder sie zu packen und ihr zu sagen, sie solle schreiben. Die Tischlade war voll von solchem Geschreibsel; über den Krieg; über Shakespeare; über große Entdeckungen; daß es keinen Tod gibt. In letzter Zeit war er oft plötzlich ohne jeden Grund in Aufregung geraten (und beide, Dr. Hymes und Sir William Bradshaw, sagten, Aufregung sei das Allerschlechteste für ihn) und hatte die

Hände geschwenkt und ausgerufen, er wisse die Wahrheit! Er wisse alles! Dieser Mann, sein Freund, der gefallen war, Evans, sei gekommen, sagte er. Er singe dort hinter dem Wandschirm. Sie schrieb es auf, genau so, wie er es sagte. Einiges war sehr schön; anderes reiner Unsinn. Und er hielt immer mittendrin inne und überlegte es sich anders; wollte etwas hinzufügen; hörte etwas Neues; lauschte mit erhobener Hand. Sie aber hörte nichts.

Und einmal überraschten sie das Mädchen, welches das Zimmer reinigte, dabei, wie es, von Lachen geschüttelt, einen dieser Zettel las. Das war schrecklich schade. Denn es veranlaßte Septimus, laut über die Grausamkeit der Menschen zu klagen – wie sie einander in Stücke rissen. Die Gefallenen, sagte er, sie reißen alles in Stücke. »Hymes ist hinter uns her«, sagte er und erfand Geschichten von Hymes; Hymes, wie er Hafergrütze aß; Hymes, wie er Shakespeare las, – brachte sich dahin, vor Lachen oder Wut zu brüllen, denn Dr. Hymes schien ihm etwas Entsetzliches zu bedeuten. »Die menschliche Natur« nannte er ihn. Und dann seine Visionen! Er sei ertrunken, sagte er. Und liege auf einer Klippe, und die Möwen kreischten über ihm. Er blickte dann über den Rand des Sofas hinunter ins Meer. Oder er hörte Musik. In Wirklichkeit war's nur eine Drehorgel oder ein Mann, der unten auf der Straße etwas ausrief. Aber: »Wie schön!« schluchzte er dann, und die Tränen rannen ihm über die Wangen; was für sie das Allergräßlichste war – einen Mann wie Septimus weinen zu sehn, der gekämpft hatte, der tapfer war. Und er lag und lauschte, bis er plötzlich aufschrie, er falle hinunter, hinunter in die Flammen! Sie sah sich tatsächlich um, wo die Flammen seien, so lebhaft war es. Aber es war nichts da. Sie waren allein in dem Zimmer. Es sei ein Traum, sagte sie ihm, und so beruhigte sie ihn endlich, aber manchmal fürchtete auch sie sich. Sie seufzte, während sie so dasaß und nähte.

Ihr Seufzen war zärtlich und bezaubernd wie das Seufzen des Windes um ein Wäldchen am Abend. Nun legte sie die Schere hin; nun wandte sie sich, um etwas vom Tisch zu nehmen. Eine kleine Bewegung, ein bißchen Kräuseln, ein bißchen Klopfen, baute da auf dem Tisch, an dem sie saß und nähte, etwas auf. Durch seine Wimpern konnte er ihren verschwommenen Umriß sehn; ihren zierlichen, schwarzgekleideten Körper; ihr Gesicht und ihre Hände; ihre Bewegungen am Tisch und, wie sie sich wendete, wenn sie eine Spule ergriff oder die Nähseide suchte (denn sie verlegte Sachen leicht). Sie machte einen Hut für Mrs. Filmers verheiratete Tochter, deren Name jetzt – er hatte den Namen vergessen.

»Wie heißt Mrs. Filmers verheiratete Tochter?« fragte er.

»Mrs. Peters«, antwortete Rezia. Sie fürchte, er sei zu klein, sagte sie, ihn vor sich hinhaltend. Mrs. Peters sei eine korpulente Frau; aber sie möge sie nicht. Nur weil Mrs. Filmer immer so gut zu ihnen gewesen sei – »Sie schenkte mir Trauben heute morgen«, sagte sie – wollte Rezia etwas tun, um ihr zu zeigen, daß sie dankbar seien. Unlängst abends sei sie ins Zimmer gekommen und habe Mrs. Peters, die dachte, sie seien ausgegangen, dabei angetroffen, wie sie das Grammophon spielen ließ.

»Und war es wahr?« fragte er. Sie habe das Grammophon spielen lassen? Ja; sie habe es ihm doch damals erzählt; sie habe Mrs. Peters angetroffen, wie sie das Grammophon spielen ließ.

Er begann, sehr vorsichtig, die Augen zu öffnen, um zu sehn, ob wirklich ein Grammophon da sei. Aber wirkliche Dinge – wirkliche Dinge waren zu aufregend. Er mußte vorsichtig sein. Er wollte nicht wahnsinnig werden. Zuerst blickte er auf die Modejournale in dem unteren Fach. Dann allmählich auf das Grammophon mit dem grünen Trichter. Nichts konnte deutlicher sein. Und so blickte er also, Mut sammelnd, auf die Anrichte; den Teller mit Bananen; den Stich Königin Victorias und des Prinzgemahls; auf den Kaminsims mit der Vase voller Rosen. Keins dieser Dinge bewegte sich. Alle waren sie regungslos; alle waren sie wirklich.

»Sie ist eine Frau mit einer boshaften Zunge«, sagte Rezia.

»Was tut denn Mr. Peters?« fragte Septimus.

»Ah«, sagte Rezia und versuchte sich zu erinnern. Sie glaubte, Mrs. Filmer habe ihr gesagt, er reise für irgendeine Firma. »Jetzt grade ist er in Hull«, sagte sie.

»Jetzt grade!« sie sagte das mit ihrem italienischen Akzent. Sie selbst sagte das. Er beschattete seine Augen, damit er jeweils nur ein kleines Stück ihres Gesichts sehen könnte, erst das Kinn, dann die Nase, dann die Stirn, falls sie am Ende mißgestalt wären oder ein schreckliches Mal hätten. Aber nein. Da saß sie, völlig natürlich, und nähte, die Lippen gespitzt, wie Frauen sie dabei immer spitzen, und dem gespannten, dem schwermütigen Ausdruck, wenn sie nähen. Aber daran war nichts Schreckliches, beteuerte er sich und blickte ein zweitesmal, ein drittesmal auf ihr Gesicht, ihre Hände, um zu sehn, was denn erschreckend oder abstoßend sein könnte an ihr, wie sie so im hellen Tageslicht dasaß und nähte. Mrs. Peters hatte eine boshafte Zunge. Mr. Peters war in Hull. Warum dann toben und prophezeien? Warum gezüchtigt und ausgestoßen fliehn? Warum sich von den Wolken zum Zittern und Schluchzen bringen lassen? Warum Wahrheiten suchen und Botschaften übermitteln, wenn Rezia dasaß und Nadeln vorn in ihr Kleid steckte und Mr. Peters in Hull war? Wunder, Offenbarungen, Qualen, Einsamkeit, Hinabstürzen durchs Meer, hinab, hinab in die Flammen, alles das war weggebrannt, denn er hatte, als er zusah, wie Rezia den Strohhut für Mrs. Peters aufputzte, das Gefühl, unter einer Decke von Blumen zu liegen.

»Er ist zu klein für Mrs. Peters«, sagte Septimus.

Zum erstenmal seit Tagen sprach er, wie er früher zu sprechen pflegte! Natürlich sei er das – lächerlich klein, sagte sie. Aber Mrs. Peters habe sich ihn ausgesucht.

Er nahm ihr den Hut aus den Händen. Er sagte: »Wie für ein Äffchen auf einer Drehorgel.«

Wie sie sich freute darüber! Seit Wochen hatten sie nicht so miteinander gelacht und wie Eheleute ihren privaten Spaß gehabt. Was sie meinte, war, wenn Mrs. Filmer hereingekommen wäre oder Mrs. Peters oder irgend jemand, hätte keins von ihnen verstanden, worüber sie und Septimus lachten.

»So!« sagte sie und nadelte eine Rose seitlich an dem Hut fest. Nie hatte sie sich so glücklich gefühlt! Nie in ihrem Leben!

Aber das wirke noch lächerlicher, sagte Septimus. Nun sähe die arme Frau aus wie ein Schwein auf einem Jahrmarkt. (Niemand brachte sie je so zum Lachen wie Septimus.)

Was habe sie in ihrem Arbeitskorb? Sie hatte Bänder und Glasperlen, Quasten, künstliche Blumen. Sie kippte sie auf den Tisch heraus. Er begann absonderliche Farben zusammenzustellen – denn er hatte zwar ungeschickte Finger, konnte nicht einmal ein Päckchen verschnüren, aber er besaß einen wunderbaren Blick und hatte oft recht, manchmal natürlich lächerlich, aber manchmal wundervoll recht.

»Sie soll einen herrlichen Hut haben!« murmelte er, griff nach diesem und jenem, und Rezia kniete neben ihm und blickte ihm über die Schulter. Nun sei er fertig – das heißt, der Entwurf; sie müsse es alles zusammennähen. Aber sie müsse sehr, sehr vorsichtig sein, sagte er, damit er ganz so bleibe, wie er ihn gemacht habe.

Also nähte sie. Wenn sie nähte, dachte er, machte sie ein Geräusch wie ein Kessel über dem Feuer; bullerte, murmelte, immer geschäftig, und ihre kräftigen kleinen, spitz zulaufenden Finger kniffen und knufften; ihre Nadel flitzte schnurgerade. Die Sonne mochte sich verstecken und wieder hervorkommen und auf die Quasten scheinen, auf die Tapete, er aber wollte warten, dachte er, die Füße ausstreckend und auf seine ringförmig gestreiften Socken am Ende des Sofas blickend. Er wollte warten an diesem warmen Platz, in diesem windstillen Winkel, zu dem man manchmal abends am Rand eines Wäldchens kommt, wo, durch ein Abfallen des Bodens oder eine Gruppierung der Bäume verursacht (denn man mußte vor allem wissenschaftlich sein, wissenschaftlich), die Wärme verweilt und die Luft wie die Schwinge eines Vogels die Wange streift.

»Da ist er«, sagte Rezia und ließ Mrs. Peters' Hut auf ihren Fingerspitzen kreiseln. »Das genügt für den Augenblick. Später ...« Ihr Satz tröpfelte dahin, gluck, gluck, gluck, wie eine zufriedene, nicht ganz zugedrehte Wasserleitung.

Wundervoll! Nie hatte er etwas getan, was ihn so stolz gemacht hatte. Er war so wirklich, so greifbar, der Hut für Mrs. Peters.

»Sieh ihn dir nur an!« sagte er.

Ja, es würde sie immer glücklich machen, diesen Hut anzusehn. Er war also wieder er selbst geworden. Er hatte gelacht. Sie waren allein miteinander gewesen. Immer würde sie diesen Hut lieben.

Er sagte ihr, sie solle ihn anprobieren.

»Aber ich muß sehr sonderbar aussehn!« rief sie, lief zum Spiegel und besah sich erst von der einen, dann von der andern Seite. Dann riß sie den Hut vom Kopf, denn es klopfte an der Tür. Konnte das Sir William Bradshaw sein? Hatte er schon hergeschickt?

Nein, es war nur das kleine Mädchen mit der Abendzeitung.

Was stets geschah, geschah dann – was jeden Abend ihres

gemeinsamen Lebens geschah. Das kleine Mädchen saugte Daumen an der Tür; Rezia ließ sich auf die Knie nieder; Rezia koste und küßte; Rezia holte ein Säckchen Bonbons aus der Tischlade hervor. Denn so geschah es immer: erst das eine, dann das andre. So baute sie es auf – erst das eine, dann das andre. Und tanzend, hüpfend ging's rundum und rundum in dem Zimmer. Er griff nach der Zeitung. Surrey habe verloren, las er laut. Es herrsche eine Hitzewelle. Rezia wiederholte: »Surrey hat verloren, es herrscht eine Hitzewelle«, und machte es zu einem Teil des Spiels, das sie mit Mrs. Filmers Enkelin spielte, und beide lachten sie und plapperten zugleich bei ihrem Spiel. Er war sehr müde. Er war sehr glücklich. Er würde schlafen. Er schloß die Augen. Aber kaum sah er nichts mehr, da wurden die Geräusche des Spiels schwächer und seltsamer und klangen wie die Rufe von Leuten, die jemand suchen und nicht finden, und entfernten sich immer weiter und weiter weg. Sie hatten ihn verloren!

Er fuhr voller Schrecken hoch. Was sah er? Die Schüssel mit den Bananen auf der Anrichte. Niemand war da. (Rezia hatte das Kind zu seiner Mutter geführt. Es war Schlafenszeit.) Das war es: allein zu sein für immer. Das war das in Mailand verkündete Verhängnis, als er das Zimmer betreten hatte und die Mädchen mit der Schere Formen aus Steifleinen ausschneiden sah; allein zu sein für immer.

Er war allein mit der Anrichte und mit den Bananen. Er war allein, ausgesetzt auf dieser kahlen Höhe, ausgestreckt – aber nicht auf einem Berggipfel; nicht auf einem Felsen; auf Mrs. Filmers Wohnzimmersofa. Und die Visionen, die Gesichter, die Stimmen der Toten, wo waren sie? Vor ihm stand ein Wandschirm mit schwarzen Binsen und blauen Schwalben. Wo er vordem Berge gesehn hatte, wo er Gesichter, wo er Schönheit gesehn hatte, da war ein Wandschirm.

»Evans!« rief er. Es kam keine Anwort. Eine Maus hatte

gequiekt oder ein Vorhang geraschelt. Das waren die Stimmen der Toten. Blieben der Wandschirm, der Kohleneimer, die Anrichte. Also wollte er es mit dem Wandschirm, dem Kohleneimer und der Anrichte aufnehmen... aber da kam Rezia plappernd ins Zimmer gestürmt.

Ein Brief sei gekommen. Alle müßten sie ihre Pläne ändern. Mrs. Filmer würde nun doch nicht nach Brighton fahren. Es bleibe keine Zeit, Mrs. Williams zu verständigen, und Rezia fand es wirklich sehr, sehr ärgerlich, als sie den Hut erblickte; doch da fiel ihr ein... vielleicht... könnte sie... nur grade eine kleine... Ihre Stimme verklang in einer zufriedenen Melodie.

»Ach, verdammt!« rief sie (es gehörte zu dem Spaß, den sie miteinander hatten, ihr Fluchen); die Nadel war gebrochen. Hut, Kind, Brighton, Nadel. Sie baute es auf; erst das eine, dann das andre, baute sie es auf, während sie nähte.

Sie wollte, er solle sagen, ob sie durch ein kleines Verschieben der Rose den Hut verschönt habe. Sie setzte sich aufs Ende des Sofas.

Sie seien jetzt völlig glücklich, sagte sie plötzlich und legte den Hut weg. Denn sie konnte ihm nun sagen, was sie wollte. Sie konnte sagen, was immer ihr einfiel. Das war fast das Allererste, das sie, was ihn betraf, gefühlt hatte, damals an dem Abend in dem Kaffeehaus, als er mit seinen englischen Kameraden hereingekommen war. Er war ziemlich schüchtern hereingekommen, hatte umhergesehn, und die Mütze war ihm heruntergefallen, als er sie aufhängen wollte. Daran konnte sie sich erinnern. Sie erkannte, daß er Engländer war, wenn auch nicht einer dieser kräftigen Engländer, die ihre Schwester bewunderte; denn er blieb immer schmächtig. Aber er hatte eine schöne, frische Gesichtsfarbe; und mit seiner starken Nase, seinen hellen Augen, seiner Angewohnheit, mit ein wenig hochgezogenen Schultern dazusitzen, ließ er sie, das hatte sie ihm oft gesagt, an einen jungen Habicht denken, an jenem ersten Abend als sie ihn zum erstenmal sah, als sie Domino spielten und er hereinkam, – an einen jungen Habicht; aber mit ihr war er immer sehr sanft. Sie hatte ihn nie wild oder betrunken gesehn; nur manchmal leiden unter diesem schrecklichen Krieg. Aber auch das schob er alles immer beiseite, wenn sie eintrat. Was immer es sein mochte, was immer es sein mochte auf der Welt, jeden kleinen Verdruß mit ihrer Arbeit, alles, was ihr zu sagen einfiel, erzählte sie ihm, und er verstand sogleich. Nicht einmal ihre eigene Familie war so. Aber er, der älter war als sie und so gescheit – wie ernst er war. Er wollte, sie solle Shakespeare lesen, bevor sie auch nur eine Kindererzählung auf englisch lesen konnte! – er, der so viel erfahrener war, er konnte ihr helfen. Und sie, sie konnte ihm helfen.

Doch nun diesen Hut! Und dann (es wurde spät) Sir William Bradshaw.

Sie legte die Hände an die Schläfen und wartete, daß er sage, der Hut gefalle ihm oder gefalle ihm nicht, und während sie so saß und wartete und hinabsah, konnte er ihre Seele spüren, die wie ein Vogel sich von Ast zu Ast fallen ließ und immer ganz richtig landete; er konnte ihrer Seele folgen, während sie in einer dieser lockeren, gelösten Haltungen dasaß, die ihr so natürlich waren, und wenn er etwas sagte, lächelte sie sogleich, wie ein Vogel sich mit allen seinen Krallen fest auf dem Ast niederläßt.

Aber er erinnerte sich. Bradshaw hatte gesagt: »Die Menschen, die wir am liebsten haben, sind nicht gut für uns, wenn wir krank sind.« Bradshaw hatte gesagt, er müsse gelehrt werden, zu ruhen. Bradshaw hatte gesagt, sie müßten sich trennen.

»Müßten«, »müßten«, warum »müßten«? Welche Macht hatte Bradshaw über ihn? »Welches Recht hat Bradshaw, mir von müssen zu reden?« fragte er.

»Weil du davon geredet hast, dich umzubringen«, sagte Rezia. (Es war ein Glück, daß sie ihm jetzt alles sagen konnte.)

Also war er in der Macht dieser Leute! Hymes und Bradshaw waren hinter ihm her! Das Vieh mit den roten Nüstern schnüffelte in jedem geheimen Winkel! »Müssen« durfte es sagen! Wo waren seine Zettel? Alles, was er geschrieben hatte?

Sie brachte ihm seine Zettel, alles, was er geschrieben und was sie für ihn niedergeschrieben hatte. Sie schüttete sie alle auf das Sofa. Miteinander besahen sie sie. Schematische Darstellungen, Zeichnungen, Männlein und Weiblein, Stecken wie Waffen schwingend, mit Flügeln (es waren doch Flügel?) am Rücken; Kreise, um Schilling- und Sechspencestücke gezogene, – Sonnen und Sterne; zickzackende Felsabstürze mit Bergsteigern, die angeseilt hinaufkletterten, genau wie Messer und Gabeln; Seestücke mit kleinen Gesichtern, die aus etwas hervorlachten, was vielleicht Wellen waren; eine Landkarte der Welt. »Verbrenn das alles!« rief er. Und nun, was er geschrieben hatte: wie die Toten hinter Rhododendronbüschen sangen; Oden an die Zeit; Gespräche mit Shakespeare; Evans, Evans, Evans – seine Botschaften von den Toten; fälle keine Bäume; sag's dem Premierminister; allumfassende Liebe – der Sinn der Welt. »Verbrenn das!« rief er.

Aber Rezia legte die Hände darauf. Einiges war sehr schön, dachte sie. Sie wollte es alles mit einem Streifen Seide zusammenbinden (denn sie hatte keinen Briefumschlag bei der Hand).

Auch wenn sie ihn holen kämen, sagte sie, würde sie mit ihm gehn. Die könnten sie beide nicht gegen ihren Willen trennen, sagte sie.

Die Ränder gleichstoßend, legte sie die Blätter aufeinander und verschnürte das Päckchen, fast ohne hinzusehn, saß dabei ganz dicht neben ihm, saß da, dachte er, als wären alle ihre Blütenblätter um sie. Sie war ein blühender Baum; und aus dem Gezweig sah das Gesicht einer Gesetzgeberin hervor, die eine heilige Zufluchtsstätte erreicht hatte, wo sie niemanden fürchtete; nicht Hymes, nicht Bradshaw; ein Wunder, ein Triumph, der letzte und größte. Er sah sie taumelnd die erschreckliche Treppe hinaufsteigen, die mit Hymes und Bradshaw beladene, mit Männern, die nie weniger wogen als hundertundfünfzig Pfund, die ihre Frauen an den Hof sandten, Männern, die zehntausend im Jahr verdienten und vom richtigen Maß redeten; die in ihren Urteilen voneinander abwichen (denn Hymes sagte dies, Bradshaw das); und doch Richter waren; die seine Vision für die Anrichte hielten; nichts klar sahen und doch herrschten, doch Strafen zumaßen. Über sie triumphierte Rezia.

»So!« sagte sie. Die Papiere waren verschnürt. Niemand könnte an sie heran. Sie würde sie wegschließen.

Und nichts, sagte sie, solle sie beide trennen. Sie setzte sich neben ihn und nannte ihn mit dem Namen jenes Habichts oder jener Krähe, die, bösartig und eine große Vernichterin von Ernten, ihm genau gleiche. Niemand könne sie beide trennen, sagte sie.

Dann stand sie auf, um in das Schlafzimmer zu gehn und ihrer beider Sachen zu packen, aber weil sie unten Stimmen hörte und dachte, Dr. Hymes sei vielleicht gekommen, lief sie hinunter, um zu verhindern, daß er heraufkomme.

Septimus konnte sie mit Hymes auf der Treppe sprechen hören.

»Meine sehr Verehrte, ich bin als Freund gekommen«, sagte Hymes.

»Nein. Ich werde Ihnen nicht erlauben, mit meinem Mann zu sprechen«, sagte sie.

Er konnte sie sehen, wie sie, gleich einer kleinen Henne mit gespreizten Flügeln, ihm den Weg verstellte. Aber Hymes war beharrlich.

»Meine sehr Verehrte, gestatten Sie mir...«, sagte Hymes und schob sie beiseite (Hymes war ein sehr kräftig gebauter Mann).

Hymes kam die Treppe herauf. Hymes würde die Tür aufstoßen. Hymes würde sagen: »Sie haben wohl Schiß, was?« Hymes würde ihn erwischen. Aber nein; nicht Hymes; und nicht Bradshaw. Er erhob sich ein wenig schwankend, hüpfte tatsächlich von einem Fuß auf den andern und betrachtete Mrs. Filmers schönes, blitzblankes Brotmesser, in dessen Griff »Brot« eingekerbt war. Ah, aber das durfte man nicht besudeln. Der Gasofen? Aber dazu war es jetzt zu spät. Hymes kam schon. Sein Rasiermesser hätte er vielleicht noch nehmen können. Aber Rezia, die dergleichen immer besorgte, hatte es schon eingepackt. Blieb also nur das Fenster, das große Fenster eines Logierhauses in Bloomsbury; das lästige, das umständliche und recht theatralische Unternehmen, das Fenster zu öffnen und sich hinauszustürzen. Das war deren Idee von einer Tragödie, nicht seine oder Rezias (denn sie hielt zu ihm). Hymes und Bradshaw gefiel so etwas. (Er saß jetzt auf dem Fenstersims.) Aber er wollte warten bis zum allerletzten Augenblick. Er wollte nicht sterben. Das Leben war gut; die Sonne warm. Nur die Menschen... Die Treppe im Haus gegenüber herabkommend, blieb ein alter Mann stehn und starrte her. Hymes war vor der Tür. »Ich werd's dir zeigen!« rief er und schleuderte sich kraftvoll, heftig hinunter auf das Lichtschachtgeländer vor dem Souterrain.

»Der Feigling!« rief Dr. Hymes, zur Tür hereinstürmend. Rezia lief zum Fenster und sah; sie begriff. Dr. Hymes und Mrs. Filmer stießen miteinander zusammen. Mrs. Filmer schwenkte ihre Schürze und zwang sie im Schlafzimmer, sich die Augen zuzuhalten. Es gab ein großes Treppauf und Treppab. Und dann kam Dr. Hymes herein – weiß wie ein Laken, am ganzen Körper schlotternd, ein Glas in der Hand.

Sie müsse tapfer sein und etwas trinken (was war es? etwas Süßes), denn ihr Mann sei schrecklich zugerichtet, werde das Bewußtsein nicht wiedererlangen; sie dürfe ihn nicht sehn, es müsse ihr so viel als möglich erspart bleiben, sie werde die Totenbeschau durchmachen müssen, arme junge Frau! Wer hätte das vorhersagen können? Ein plötzlicher Impuls; niemand treffe die geringste Schuld (sagte er Mrs. Filmer). Und warum zum Teufel er es getan habe, das konnte Dr. Hymes sich nicht vorstellen.

Es schien ihr, als sie das süße Zeug trank, daß sie eine Glastür öffnete und in einen Garten hinaustrat. Aber wo? Die Uhr schlug – eins, zwei, drei: wie vernünftig der Klang war; verglichen mit all dem Gepolter und Geflüster; wie Septimus selbst. Sie fühlte, wie sie einschlief. Aber die Uhr schlug weiter; vier, fünf, sechs, und Mrs. Filmer, die ihre Schürze schwenkte (sie würden doch am Ende die Leiche nicht hier hereinbringen?), schien ein Teil des Gartens zu sein; oder eine Flagge. Sie hatte einmal eine Flagge sich langsam an einem Mast entfalten gesehn, als sie mit ihrer Tante in Venedig war. Männer, die in der Schlacht gefallen waren, wurden so gegrüßt, und Septimus hatte den Krieg durchgemacht. Von ihren Erinnerungen waren die meisten glückliche.

Sie setzte ihren Hut auf und lief durch Kornfelder – wo konnte das nur gewesen sein? – auf einen Hügel hinauf, irgendwo in der Nähe des Meers, denn es waren Schiffe da, Möwen, Schmetterlinge; sie saßen auf einer Klippe. Auch in London saßen sie dort, und halb im Traum kam durch die Schlafzimmertür Plätschern von Regen, Geflüster, Rascheln im reifen Korn, die Liebkosung des Meers, das, wie ihr schien, sie beide in seiner gewölbten Muschel barg und ihr, der aufs Ufer hingetragenen, zumurmelte, ihr, der wie Blumen über ein Grab hingestreuten, so empfand sie.

»Er ist tot«, sagte sie und lächelte die arme alte Frau an, die mit ihren ehrlichen hellblauen, auf die Tür gerichteten Augen bei ihr wachte. (Sie würden ihn doch nicht am Ende hier hereinbringen?) Aber Mrs. Filmer hielt das für unwahrscheinlich. O nein, o nein! Die trugen ihn jetzt weg. Sollte man es ihr nicht sagen? Verheiratete gehörten zusammen, dachte Mrs. Filmer. Aber sie mußten tun, was der Arzt sagte.

»Lassen Sie sie schlafen!« sagte Dr. Hymes, während er ihr den Puls fühlte. Sie sah den großen Umriß seines Körpers dunkel gegen das Fenster. Also das war Dr. Hymes.

Einer der Triumphe der Zivilisation, dachte Peter Walsh; das ist einer der Triumphe der Zivilisation, dachte er, als die helle, hohe Glocke der Ambulanz ertönte. Schnell und sauber eilte die Ambulanz dem Hospital zu, nachdem sie flink und menschenfreundlich irgendeinen armen Teufel aufgelesen hatte; jemand, der eins über den Schädel bekommen, den Krankheit gefällt hatte, der vielleicht erst vor kaum einer Minute an einer dieser Kreuzungen niedergestoßen worden war, wie es einem selbst widerfahren mochte. Das war Zivilisation. Sie fielen ihm, der aus dem Osten zurückkam, auf – die Tüchtigkeit, die organisierte Leistungsfähigkeit, der Gemeinschaftsgeist Londons. Jeder Lastwagen, jedes Personenauto wich von selbst aus, um die Ambulanz vorbeizulassen. Vielleicht war es morbid; oder war es nicht eher rührend, welche Achtung sie alle dieser Ambulanz mit dem Opfer darin bezeigten – geschäftige Männer, die heimeilten und doch sogleich, als sie vorbeifuhr, an die eigene Frau dachten; oder, vermutlich, wie leicht sie selbst dortdrin hätten liegen können, auf einem Klappbett ausgestreckt, einen Arzt und eine Krankenschwester neben sich... Ah, aber die Gedanken wurden morbid, sentimental, sobald man Ärzte, Leichen heraufzubeschwören begann; ein kleines Aufglühn von

Freude, eine Art Lustgefühl auch, bei dem visuellen Eindruck warnte einen, dergleichen nicht weiter auszuspinnen – verhängnisvoll für die Kunst, verhängnisvoll für Freundschaft. Gewiß. Und doch, dachte Peter Walsh, als die Ambulanz um die Ecke bog, aber die helle, hohe Glocke noch längs der ganzen nächsten Straße zu vernehmen war und auch noch von ferner her, als sie die Tottenham Court Road kreuzte und dabei unaufhörlich fortbimmelte, und doch war das eben das Vorrecht der Einsamkeit; wenn man mit sich allein war, durfte man tun, was einem paßte. Man durfte weinen, wenn's niemand sah. Das war sein Verderben gewesen – diese Empfindlichkeit – in der englischen Gesellschaft in Indien: nicht zur richtigen Zeit zu weinen, oder auch, zu lachen. Ich habe da etwas in mir, dachte er, bei der Briefkastensäule stehnbleibend, was sich nun in Tränen auflösen könnte. Warum, das mochte der Himmel wissen. Schönheit irgendwelcher Art, wahrscheinlich, und die Last des ganzen Tags, der, mit diesem Besuch bei Clarissa beginnend, ihn mit seiner Hitze, seiner Intensität erschöpft hatte, und dem Tropf-tropf eines Eindrucks nach dem andern in diesen Keller hinunter, wo sie alle blieben, in dem tiefen, dunkeln, und niemand würde es je wissen. Teils aus diesem Grund, weil es so ganz und gar und unverletzlich geheimnisvoll war, war ihm das Leben, gleich einem unbekannten Garten voller Wegbiegungen und Winkel, immer als voll von Überraschungen erschienen; ja, Überraschungen; es benahm einem wirklich den Atem mit diesen Augenblicken; da schickte es ihm nun einen solchen bei dieser Briefkastensäule gegenüber dem British Museum, einen Augenblick, in welchem die Dinge zusammenkamen; diese Ambulanz; und Leben und Tod. Es war, als würde er hinter diesem Sturm von Gemütsbewegung her auf ein sehr hohes Dach hinaufgesogen und alles, was von ihm übrigblieb, wie ein weißer, von Muscheln gesprenkelter Strand kahlgelassen. Sie war ihm zum Verderben geworden in der anglo-indischen Gesellschaft – diese Empfindlichkeit.

Clarissa hatte einmal, als sie auf dem Oberdeck eines Omnibusses mit ihm irgendwo hinfuhr, Clarissa hatte – sie, die zumindest oberflächlich so leicht bewegt war, bald verzweifelt, bald strahlender Laune, förmlich durchbebt von Spannung in jenen Tagen und eine so gute Gefährtin, jede sonderbare kleine Szene bemerkte, Namen auf Schildern, Leute, vom Oberdeck eines Busses, denn sie pflegten London zu erforschen und sackweise Schätze vom Caledonian-Trödelmarkt heimzubringen, – Clarissa hatte damals eine Theorie – sie hatten immer haufenweise Theorien, wie junge Leute sie haben, – die sollte das Gefühl der Unzufriedenheit, das sie empfanden, erklären; Leute nicht zu kennen; selber nicht gekannt zu sein. Denn wie sollte man einander kennen? Man traf einander jeden Tag; dann sechs Monate lang nicht; oder jahrelang nicht. Es war unbefriedigend, darüber waren sie einig, wie wenig man Leute kannte. Aber sie sagte, oben auf dem durch die Shaftesbury Avenue fahrenden Bus, sie fühle sich selbst überall; nicht »hier, hier, hier«; und sie tappte auf die Lehne des Sitzes vor sich; sondern überall. Sie schwenkte die Hand, während sie durch die Shaftesbury Avenue fuhren. Sie sei alles das. Also müsse man, um sie zu kennen oder irgend jemand zu kennen, die Menschen aufsuchen, die einen vervollständigen; sogar die Orte. Sie hatte sonderbare Verwandtschaften mit Leuten, mit denen sie nie gesprochen, mit einer Frau auf der Straße, einem Mann hinter einem Ladentisch – sogar mit Bäumen oder Scheunen. Es mündete alles in eine transzendentale Theorie, die ihr, mit ihrem Entsetzen vor dem Tod, zu glauben erlaubte, oder zu sagen erlaubte, sie glaube (trotz all ihrer Skepsis), da unsere Erscheinung, der sichtbare Teil von uns, so flüchtig sei, verglichen mit dem andern, dem unsichtbaren, der sich so weit ausbreite, könne der unsichtbare uns vielleicht überleben, vielleicht irgendwie wiedererlangt werden, da er an dieser oder jener Person hafte oder sogar an manchen Orten umhergeistere. Vielleicht - vielleicht.

Auf diese lange Freundschaft von fast dreißig Jahren zurückblickend, glaubte er, ihre Theorie treffe insoweit zu: so kurz, so unterbrochen und oft schmerzlich ihre wirklichen Begegnungen gewesen waren, durch sein vieles Fernsein und all die Störungen (heute morgen zum Beispiel, da war Elizabeth hereingekommen wie ein langbeiniges Füllen, anmutig, stumm, grade als er mit Clarissa ernsthaft zu sprechen begonnen hatte), war deren Wirkung auf sein Leben doch unermeßlich. Und hatte etwas Rätselhaftes. Man erhielt ein scharfkantiges, unbehagliches Körnchen – die tatsächliche Begegnung; gar nicht selten entsetzlich schmerzhaft; und doch, in ihrer Abwesenheit, an den unwahrscheinlichsten Orten blühte es plötzlich auf, öffnete sich, verbreitete seinen Duft, ließ einen es berühren, schmecken, betrachten, das völlige Gefühl und Verständnis dafür bekommen, nachdem es jahrelang verloren irgendwo gelegen hatte. So war sie oftmals zu ihm gekommen; an Bord von Schiffen; im Himalaya; von den wunderlichsten Dingen ihm nahegebracht (wie Sally Seton, großherzige, immer schnell begeisterte Gans, an *ihn* denken mußte, sobald sie blaue Hortensien sah). Sie hatte ihn mehr beeinflußt als irgendein andrer Mensch, den er je gekannt hatte; und kam ihm immer auf diese Weise vor das innere Auge, ohne daß er es wünschte; kühl, damenhaft, kritisch; oder berückend, romantisch, an eine Wiese oder eine Ernte in England gemahnend. Er sah sie so am öftesten auf dem Land vor sich, nicht in London. Eine Szene nach der andern in Bourton...

Er war zu seinem Hotel gelangt. Er durchschritt die Halle mit ihren Hügeln rötlicher Fauteuils und Sofas, ihren spitzblätterigen, verdorrt aussehenden Pflanzen. Er erhielt seinen Schlüssel vom Haken. Die junge Dame händigte ihm einige Briefe aus. Er ging hinauf – am öftesten sah er sie wie in Bourton vor sich, im Spätsommer, wo er eine Woche blieb, sogar zwei, wie das damals üblich war. Erst oben auf einem Hügel, wo sie dastand, die Handflächen an ihr Haar gedrückt, mit flatterndem Mantel, und auf etwas wies, ihnen etwas zurief – sie sehe unten den Severn. Oder im Wald, wie sie den Kessel zum Sieden bringen wollte – nie sehr geschickt mit den Händen; der Rauch vor ihr knickste, ihnen in die Augen wehte; ihr rosiges Gesichtchen hindurch sichtbar wurde; oder wie sie Wasser von einer alten Frau in einem Häuschen erbat, die zur Tür kam und ihnen nachsah. Sie gingen stets zu Fuß; die andern fuhren. Es langweilte Clarissa, zu fahren. Sie mochte keine Tiere, ausgenommen jenen Hund. Sie marschierten meilenweit auf Landstraßen. Dann hielt sie inne, um sich zu orientieren, und steuerte ihn querfeldein zurück; und die ganze Zeit führten sie Streitgespräche;über Gedichte, über Leute, über Politik (sie war damals eine Radikale); bemerkten nie etwas; nur wenn sie stehnblieb, einen Ausruf tat über eine Aussicht oder einen Baum und ihn zwang, ebenfalls hinzusehn; und dann wieder weiter, über Stoppeläcker, sie voraus, mit einer Blume für ihre Tante, nie müde vom Gehn trotz ihrer großen Zartheit; und in der Abenddämmerung nach Bourton hinunter. Dann, nach dem Essen, öffnete der alte Breithaupt das Klavier und sang ohne jede Stimme, und sie lagen hingegossen in Armsesseln, bemühten sich, nicht zu lachen, platzten aber immer heraus und lachten, lachten – lachten über nichts. Breithaupt, so wurde angenommen, bemerkte es nicht. Und am Morgen flatterte sie vor dem Haus hin und her wie eine Bachstelze…

Oh, es war ein Brief von ihr dabei! Dieser blaue Umschlag; und ihre Handschrift. Und er würde ihn lesen müssen. Das war also wieder eine dieser Begegnungen, die nicht anders als schmerzlich sein konnten! Ihren Brief zu lesen kostete einen höllischen Entschluß. »Wie himmlisch es gewesen sei, ihn wiederzusehn. Sie müsse ihm das sagen.« Das war alles.

Aber es brachte ihn aus der Fassung. Es ärgerte ihn. Er wünschte, sie hätte es nicht geschrieben. Unmittelbar nach allen seinen Gedanken war es wie ein Rippenstoß. Warum konnte sie ihn nicht sein lassen? Schließlich hatte sie doch Dalloway geheiratet und lebte mit ihm all die Jahre in völliger Glückseligkeit.

Diese Hotels waren keine Stätten des Trostes. Weit davon. Eine unendliche Zahl von Leuten hatte ihre Hüte auf diese Haken gehängt. Sogar die Fliegen hatten sich, wenn man's bedachte, schon auf andrer Leute Nasen niedergelassen. Und die Sauberkeit, die einem ins Gesicht sprang, die war nicht sosehr Sauberkeit wie Kahlheit, Kälte; etwas, das sein mußte. Irgendeine vertrocknete Aufseherin machte im Morgengrauen ihre Runde, schnüffelte, spähte, trieb blaunasige Dienstmädchen zum Scheuern an, ganz so, als wäre der nächste Gast ein Stück Braten, das auf einem tadellos reinen Teller serviert werden mußte. Fürs Schlafen ein Bett; fürs Sitzen ein Armsessel; fürs Zähneputzen und Rasieren ein Glas, ein Spiegel. Bücher, Briefe, Schlafrock glitten auf der Unpersönlichkeit des Roßhaars umher wie freche Ungehörigkeiten. Und es war Clarissas Brief, der ihm für das alles die Augen öffnete. »Himmlisch, Dich wiederzusehn. Sie müsse ihm das sagen!« Er faltete das Blatt, steckte es weg; nichts würde ihn bewegen, es abermals zu lesen.

Damit dieser Brief ihn bis sechs Uhr erreiche, mußte sie sich, sogleich nachdem er weggegangen war, hingesetzt und ihn geschrieben haben; die Marke aufgeklebt haben; jemand aufs Postamt geschickt haben. Es sah ihr, wie man so sagte, ganz ähnlich. Sie war verstört durch seinen Besuch. Sie hatte eine Menge empfunden; hatte einen Augenblick lang, als sie seine Hand küßte, bedauert, daß es so gekommen war, ihn sogar beneidet, sich möglicherweise (denn er sah es an ihrer Miene) an etwas erinnert, das er gesagt hatte, vielleicht, wie sie die Welt ändern wollten, wenn sie ihn heiraten würde; wogegen dies daraus geworden war: in mittleren Jahren zu sein; mittelmäßig zu sein; dann hatte sie sich mit ihrer unbezähmbaren Vitalität gezwungen, das alles beiseitezutun, denn in ihr war ein Lebensnerv, der an Zähigkeit, Ausdauer und Kraft, Hindernisse zu bewältigen und ihr im Triumph durch alles hindurchzuhelfen, weitaus das Stärkste war, was er kannte. Ja; aber dann käme eine Reaktion, sogleich nachdem er das Zimmer verlassen hatte. Es täte ihr furchtbar leid; sie dächte nach, was in aller Welt sie tun könnte, um ihm Freude zu bereiten (bis auf das eine), und er konnte sie vor sich sehn, wie sie, während ihr die Tränen über die Wangen liefen, zum Schreibtisch ging und die eine Zeile hinwarf, die er nun zu seiner Begrüßung vorgefunden hatte... »Himmlisch, Dich wiederzusehn!« Und sie meinte es.

Peter Walsh hatte jetzt seine Schuhe aufgeschnürt.

Aber es wäre nicht gut ausgegangen, wenn sie geheiratet hätten. Das andre kam schließlich um so viel natürlicher.

Und es war seltsam; es war wahr; eine Menge Leute empfanden es. Peter Walsh, der nur grade eben Achtungswertes geleistet, die üblichen Stellungen zulänglich ausgefüllt hatte, war gern gesehn, wurde aber für ein wenig verschroben gehalten, gebe sich ein Ansehen – es sei verwunderlich, daß *er*, besonders jetzt, wo seine Haare ergraut seien, eine zufriedene Miene haben sollte; eine Miene, als hätte er Reserven in sich. Es war dies, was ihn für Frauen anziehend machte, die gern das Gefühl hatten, er sei nicht durch und durch männlich.

Es stecke etwas Ungewöhnliches in ihm oder hinter ihm. Vielleicht nichts weiter, als daß er ein Bücherwurm sei – einen nie besuchen komme, ohne nach dem Buch zu greifen, das grade auf dem Tisch liege (er las auch jetzt, während seine Schuhriemen auf dem Fußboden schleiften); oder daß er ein Gentleman sei, was sich darin zeige, wie er die Asche aus seiner Pfeife klopfe, und selbstverständlich in seinem Benehmen Frauen gegenüber. Denn es sei sehr charmant und völlig lächerlich, wie leicht irgendeine Frau ohne ein Körnchen Grütze ihn um den Finger wickeln könne. Aber auf ihre eigene Gefahr. Das heißt, so leicht es sein mochte, mit ihm umzugehn, und so fesselnd er mit seiner Munterkeit und guten Erziehung als Gesellschafter sein mochte, stimme das nur bis zu einem gewissen Punkt. Sie sagte irgend etwas – nein, nein, das durchschaue er. Nein, das lasse er nicht gelten – nein, nein. Und konnte sich vor Lachen schütteln und sich den Bauch halten über irgendeinen Witz unter Männern. Er war in Indien der beste Beurteiler aller Kochkunst. Er war ein Mann. Aber nicht die Art von Mann, vor der man Respekt haben mußte, – was ein wahres Glück war; nicht wie Major Simmons zum Beispiel; nicht im geringsten, dachte Daisy, wenn sie, trotz ihrer zwei kleinen Kinder, die beiden zu vergleichen pflegte.

Er zog die Schuhe ab. Er leerte seine Taschen. Hervor kam mit dem Taschenmesser ein Amateurphoto von Daisy auf der Veranda; Daisy ganz in Weiß, einen Foxterrier auf dem Schoß; sehr reizvoll, sehr dunkelhaarig; das beste, das er je von ihr gesehn hatte. Es war schließlich so natürlich gekommen; soviel natürlicher als mit Clarissa. Kein Getue. Keine Schwierigkeiten. Keine Faxen, keine Flausen. Alles glatte Fahrt. Und das dunkle, anbetungswürdig hübsche Geschöpf auf der Veranda rief (er konnte es hören) aus, selbstverständlich, selbstverständlich wolle sie ihm alles geben!

rief sie (sie hatte keinen Sinn fürs Diskretsein), alles, was er wolle! rief sie, ihm entgegenlaufend, wer immer es sehen mochte. Und sie war erst vierundzwanzig. Und sie hatte zwei Kinder. Na ja...

Wahrhaftig, er hatte sich da in etwas eingelassen, in *seinem* Alter! Und es überkam ihn, wenn er nachts erwachte, hübsch stark. Angenommen, sie heirateten? Für ihn wäre das ganz schön, aber für sie? Mrs. Burgess, ein guter Kerl und keine Klatschbase, der er sich anvertraut hatte, hatte gemeint, daß seine Abwesenheit in England, offenkundig, um sich mit seinem Anwalt zu beraten, Daisy Gelegenheit geben sollte, sich das Ganze nochmals zu überlegen und darüber nachzudenken, was es für sie bedeuten würde. Es handle sich um Daisys Lage, hatte Mrs. Burgess gesagt; die gesellschaftliche Schranke; den Verzicht auf ihre Kinder. Sie würde eines Tags eine Witwe mit einer Vergangenheit sein, irgendwo in einer Gartenvorstadt dahinvegetieren oder, wahrscheinlicher, nicht sehr wählerisch sein (Sie wissen doch, hatte sie gesagt, wie solche Frauen werden, wenn sie sich zusehr anstreichen). Aber Peter Walsh fand das alles übertrieben; er hatte nicht die Absicht, schon jetzt zu sterben. Jedenfalls mußte sie es mit sich allein ausmachen; für sich selbst entscheiden, dachte er, in Socken im Zimmer umhertapsend, sein Frackhemd glattstreichend, denn er ginge vielleicht doch auf Clarissas Gesellschaft oder er ginge vielleicht in eine der Music-Halls oder er bliebe vielleicht zu Hause und läse dieses spannende Buch von einem Mann, den er aus seiner Oxforder Zeit kannte. Und wenn er sich pensionieren ließe, wär's das, was er täte, – Bücher schreiben. Er ginge nach Oxford und würde in der Bodleiana stöbern. Vergebens liefe das dunkle, anbetungswürdig hübsche junge Ding ans Ende der Terrasse; vergebens würde sie ihm winken; vergebens riefe sie, es sei ihr völlig egal, was die Leute sagten. Und da war er nun also;

der Mann, von dem sie weiß Gott was hielt; der vollendete Gentleman, der fesselnde, der distinguierte (und sein Alter mache nicht den geringsten Unterschied für sie), tapste in Socken in einem Hotelzimmer in Bloomsbury umher, rasierte sich, wusch sich und stöberte, während er den Heißwasserkrug ergriff, das Rasiermesser hinlegte, weiter in der Bodleiana und versuchte, der Wahrheit in ein oder zwei kleinen Fragen, die ihn interessierten, auf den Grund zu kommen. Und er würde ein wenig plaudern mit wem es grade wäre und so sich immer weniger ums Pünktlichsein zum Mittagessen kümmern und immer mehr Verabredungen versäumen; und wenn Daisy, wie sie es gewiß täte, einen Kuß würde haben wollen – eine Szene; er würde sich nicht dazu aufschwingen können (obgleich er an ihr hing) – kurzum, es wäre vielleicht, wie Mrs. Burgess gesagt hatte, eine glücklichere Lösung, sie vergäße ihn oder erinnerte sich seiner bloß, wie er im August 1922 gewesen war; wie einer Gestalt, die in der Dämmerung am Kreuzweg steht und immer ferner und ferner wird, je weiter der Dogcart dahinrollt und sie, sicher an den Rücksitz geschnallt, hinwegträgt, obgleich ihre Arme ausgestreckt sind und sie, während sie seine Gestalt immer kleiner werden und verschwinden sieht, noch immer ausruft, daß sie doch alles auf der Welt für ihn täte, alles, alles, alles...

Er wußte nie, was Leute sich eigentlich dachten. Es fiel ihm immer schwerer, sich zu sammeln. Er war ganz in Anspruch genommen; ging ganz in seinen eigenen Angelegenheiten auf; war bald verdrießlich, bald heiter; abhängig von Frauen, geistesabwesend, Stimmungen unterworfen, immer weniger fähig (dachte er, während er sich fertigrasierte) zu verstehn, warum Clarissa ihnen nicht einfach eine Wohnung finden und nett zu Daisy sein könnte; sie bei Leuten einführen könnte. Und dann könnte er eben – eben *was* tun? Eben herumgaukeln und herumstöbern (er war im Augenblick tatsächlich damit beschäftigt, verschiedene Schlüssel und Schriftstücke zu ordnen), herabschwirren und nippen, alleinsein, kurzum, sich selbst genügen; und doch war natürlich niemand mehr als er auf andere angewiesen (er knöpfte seine Weste zu); das war sein Verderben gewesen. Er konnte sich nicht fernhalten von Rauchzimmern, plauderte gern mit alten Obersten, spielte gern Golf, spielte gern Bridge und war vor allem gern in Gesellschaft von Frauen, genoß den feinen Reiz ihrer Kameradschaft und ihre Treue und Kühnheit und Größe in der Liebe, die, obwohl sie ihre Nachteile hatten, ihm (und das dunkel umrahmte, anbetungswürdig hübsche Gesicht lag obenauf auf den Briefen) als so bewundernswert erschienen, als eine so herrliche Blume, die da auf den Gipfeln des menschlichen Lebens blühte, und doch konnte er sich nicht dazu aufschwingen, weil er stets dazu neigte, um die Dinge herumzusehn (Clarissa hatte ihm für immer irgend etwas genommen) und sehr leicht stummer Ergebenheit überdrüssig zu werden und nach Abwechslung in der Liebe zu verlangen, obgleich es ihn rasend machen würde, wenn Daisy einen andern liebte, rasend! – denn er war eifersüchtig, von Veranlagung unbeherrschbar eifersüchtig. Er litt Qualen! Aber wo war sein Taschenmesser; seine Uhr; sein Siegelring, seine Brieftasche und Clarissas Brief, den er nicht abermals lesen wollte, aber gern an ihn dachte, und Daisys Photo? Und jetzt zum Dinner hinunter.

Alle waren schon beim Essen.

Da saßen sie an kleinen Tischen um Blumenvasen herum, in Abendkleidung oder nicht in Abendkleidung, ihre Schals und Handtäschchen neben sich gelegt, mit ihrer Miene falscher Gelassenheit, denn sie waren so viele Gänge zum Dinner nicht gewohnt; und echten Selbstvertrauens, denn sie waren imstande, dafür zu bezahlen; und müder Abgespanntheit, denn sie waren den ganzen Tag in London umhergelaufen, hatten Einkäufe gemacht, Sehenswürdigkeiten besichtigt; und mit ihrer natürlichen Neugier, denn sie sahen auf und sahen sich um, als der sympathisch aussehende Herr mit der Hornbrille hereinkam; und ihrer Gutmütigkeit, denn sie hätten sich gefreut, jeden kleinen Dienst zu erweisen, etwa einen Fahrplan zu leihen oder nützliche Auskünfte zu erteilen; und ihrem Verlangen, dem in ihnen pulsenden, heimlich an ihnen zerrenden, irgendwie Verbindungen herzustellen, und wären sie auch nur ein gemeinsamer Geburtsort (Liverpool etwa) oder Freunde gleichen Namens; mit ihren verstohlenen Blicken; ihrem wunderlichen Verstummen und plötzlichen Sichzurückziehen in Familienscherze und Absonderung; so saßen sie da und aßen ihr Dinner, als Mr. Walsh hereinkam und an einem Tischchen neben dem Vorhang Platz nahm.

Nicht, daß er irgend etwas sagte, denn da er allein war, konnte er nur mit dem Kellner reden. Das war es nicht; es war seine Art, auf die Speisenkarte zu blicken, mit dem Zeigefinger auf einen bestimmten Wein zu weisen, sich an den Tisch heranzurücken, sich ernsthaft aber nicht völlerisch dem Essen zu widmen, was ihm ihren Respekt gewann; der dann, nachdem er während des größeren Teils der Mahlzeit unausgedrückt hatte bleiben müssen, an dem Tisch, wo die Morrises saßen, aufflammte, als sie ihn am Ende der Mahlzeit sagen hörten: »Bartlett-Birnen.« Warum er so maßvoll und doch mit solcher Festigkeit gesprochen haben sollte, mit dem Gehaben eines Mannes, der auf Disziplin hält und durchaus in seinem auf Gerechtigkeit gegründeten Recht ist, das wußten weder der junge Charles noch der alte Charles Morris, weder Miss Elaine, noch Mrs. Morris. Aber als er, so allein an seinem Tisch sitzend, »Bartlett-Birnen« sagte, fühlten sie, daß er bei einer berechtigten Forderung auf ihre Unterstützung zählte; Vorkämpfer einer Sache war, die sogleich zu ihrer eigenen wurde, so daß ihre Augen den seinen mit Sympathie begegneten und, als sie alle gleichzeitig den Rauchsalon erreichten, ein kleines Gespräch zwischen ihnen unvermeidlich wurde.

Es war nicht sehr tiefgründig – besagte nur, daß London bummvoll war; sich verändert hatte in dreißig Jahren; daß Mr. Morris Liverpool vorzog; daß Mrs. Morris auf der Westminster-Blumenschau gewesen war und sie alle den Prinzen von Wales gesehen hatten. Dennoch, dachte Peter Walsh, kann sich keine Familie der Welt mit den Morrises vergleichen; keine; und ihre Beziehungen zueinander sind genau, was sie sein sollen, und sie machen sich einen Schmarren aus den oberen Klassen, und ihnen gefällt, was ihnen gefällt. Und Elaine bereitet sich darauf vor, in die Familienfirma einzutreten, und der Junge hat ein Stipendium für die Technische Hochschule Leeds gewonnen, und die alte Dame (die ungefähr in seinem Alter war) hat noch drei Kinder daheim; und sie haben zwei Autos, aber Mr. Morris flickt noch immer sonntags die Schuhe: es ist unübertrefflich, es ist absolut unübertrefflich, dachte Peter Walsh und wiegte sich, sein Likörglas in der Hand, auf den Fersen, zwischen den roten Plüschfauteuils und den Aschenschalen, und war sehr mit sich zufrieden, denn die Morrises hatten etwas übrig für ihn. Ja, sie hatten etwas übrig für einen Mann, der Bartlett-Birnen verlangte. Sie hatten etwas übrig für ihn, das fühlte er.

Er würde doch auf Clarissas Gesellschaft gehn. (Die Morrises verzogen sich; aber sie würden einander wiedersehn.) Er würde auf Clarissas Gesellschaft gehn, denn er wollte Richard fragen, was sie in Indien vorhatten – diese konservativen Pfuscher. Und was im Theater gespielt werde. Und was es an Konzerten gebe... o ja, und auch an bloßem Klatsch.

Denn das ist die Wahrheit über unsre Seele, dachte er, unser Selbst, das wie ein Fisch die Tiefsee bewohnt und zwischen Dunkelheiten hin und her schwimmt, sich seinen Weg sucht zwischen den Stengeln von Riesenpflanzen, über sonnengefleckte Strecken und wieder weiter durch düsteres Dämmer, kaltes, tiefes, unerforschliches; plötzlich schießt es hinauf an die Oberfläche und tummelt sich auf den windgekräuselten Wellen; das heißt, es tut ihm buchstäblich not, anzustreifen, sich zu reiben: sich zu entzünden an bloßem Geplauder. Was gedachte die Regierung – Richard Dalloway würde es wissen – in Indien zu tun?

Da es ein sehr heißer Abend war und die Zeitungsjungen mit Plakaten vorbeikamen, die in riesigen roten Buchstaben eine Hitzewelle verkündeten, waren Korbstühle auf die Stufen vor dem Hotel gestellt worden, und hier saßen, trinkend und rauchend, einzelne Herren. Peter Walsh setzte sich auch hierher. Man mochte sich vorstellen, daß der Tag, der Londoner Tag eben erst beginne. Wie eine Frau, die ihr bedrucktes Kattunkleid und ihre weiße Schürze abgestreift hat, um Blau und Perlen anzulegen, wechselte der Tag sein Kleid, legte Tuch ab, legte Tüll an, verwandelte sich in Abend, und mit einem freudigen Seufzer, wie eine Frau ihn ausstößt, wenn sie ihren Rock zu Boden gleiten läßt, warf auch der Tag Staub, Hitze, Farben ab. Der Straßenverkehr lichtete sich; elegante Autos, surrend dahinflitzende, lösten die rumpelnden Lastwagen ab; und hier und da hing zwischen dem dichten Laub ein starkes Licht. Ich ziehe mich zurück, schien die Abenddämmerung zu sagen, während sie verblaßte und schwand über den Zinnen und Vorsprüngen, den gerundeten, spitz zulaufenden, von Hotels, Wohnblöcken und Kaufhäusern, ich verblasse, begann sie, ich verschwinde, aber London wollte nichts davon hören und stieß mit seinen Bajonetten nach ihr, spießte sie an den Himmel, zwang sie, an seinem Nachtschwärmen teilzunehmen.

Denn seit Peter Walsh' letztem Aufenthalt in England

hatte sich die große Revolution, Mr. Willetts Sommerzeit, vollzogen. Der verlängerte Abend war ihm neu. Es war recht anregend. Denn wie die jungen Leute so vorbeikamen, mit ihren Aktentaschen, schrecklich froh, frei zu sein, und auch stolz, auf eine stumme Weise, über dieses berühmte Pflaster zu schreiten, rötete eine Art von Freude, eine billige, flitterige, wenn man wollte, aber dennoch eine Verzückung, ihre Gesichter. Sie kleideten sich auch gut; fleischrosa Strümpfe; hübsche Schuhe. Sie genössen nun zwei Stunden im Kino; es schärfte, es verfeinerte sie, dieses gelbblaue Abendlicht; und es schimmerte schaurig, leichenhaft auf dem Laub der Gartenanlage – es sah aus wie in Meerwasser getaucht – das Laub einer ins Wasser versunkenen Stadt. Er war erstaunt über diese Schönheit; es war auch aufmunternd, denn während der aus Indien Zurückgekehrte (er kannte ganze Scharen von ihnen), wie es sich gehörte, im Orientalischen Klub saß und gallig den Ruin der Welt zusammenfaßte, saß er hier, so jung wie nur je; beneidete die jungen Leute um ihre Sommerzeit und alles übrige; und die Worte einer jungen Frau, das Lachen eines Stubenmädchens – unwägbare Dinge, die man nicht zu greifen vermochte, – ließen ihn mehr als vermuten, daß sich in der ganzen pyramidenförmigen Anhäufung, welche in seiner Jugend unverrückbar zu sein schien, etwas verschoben hatte: ein Druck von oben her, der sie alle beschwert hatte, besonders die Frauen; wie die Blumen, die Clarissas Tante Helena zwischen Blättern grauen Fließpapiers zu pressen pflegte, mit Littrés Wörterbuch obenauf, wenn sie nach dem Abendessen unter der Lampe saß. Sie war nun wohl schon tot. Er hatte von Clarissa gehört, sie sei auf einem Auge erblindet. Es schien so passend zu sein – eins der Meisterstücke der Natur, daß die alte Miss Parry zu Glas geworden sein sollte. Sie war wohl gestorben wie ein Vogel in einem Frost, ihre Stange umkrallend. Sie gehörte einem andern Zeitalter an, aber da sie so ganz aus einem Stück, so vollständig gewesen war, würde sie immer am Horizont sichtbar sein, etwas Hochragendes aus weißem Stein, wie ein Leuchtturm ein zurückgelegtes Stadium dieser abenteuerlich langen, langen Reise bezeichnen, dieses endlosen – (er fingerte ein Kupferstück aus der Tasche, um ein Abendblatt zu kaufen und zu sehn, wie das Match Surrey gegen Yorkshire stehe; er hatte so ein Kupferstück tausende Male hingehalten – Surrey war wieder einmal unten durch) – dieses endlosen Lebens. Aber Kricket war kein bloßes Spiel; es hatte Bedeutung. Er konnte es nie unterlassen, die Kricketberichte zu lesen. Erst las er unter »Letzte Meldungen« die Resultate; dann, daß es ein sehr heißer Tag gewesen war; dann über einen Mordfall. Dinge tausende Male getan zu haben, bereicherte sie, wenngleich man sagen konnte, daß es ihnen den Glanz abschliff. Die Vergangenheit bereicherte, und auch Erfahrung und daß einem an ein paar Menschen gelegen war und man so die Fähigkeit erworben hatte, die den Jungen fehlte: zu eliminieren, zu tun, was einem beliebte, sich einen Schmarren darum zu kümmern, was die Leute sagten, und ohne besonders große Erwartungen zu kommen und zu gehn (er ließ seine Zeitung auf dem Tischchen liegen und stand auf), was jedoch (und er sah sich nach seinem Hut und seinem Überzieher um) auf ihn nicht ganz zutraf, nicht heute abend, denn da ging er nun auf eine Gesellschaft, in *seinem* Alter, in dem Glauben, daß er auf dem Weg sei, etwas zu erleben. Aber was?

Schönheit jedenfalls. Nicht die krasse Schönheit fürs Auge. Es war nicht einfach bloß Schönheit – diese Straße, Bedford Place, die auf den Russell Square mündete. Es war natürlich auch diese Geradheit und Leere; diese Symmetrie eines Korridors; und dazu erleuchtete Fenster, die Töne eines Klaviers, eines Grammophons; ein Spüren von Belustigung, verborgener, aber dann und wann auftauchender, wenn man durch ein vorhangloses Fenster, ein offengelassenes Fenster sah, wie Gesellschaften um Tische saßen, junge Paare langsam kreisten, Männer und Frauen miteinander plauderten, Dienstmädchen müßig in Fenstern lehnten (ein seltsamer Kommentar mußte der ihre sein, wenn die Arbeit getan war), Strümpfe sah, die zum Trocknen von Gesimsen herabhingen, einen Papagei, ein paar Topfpflanzen. Fesselnd, geheimnisvoll, von unendlichem Reichtum war dieses Leben. Und auf dem großen Platz, wo die Taxis so schnell dahinschossen und um die Gartenanlage in der Mitte schwenkten, verweilten Liebespärchen, tändelnd, einander umarmt haltend, zusammengeduckt unter dem Schauer eines Baums; das war rührend; so stumm, so ganz in Anspruch genommen, daß man diskret vorbeiging, scheu wie angesichts einer heiligen Handlung, die zu unterbrechen frevelhaft gewesen wäre. Auch das war interessant. Und so weiter und hinaus ins Helle und Grelle.

Sein leichter Überzieher flatterte auseinander, er schritt mit unbeschreiblicher Überempfänglichkeit dahin, ein wenig vorgeneigt, fast auf den Zehenspitzen, die Hände auf dem Rükken und die Augen noch immer ein wenig habichtartig; er schritt wie auf den Zehenspitzen durch London, gegen Westminster, und machte seine Beobachtungen.

Ging denn alle Welt zum Abendessen aus? Hier wurde eine Tür von einem Bedienten geöffnet, um eine hochtrabende alte Dame heraustreten zu lassen, in Schnallenschuhen, drei violette Straußfedern im Haar. Andre Haustüren wurden Damen geöffnet, die wie Mumien in Schals gewickelt waren, buntgeblümte, und Damen, die barhaupt waren. Und in gutbürgerlichen Wohnstraßen mit Stucksäulen, durch kleine Vorgärten kamen, nur leicht eingehüllt, einen großen Kamm im Haar, Frauen (nachdem sie schnell hinaufgelaufen waren, um noch einen Blick auf die Kinder zu werfen) auf die Straße heraus. Männer im Überzieher, der sich im leichten Wind öffnete, warteten auf sie neben Autos, deren Motor schon angelassen war. Alle Welt ging aus; bei all diesem Sichöffnen von Türen, diesem Herabkommen über Stufen und dem allgemeinen Aufbruch schien es einem, als schiffte sich ganz London in kleinen, am Ufer vertäuten, auf dem Wasser schaukelnden Booten ein; als schwämme die ganze Stadt in einem Karnevalszug davon. Und Whitehall war wie eine Schlittschuhbahn, eine silberplattierte, auf der Spinnen liefen, und man empfand, daß Mücken um die Bogenlampen schwärmten; es war so heiß, daß Leute plaudernd umherstanden. Und hier in Westminster saß einer, ein pensionierter Richter vermutlich, saß da breit in seiner Haustür, ganz in Weiß. Ein aus Indien Heimgekehrter vermutlich.

Und hier ein Krawall streitender Weiber, betrunkener Weiber; hier nur ein Polizist und aufragende Häuser, hohe Häuser, Gebäude mit Kuppeln, Kirchen, Parlamente und das Tuten eines Dampfers auf dem Fluß, ein hohler, nebelhafter Ruf. Aber dies war ihre Straße, Clarissas Straße; um die Ecke, wie Wasser um die Pfeiler einer Brücke, schossen Taxis, die es alle hierherzog, so schien es ihm, weil sie Leute fuhren, die auf ihre Gesellschaft gingen, auf Clarissas Gesellschaft.

Der kalte Strom visueller Eindrücke ließ ihn nun im Stich, als wäre das Auge ein Becher, der überfloß und das übrige an seiner Porzellanwand unvermerkt herablaufen ließ. Das Gehirn mußte nun wach sein. Der Körper mußte sich nun zusammenziehen beim Betreten des Hauses, des erleuchteten Hauses, dessen Tür offenstand, vor der die Autos hielten, denen hellgekleidete Frauen entstiegen; die Seele mußte sich stählen fürs Erdulden. Er öffnete die große Klinge seines Taschenmessers.

Lucy kam in vollem Lauf die Treppe herunter, nachdem sie soeben auf einen Sprung im Salon gewesen war, um einen Überzug zu glätten, einen Stuhl zurechtzurücken, einen Augenblick innezuhalten und das Gefühl zu haben, daß, wer immer hereinkäme, sich denken müßte, wie sauber, wie glänzend, wie wunderschön gehalten, wenn die Leute das schöne Silber sähen, die messingnen Kamingeräte, die neuen Fauteuilüberzüge und die Vorhänge aus gelbem Chintz; sie würdigte jede Einzelheit; hörte ein lautes Stimmengewirr; sie kamen schon vom Dinner herauf; sie mußte sich beeilen!

Der Premierminister werde kommen, sagte Agnes; im Eßzimmer sei davon gesprochen worden, sagte sie, als sie ein Tablett Gläser in der Küche abstellte. Kam es darauf an, kam es im geringsten darauf an? Auf einen Premierminister mehr oder weniger? Es machte um diese Nachtstunde keinen Unterschied für Mrs. Walker, mitten unter ihren Tellern, Töpfen, Sieben, Bratpfannen, Stückchen Huhn in Aspik, Eismaschinen, abgeschnittenen Brotkrusten, Zitronen, Suppenterrinen und Puddingformen, was alles, so emsig die in der Spülküche auch abwuschen, ihr auf dem Hals zu sitzen schien da auf dem Küchentisch, auf den Stühlen, während das Herdfeuer prasselte und sauste, die Glühbirnen grellten und erst noch fürs Souper gedeckt werden mußte. Sie fühlte nur, daß ein Premierminister mehr oder weniger auch nicht den geringsten Unterschied machte.

Die Damen gingen schon hinauf, sagte Lucy; ja, die Damen gingen hinauf, eine hinter der andern, Mrs. Dalloway als letzte, und sie sandte fast immer ein paar Worte hinunter in die Küche. »Meine besondere Anerkennung für Mrs. Walker«, hieß es etwa eines Abends. Und am nächsten Morgen würden sie dann die Gerichte durchgehn – die Suppe, den Lachs; der Lachs war, das wußte Mrs. Walker, wie gewöhnlich »zu wenig durch« gewesen, denn sie wurde immer nervös wegen dem Dessert, und sie überließ ihn Jenny; so kam es, daß der Lachs nie ganz durch war. Aber eine Dame mit blondem Haar und Silberschmuck hatte über das Entrée gesagt, sagte Lucy, ob es wirklich zu Hause gemacht sei? Doch der Lachs, der beunruhigte Mrs. Walker, während sie die Schüsseln rundum und rundum drehte und Zugregler hineinstieß und herauszog; und dann kam ein Schwall von Gelächter aus dem Eßzimmer; eine Stimme, die sprach; dann ein zweiter Schwall – die Herren unterhielten sich, wenn die Damen gegangen waren. Den Tokayer! sagte Lucy, die hereingelaufen kam. Mr. Dalloway habe den Tokayer verlangt, den Wein aus der Kaiserlichen Hofkellerei.

Er wurde in die Küche heraufgebracht. Über die Schulter zurück berichtete Lucy, daß Miss Elizabeth ganz wunderschön aussehe; sie könne gar nicht von ihr wegschauen; in dem rosa Kleid, und sie trage die Halskette, die Mr. Dalloway ihr geschenkt hatte. Jenny dürfe den Hund nicht vergessen, Miss Elizabeth' Foxterrier, der, weil er bissig, eingesperrt worden sei und vielleicht, so meine Miss Elizabeth, etwas brauche. Jenny dürfe den Hund nicht vergessen. Aber Jenny dachte nicht daran, hinaufzugehn, wenn alle diese Leute erst noch kämen. Da hielt schon ein Auto vor der Haustür! Es klingelte – und die Herren saßen noch immer im Eßzimmer und tranken Tokayer!

Da, sie gingen schon hinauf; das waren die ersten, die kamen, und nun kämen sie hintereinander, immer schneller, so daß Mrs. Parkinson (für Gesellschaften aufgenommen) die Haustür lieber nur angelehnt ließ; und die Halle würde bald voller Herren sein, die warteten (sie standen wartend umher und glätteten sich das Haar), während die Damen ihre Abendmäntel ablegten in dem Zimmer, dort, den Gang entlang; wo Mrs. Barnet ihnen half, die alte Ellen Barnet, die vierzig Jahre bei der Familie gewesen war und jeden Sommer kam, um den Damen zu helfen, und sich an Mütter erinnerte, als sie noch Mädchen waren, und, wenngleich durchaus nicht anmaßend, einem die Hand reichte; sehr respektvoll »Milady« sagte, aber doch so eine humorvolle Art hatte, die jungen Damen anzusehen, und so besonders taktvoll Lady Lovejoy beizustehn, mit deren Unterkleid etwas nicht in Ordnung war. Und sie empfanden ganz deutlich, Lady Lovejoy und Miss Alice, daß ihnen ein kleines Vorrecht bei Bürste und Kamm eingeräumt wurde, da sie Mrs. Barnet schon so lange kannten, mindestens – »dreißig Jahre, Milady«, half Mrs. Barnet ihr aus. Junge Damen verwendeten kein Rouge, sagte Lady Lovejoy, damals, als sie in Bourton zu Besuch weilten, in den alten Zeiten. Und Miss Alice brauche kein Rouge, sagte Mrs. Barnet und sah sie liebevoll an. Da saß also Mrs. Barnet, strich über Pelze, glättete spanische Schals, machte auf dem Toilettetisch Ordnung und wußte genau, trotz Pelzen und Aufputz, welche feine Damen waren und welche nicht. Die gute Alte, sagte Lady Lovejoy, im Hinaufgehen, Clarissas einstige Kinderfrau.

Und dann straffte sich Lady Lovejoy. »Lady und Miss Lovejoy«, sagte sie zu Mr. Wilkins (für Gesellschaften aufgenommen). Er hatte eine bewundernswerte Art, wie er sich herabneigte und aufrichtete, herabneigte und aufrichtete und mit völliger Unparteilichkeit anmeldete: »Lady und Miss Lovejoy... Sir John und Lady Needham... Miss Weld... Mr. Walsh.« Seine Art war bewundernswert; sein Familienleben mußte über jeden Vorwurf erhaben sein, nur erschien es einem unmöglich, daß ein Wesen mit grünlichen Lippen und blaurasierten Wangen je in die lästige Plage hineingetappt sein sollte, Kinder zu haben.

»Wie ich mich freue, Sie zu sehn!« sagte Clarissa. Sie sagte es zu jedermann. Wie ich mich freue, Sie zu sehn! Sie zeigte sich von ihrer schlechtesten Seite – überströmend, unaufrichtig. Es war ein großer Fehler, gekommen zu sein. Er hätte zuhause bleiben und das Buch lesen sollen, dachte Peter Walsh; hätte in eine Music Hall gehn sollen; er hätte daheimbleiben sollen, denn er kannte niemand.

O weh, es wird ein Mißerfolg werden, ein völliger Mißerfolg, Clarissa spürte es in den Knochen, als der gute alte Lord Lexham vor ihr stand und seine Frau entschuldigte, die sich bei dem Gartenfest im Buckingham Palace eine Erkältung geholt hatte. Aus dem Augenwinkel konnte sie Peter sehn, wie er dort an der Wand stand und sie kritisierte. Warum ließ sie sich überhaupt auf solche Sachen ein? Warum auf Turmspitzen hinauf wollen und in Feuer gebadet dastehn? Mochte es sie immerhin verzehren! Zu Asche brennen! Lieber irgendwas, lieber seine Fackel schwingen und sie zu Boden schleudern, als allmählich zu nichts hinzuschwinden wie eine Ellie Henderson! Es war wirklich unglaublich, wie Peter sie in diese Zustände versetzte, einfach indem er herkam und an die Wand gelehnt stand. Er bewirkte, daß sie sich selbst sah; wie sie übertrieb. Es war idiotisch. Aber warum kam er dann her, bloß um zu kritisieren? Warum immer nehmen und nie geben? Warum nicht sein eigenes Standpünktchen riskieren? Da, jetzt schlenderte er weg, und sie hatte unbedingt mit ihm zu sprechen. Aber sie würde keine Gelegenheit dazu finden. Daraus bestand das Leben – aus Demütigung, Entsagung. Was Lord Lexham sagte, war, daß seine Frau keinen Pelz auf dem Gartenfest tragen wollte, denn »meine Liebe, ihr Damen seid alle gleich« – und Lady Lexham war mindestens fünfundsiebzig! Es war köstlich, wie das alte Paar einander hätschelte. Sie hatte den alten Lord Lexham wirklich gern. Sie war überzeugt, daß sie wichtig war, ihre Abendgesellschaft, und es machte sie ganz krank, zu wissen, daß es alles schief ging, daß nichts daraus wurde. Irgendwas, sogar eine Explosion, irgend etwas Entsetzliches wäre besser, als daß die Leute so ziellos umherwanderten, in einem Knäuel an einer Ecke standen, wie Ellie Henderson, und sich nicht einmal bemühten, sich geradezuhalten.

Der gelbe Vorhang mit allen Vögeln des Paradieses bauschte sich sanft, und es sah so aus, als käme ein ganzer Schwarm von Schwingen ins Zimmer hereingeflogen, geradeswegs herein, und würde dann wieder zurückgesaugt. (Denn die Fenster standen offen.) War es zugig? fragte sich Ellie Henderson. Sie erkältete sich leicht. Aber es lag nichts daran, daß sie morgen niesend zum Frühstück herunterkäme; sie dachte nur an die jungen Mädchen mit ihren nackten Schultern, denn an andre zu denken, darauf war sie gedrillt worden, von einem alten Vater, einem kränklichen, dem gewesenen Vikar von Bourton, aber er war nun schon tot; und ihre Erkältungen schlugen sich nie auf die Brust, nie. An die Mädchen dachte sie, die jungen Mädchen mit ihren bloßen Schultern, sie selbst aber war immer ein Hälmchen von einem Geschöpf gewesen, mit ihrem schütteren Haar und ihrem hageren Profil; obgleich nun, seit sie fünfzig vorbei war, ein milder Strahl hervorzuleuchten begann, etwas durch Jahre der Selbstverleugnung fast zu Würde Geläutertes, aber wiederum verdunkelt, und zwar dauernd, durch ihre betrübliche Zugehörigkeit zu den besseren Ständen, ihre panische Furcht, die den dreihundert Pfund Einkommen entsprang und ihrer Wehrlosigkeit (sie vermochte sich keinen Penny zu verdienen), und die machte sie schüchtern und mit jedem Jahr weniger geeignet, mit gutgekleideten Leuten zusammenzukommen, die derartiges jeden Abend der Season mitmachten und ihren Kammerzofen bloß sagten: »Ich werde das und das tragen!«, wogegen sie nervös ausging und billige rosa Blumen kaufte, ein halbes Dutzend, und dann einen Schal über ihr altes Schwarzes warf. Denn ihre Einladung zu Clarissas Gesellschaft war im letzten Augenblick gekommen. Sie war nicht restlos glücklich über die. Sie hatte so ein Gefühl, daß Clarissa gar nicht beabsichtigt hatte, sie dieses Jahr einzuladen.

Warum sollte sie auch? Es gab wirklich keinen Grund außer dem, daß sie einander schon immer gekannt hatten. Tatsächlich waren sie Cousinen. Aber natürlich waren sie nach ganz verschiedenen Richtungen auseinandergekommen, da Clarissa doch so begehrt war. Für sie selbst war es ein Ereignis, auf eine Gesellschaft zu gehn. Es war schon ein großer Genuß, sich bloß die herrlichen Kleider anzusehn. War das nicht Elizabeth, nun schon erwachsen, das Haar modisch frisiert, dort, in Rosa? Aber sie konnte nicht mehr als siebzehn sein. Sie sah sehr, sehr gut aus. Aber Mädchen, wenn sie grade erst in die Gesellschaft eingeführt wurden, schienen nicht mehr, wie es üblich gewesen war, Weiß zu tragen. (Sie mußte sich alles einprägen, um es Edith zu erzählen.) Junge Mädchen trugen jetzt geradefallende Kleider, ganz enge, die ein gutes Stück über dem Knöchel aufhörten. Es war nicht vorteilhaft, fand sie.

So stand Ellie Henderson, ihrer Kurzsichtigkeit wegen den Hals vorgestreckt, da, und es war nicht sosehr sie selbst, die sich etwas daraus machte, niemand zu haben, mit dem sie reden konnte (sie kannte hier kaum irgend jemand), denn sie fand, daß sie alle so interessant zu beobachten waren, Politiker vermutlich, Richard Dalloways Freunde; sondern Richard selbst, der fühlte, daß er das arme Geschöpf nicht den ganzen Abend weiter so allein dort stehn lassen konnte.

»Na, Ellie, und wie geht's *dir* immer?« sagte er auf seine gutherzige Art. Und Ellie Henderson, die nervös wurde und errötete und fühlte, daß es außerordentlich nett von ihm war, herzukommen und mit ihr zu plaudern, sagte, daß viele Leute Hitze stärker empfänden als Kälte.

»Ja, das ist wahr«, sagte Richard Dalloway. »Ja.«

Aber was noch sagte man?

»Hallo, Richard«, rief jemand, nahm ihn beim Arm, und, du guter Gott, das war ja Peter! der gute alte Peter Walsh. Er war entzückt, ihn zu sehn – riesig erfreut, ihn zu sehn! Er hatte sich kein bißchen verändert. Und weg gingen sie, mitten durchs Zimmer, klopften einander auf den Rücken, als hätten sie einander sehr lange nicht gesehn, dachte Ellie Henderson, die ihnen nachblickte und ganz sicher war, sie kenne diesen Mann vom Sehen. Ein hochgewachsener Mann mittleren Alters, mit recht schönen Augen, dunkelhaarig, der eine Brille trug, ein wenig wie John Burrows aussah. Edith würde es ganz bestimmt wissen.

Der Vorhang mit seinem Schwarm von Paradiesvögeln wurde wieder ins Zimmer hereingeweht. Und Clarissa sah – sie sah, wie Ralph Lyon ihn zurückstieß und weiterredete. Also war es doch kein Mißerfolg geworden! Sie würde schon richtig in Gang kommen – ihre Gesellschaft. Es hatte begonnen. Es hatte angefangen. Doch es war immer noch auf der Schneide. Sie mußte gegenwärtig noch hier stehnbleiben. Die Leute schienen nur so hereingeströmt zu kommen.

Oberst und Mrs. Garrod... Mr. Hugh Whitbread... Mr. Bowley... Mrs. Hilbery... Lady Mary Maddox... Mr. Quin... intonierte Wilkins. Sie wechselte mit jedem sechs bis sieben Worte, und dann gingen sie weiter, gingen in die Zimmer hinein; nun in *etwas* hinein, nicht in nichts, seit Ralph Lyon den Vorhang zurückgestoßen hatte.

Und doch war es, für ihr Teil, eine zu große Anstrengung. Sie genoß es gar nicht. Es war, als wäre man – einfach irgendwer, der hier stand; irgendwer anders könnte es auch; aber sie bewunderte diesen Irgendwer ein wenig, hatte nun einmal das Gefühl, daß sie das Ganze immerhin herbeigeführt hatte; daß er ein Stadium bezeichnete, dieser Pfosten, zu dem sie sich werden fühlte, denn seltsamerweise hatte sie ganz vergessen, wie sie aussah, hatte bloß das Gefühl, ein Pfahl zu sein, der am Kopf ihrer Treppe eingerammt war. Sooft sie eine Gesellschaft gab, hatte sie dieses Gefühl, etwas, das nicht sie selbst war, zu sein, und daß jedermann auf eine gewisse Weise unwirklich sei, aber auf eine andre viel wirklicher. Das lag, dachte sie, teils an den Kleidern der Leute, teils daran, daß sie aus ihrem gewohnten Alltag herausgehoben waren, teils am Hintergrund des Ganzen; es wäre möglich, Dinge zu sagen, die man sonst nicht sagen konnte, Dinge, die eine Anstrengung brauchten; es wäre möglich, viel tiefer zu dringen. Aber nicht ihr; noch nicht jedenfalls.

»Ich freue mich so, Sie zu sehn!« sagte sie. Der gute alte Sir Harry! Er würde jeden der Anwesenden kennen.

Und das Sonderbare daran war dieses Gefühl, das man hatte, während sie eins nach dem andern die Treppe heraufkamen, Mrs. Mount und Celia, Herbert Ainsty, Mrs. Dakers – oh, und Lady Bruton!

»Wie schrecklich nett, daß Sie gekommen sind!« sagte sie, und sie meinte es auch – es war sonderbar, wie man, wenn man hier stand, sie immerzu vorbeikommen fühlte, immerzu vorbeikommen, manche schon ganz alt, manche...

Welcher Name? Lady Rosseter? Aber wer in aller Welt war Lady Rosseter?

»Clarissa!« Diese Stimme! Es war Sally! Sally Seton, nach so vielen Jahren! Sie schimmerte durch einen Nebelschleier. Denn so hatte sie nicht ausgesehn, Sally Seton, als Clarissa die Heißwasserkanne ergriff. Wenn man dachte, daß sie unter diesem Dach hier war, unter diesem Dach... Nein, so nicht!

Eins das andre überstürzend, verlegen, lachend, sprudelten Worte hervor – vorübergehend in London; hörte es von

Clara Haydon; so eine gute Gelegenheit, dich wiederzusehn! Also hab' ich mich eingedrängt – ohne Einladung...

Man konnte die Heißwasserkanne ganz ruhig und gelassen hinstellen. Der schimmernde Schmelz war von Sally geschwunden. Doch es war außerordentlich, sie wiederzusehn, älter, glücklicher, weniger lieblich. Sie küßten einander, erst auf die eine Wange, dann auf die andre, hier an der Salontür, und Clarissa wandte sich, Sallys Hand in der ihren, und sah ihre Zimmer voller Menschen, hörte das Stimmengewirr, sah die Kerzenleuchter, die wehenden Vorhänge und die Rosen, die Richard ihr gebracht hatte.

»Ich hab' fünf riesige Buben«, sagte Sally.

Sie besaß den schlichtesten Egoismus, das offenkundigste Verlangen, daß immer zuerst an sie gedacht werde, und Clarissa liebte sie dafür, daß sie noch immer so war. »Ich kann's gar nicht glauben!« rief sie aus, ganz durchglüht von Wonne beim Gedanken an die Vergangenheit.

Aber leider, da war Wilkins; Wilkins wollte etwas von ihr; Wilkins verkündete in einem Ton von befehlerischer Autorität, als müßte die ganze Gesellschaft zurechtgewiesen und die Hausfrau von frivolem Tun zurückgeholt werden, einen einzigen Namen.

»Der Premierminister«, sagte Peter Walsh.

Der Premierminister? Wirklich? Ellie Henderson war ganz weg vor Staunen. Das war etwas, um es Edith zu erzählen!

Man konnte nicht über ihn lachen. Er sah so alltäglich aus. Man hätte ihn hinter einen Ladentisch stellen und Keks kaufen können – der arme Kerl, ganz in Goldstickerei aufgetakelt! Und um gerecht zu sein, so machte er auf seiner Runde, erst von Clarissa und dann von Richard geleitet, seine Sache sehr gut. Er versuchte, wie ein Jemand auszusehn. Es war unterhaltsam, es zu beobachten. Niemand sah zu ihm hin. Sie sprachen alle einfach weiter, und doch war es vollkommen klar, daß sie alle es wußten, es bis ins Knochenmark spürten, dieses majestätische Etwas gehe vorbei; dieses Symbol dessen, wofür sie alle einstanden, was sie alle repräsentieren, die englische Gesellschaft. Die alte Lady Bruton – und auch sie sah sehr prächtig aus, sehr wacker, in ihren Spitzen – schwamm herbei, und die beiden zogen sich miteinander in ein kleines Zimmer zurück, das sogleich bespäht wurde, bewacht wurde, und etwas wie eine Bewegung, eine Welle lief ganz offen durch alle hin: der Premierminister!

Du lieber Gott, dieser Snobismus der Engländer! dachte Peter Walsh, der in einem Winkel stand. Wie sie es liebten, sich in Goldstickerei herauszuputzen und ihre Verehrung zu bezeigen! Der dort! Das mußte – ja, wahrhaftig, das war Hugh Whitbread, ums Gehege der Großen herumschnüffelnd, beträchtlich fülliger geworden, beträchtlich weißhaariger, der untadelige Hugh!

Er sah immer aus, als wäre er im Dienst, dachte Peter, ein bevorrechtetes, aber heimlichtuerisches Wesen, Geheimnisse hortend, zu deren Verteidigung er bereit wäre, zu sterben, auch wenn's nur ein Fetzchen Tritsch-Tratsch war, von einem Hoflakaien fallen gelassen, das morgen in allen Zeitungen stünde. Solcherart waren seine Klappern, seine Flitterpuppen, und beim Spielen mit ihnen war er weiß geworden, an die Schwelle des Greisenalters gelangt, erfreute sich der Achtung und Zuneigung aller, die das Vorrecht genossen, diesen Typus des ehemaligen Zöglings eines vornehmen Internats zu kennen. Unvermeidlich dachte man sich solche Dinge zusammen über Hugh; das machte sein Stil; der Stil dieser bewundernswerten Briefe, die Peter tausende von Seemeilen weit weg in den *Times* gelesen und Gott gedankt hatte, daß er aus diesem verheerenden Tohuwabohu draußen war, wenn auch nur, um Paviane schnattern und Kulis ihre Weiber prügeln zu hören. Ein olivenhäutiger Jüngling von einer der Universitäten stand unterwürfig neben ihm. Ihn würde er begönnern, einweihen, lehren, wie man vorwärtskam. Denn es war ihm nichts lieber, als Freundlichkeiten zu erweisen, die Herzen alter Damen höher schlagen zu lassen vor Freude darüber, daß jemand an sie dachte in ihrem Alter, in ihrem traurigen Dasein; die sich ganz vergessen glaubten, doch da kam der liebe Hugh angefahren und verbrachte ein Stündchen mit ihnen im Gespräch über die Vergangenheit, erinnerte sich so vieler Kleinigkeiten, lobte den hausgemachten Kuchen, obgleich er jeden Tag seines Lebens mit einer Herzogin hätte Kuchen essen können und, wenn man ihn so ansah, wahrscheinlich einen guten Teil seiner Zeit mit dieser angenehmen Beschäftigung verbrachte.

Der Allgerechte, der Allgnädige mochte ihn entschuldigen. Peter Walsh kannte keine Gnade. Schurken mußte es geben, und weiß Gott, die Kerle, die dafür gehenkt wurden, einem Mädchen in einem Eisenbahnabteil den Schädel eingeschlagen zu haben, taten, im ganzen genommen, weniger Schaden als Hugh Whitbread mit seiner freundlichen Güte! Man mußte sich ihn nur ansehn, wie er dort auf den Zehenspitzen vorwärtstänzelte, seinen Kratzfuß machte, als der Premierminister und Lady Bruton auftauchten, und so, daß alle Welt es sehen konnte, andeutete, er sei bevorrechtet, Lady Bruton, als sie vorüberkam, etwas sehr Privates zu sagen. Sie blieb stehn; wiegte ihren schönen grauen Kopf. Sie dankte ihm vermutlich für irgendeinen Beweis von Servilität. Sie hatte ihre Speichellecker, kleine Beamte in den Ministerien, die umherliefen und allerlei für sie durchdrückten. Für welche Dienste sie dann zum Lunch eingeladen wurden. Aber sie war aus dem achtzehnten Jahrhundert. Sie war schon recht.

Und nun geleitete Clarissa ihren Premierminister durch den ganzen Salon, paradierend, stolzierend mit der ganzen Würde ihrer grauen Haare. Sie trug Ohrringe und ein silbergrünes Seejungfernkleid. Auf den Wogen dahinzuplätschern und ihre Haarsträhnen zu flechten schien sie, denn sie besaß diese Gabe noch immer: zu sein; zu existieren; es alles zusammenzufassen in den Augenblick, in dem sie vorbeikam, sich umwandte, sich mit ihrem Schal am Kleid einer andern Frau verfing, ihn losmachte, lachte; alles mit der vollkommensten Gelassenheit und dem Gehaben eines Geschöpfs, das in seinem Element schwamm. Aber das Alter hatte sie gestreift; wie sogar eine Seejungfer in ihrem Spiegel die untergehende Sonne an einem klaren Abend über die Wellen weg gewahren mochte. Um sie war jetzt ein Hauch von Zärtlichkeit; ihre Strenge, ihre Prüderie, ihre Hölzernheit waren nun alle durchwärmt, und es umgab sie, als der dicke goldbestickte Mann sich nun von ihr verabschiedete, der sein Bestmögliches tat – und viel Glück dabei! – bedeutend auszusehn, eine unaussprechliche Würde; eine exquisite Herzlichkeit; als wünschte sie der ganzen Welt das Allerbeste und müßte nun, grade auf der Schwelle und am Rand der Dinge, Abschied nehmen. Auf diese Gedanken brachte sie ihn. (Aber er war nicht verliebt in sie.)

Wirklich, so fühlte Clarissa, es war sehr freundlich von dem Premierminister gewesen, zu kommen. Und ihn durchs Zimmer geleitend, wo Sally und Peter waren und Richard, sehr erfreut und zufrieden, und alle diese Leute, die sie vielleicht nicht wenig beneideten, hatte sie diesen Rausch des Augenblicks empfunden, dieses Sichweiten der Nerven, im Herzen selbst, bis es zu beben schien, hatte sich durchströmt, gestärkt gefühlt; – ja, aber das alles fühlten schließlich auch andre Leute; und obgleich sie es liebte und es kribbeln und prickeln fühlte, hatten diese Scheinbarkeiten, diese Triumphe (daß zum Beispiel der gute alte Peter sie für so brillant hielt) etwas Hohles; auf Armeslänge von ihr waren sie, nicht im Herzen; und vielleicht kam das daher, daß sie alt wurde. Aber sie befriedigten sie nicht mehr, wie sie das früher zu tun pflegten; und plötzlich, als sie dem Premierminister nachsah, wie er die Treppe hinabging, brachte ihr der Goldrahmen von Sir Joshuas kleinem Mädchen mit dem Muff auf einmal Miss Kilman in Erinnerung; die Kilman, ihre Feindin. Das war befriedigend; das war etwas Wirkliches. Ah, wie sie sie haßte – die hitzige, heuchlerische, korrupte; und die Gewalt, die sie besaß; Elizabeth' Verführerin; diese Person, die sich eingeschlichen hatte, um zu stehlen, um zu schänden (Richard würde sagen: So ein Unsinn!). Sie haßte sie; sie liebte sie. Feinde waren, was man brauchte, nicht Freunde – nicht Mrs. Durrant und Clara, Sir William und Lady Bradshaw, Miss Truelock und Eleanor Gibson (die sie die Treppe heraufkommen sah). Sie mußte zu finden sein für sie, wenn sie mit ihr sprechen wollten. Sie war für ihre Gesellschaft da!

Und hier war ihr alter Freund Sir Harry.

»Mein lieber Sir Harry!« sagte sie, auf den prächtigen alten Burschen zugehend, dem mehr schlechte Bilder gelungen waren als irgendwelchen zwei andern Akademiemitgliedern in ganz St. John's Wood (sie stellten entweder Kühe dar, die, Nässe absorbierend, in Tümpeln standen, von einem Sonnenuntergang beleuchtet, oder deuteten, denn er verfügte über eine gewisse Skala von Gesten, durch das Heben eines Vorderfußes und das Zurückwerfen des Geweihs »Das Nahen des Rivalen« an – alle seine Betätigungen, auswärts zu Abend zu essen, zum Rennen zu gehn, gründeten sich auf Kühe, die, Nässe absorbierend, in vom Sonnenuntergang beleuchteten Tümpeln standen).

»Worüber lachen Sie?« fragte sie ihn. Denn Willie Titcomb und Sir Harry und Herbert Ainsty standen alle lachend beisammen. Aber nein. Sir Harry konnte Clarissa Dalloway (so gern er sie hatte; als ihren Typ hielt er sie für vollkommen, und es drohte ihr, von ihm gemalt zu werden) nicht seine

Anekdoten aus der Music-Hall-Bühne erzählen. Er neckte sie mit ihrer Gesellschaft. Er vermisse seinen Kognak. Diese Kreise, sagte er, seien zu hoch für ihn. Aber er hatte Clarissa gern; achtete sie trotz ihrer verdammten, heiklen oberklassigen Verfeinerung, die es unmöglich machte, Clarissa Dalloway aufzufordern, sich auf seine Knie zu setzen. Und nun kam dieses wandernde Irrlicht heran, diese vage Phosphoreszenz, die alte Mrs. Hilbery, und streckte ihre Hände dem wärmenden Aufflammen seines Gelächters (über die Dame und den Herzog) entgegen, das sie, als sie es vom andern Ende des Zimmers her hörte, über einen Punkt zu beruhigen schien, der ihr manchmal zu denken gab, wenn sie vorzeitig am Morgen erwachte und nicht gern schon ihrem Mädchen klingeln wollte, ihr eine Tasse Tee zu bringen: wie es doch so sicher sei, daß wir sterben müssen.

»Uns wollen sie ihre Geschichtchen nicht erzählen«, sagte Clarissa.

»*Liebe* Clarissa!« rief Mrs. Hilbery. Sie sehe heute abend, sagte sie, so sehr ihrer Mutter ähnlich, als sie die zum erstenmal sah, wie sie in einem Garten promenierte, in einem grauen Hut.

Und Clarissas Augen füllten sich wirklich mit Tränen. Ihre Mutter, in einem Garten spazierengehend! Aber leider, sie müsse weiter.

Denn dort stand Professor Brierly, der über Milton las, im Gespräch mit dem kleinen Jim Hutton (der es nicht einmal für eine Gesellschaft wie diese fertigbrachte, daß seine Binde und Weste richtig saßen und seine Haare flach lagen), und sogar aus dieser Entfernung konnte sie den beiden ansehn, daß sie einen Meinungsstreit hatten. Denn Professor Brierly war ein sehr sonderbarer Vogel. Mit all seinen akademischen Graden, Würden und Lehraufträgen zwischen sich und den Skriblern argwöhnte er sogleich eine seinem wunderlich zusammengesetzten Wesen nicht günstige Atmosphäre; seiner erstaunlichen Gelehrsamkeit und Schüchternheit; seinem frostigen Charme ohne Herzlichkeit; seiner mit Snobismus gemischten Naivität; er fipperte, wenn er durch das ungepflegte Haar einer Studentin, durch die derben Schuhe eines jungen Mannes einer, zweifellos sehr anerkennenswerten, Unterwelt von Rebellen, von glühend bestrebten jungen Leuten bewußt gemacht wurde, von Möchtegerngenies; und deutete da mit einem kleinen Zurückwerfen des Kopfs, mit einem Aufschnupfen – hmpf! – den Wert der Mäßigung an; eines einigermaßen Vertrautseins mit den Klassikern, um Milton richtig würdigen zu können. Professor Brierly (das konnte Clarissa sehn) verstand sich nicht sehr gut über Milton mit dem kleinen Jimmy Hutton (der rote Socken trug, weil seine schwarzen in der Wäsche waren). Sie unterbrach die beiden.

Sie sagte, sie liebe Bach. Auch Hutton liebte Bach. Das war das Band zwischen ihnen, und Hutton (ein sehr schlechter Dichter) hatte immer das Gefühl, Mrs. Dalloway sei bei weitem die beste der großen Damen, die ein Interesse an den Künsten bekundeten. Es war seltsam, wie genau sie alles nahm. Musik beurteilte sie völlig unpersönlich. Sie war eigentlich eine rechte Pedantin. Aber wie reizend anzusehn! Sie führte ein so nettes Haus, wenn nur ihre Professoren nicht gewesen wären.

Clarissa hatte nicht übel Lust, ihn wegzuschnappen und in dem hinteren Salon ans Klavier zu setzen. Denn er spielte gottvoll.

»Aber dieser Lärm!« sagte sie. »Dieser Lärm!«

»Das Zeichen eines gelungenen Abends.« Verbindlich lächelnd entfernte sich der Professor zierlichen Schritts.

»Er weiß alles, was es in der ganzen Welt über Milton zu wissen gibt«, sagte Clarissa.

»So, wirklich?« sagte Hutton, der den Professor überall in Hampstead imitieren würde: den Professor über Milton; den Professor über Mäßigung; den Professor, wie er sich zierlichen Schritts entfernte.

Aber sie müsse mit diesem Paar dort sprechen, sagte Clarissa, mit Lord Gayton und Nancy Blow.

Nicht, daß *die* beiden merklich zu dem Lärm der Gesellschaft beitrugen. Sie sprachen nicht (merklich), während sie nebeneinander vor dem gelben Vorhang standen. Sie würden bald anderswohin unterwegs sein; und hatten unter keinen Umständen einander sehr viel zu sagen. Sie sahen aus; das war alles. Das genügte. Sie sahen so sauber aus, so gediegen, sie mit einem Aprikosenhauch von Puder und Schminke, er aber geschrubbt und geschwemmt, mit den Augen eines Vogels, so daß kein Ball an ihm vorbei, kein Schlägerschlag ihn überraschen konnte. Er schwang, er sprang, haargenau und stets zur Stelle. Ponymäuler vibrierten am Ende seiner Zügel. Er hatte seine Ehrenmale, Gruftmonumente und Banner seiner Ahnen in der Kirche daheim. Er hatte seine Pflichten; seine Pächter; eine Mutter und Schwestern; war den ganzen Tag auf Lord's Kricketplatz gewesen, und das war's, worüber die beiden redeten – Kricket, Cousins und Cousinen, Filme – als Mrs. Dalloway zu ihnen trat. Lord Gayton hatte sie furchtbar gern; und Miss Blow auch. Sie hatte eine so bezaubernde Art.

»Es ist engelhaft – es ist entzückend von Ihnen, gekommen zu sein«, sagte sie. Sie liebte Lord's Kricketplatz; sie liebte Jugend, und Nancy, mit enormen Kosten von den größten Modekünstlern in Paris gekleidet, stand da und sah aus, als hätte ihr Körper von selbst eine grüne Berüschung hervorgetrieben.

»Ich wollte ursprünglich, daß auch getanzt werde«, sagte Clarissa.

Denn die jungen Leute verstanden sich nicht auf Konversation. Warum auch? Drauflos gelärmt, umarmt, getollt – – und mit der Sonne schon wieder auf! Ponys Zucker gebracht; die Schnauzen anbetungswürdiger Chows geküßt und liebkost; und dann, am ganzen Körper prickelnd und triefend, hineingesprungen und geschwommen! Aber die ungeheuern Quellgebiete der englischen Sprache, die Fähigkeit, die sie doch schließlich verleiht, Gefühle mitzuteilen (im Alter dieser beiden hätten sie und Peter den ganzen Abend lang debattiert), waren nichts für sie. Sie würden schon als junge Menschen gesetzt sein. Sie würden über alle Maßen gütig sein zu den Leuten auf dem Gut, aber, allein genossen, vielleicht ziemlich öde.

»Wie schade!« sagte sie. »Ich hatte gehofft, es könnte getanzt werden.«

Es war so außerordentlich nett von ihnen, gekommen zu sein! Aber an Tanzen zu denken! Die Zimmer waren gesteckt voll.

Dort war die alte Tante Helena in ihrem Schal. Leider, sie müsse sie verlassen – Lord Gayton und Nancy Blow. Dort komme die alte Miss Parry, ihre Tante.

Denn Miss Helena Parry war nicht tot: Miss Parry war am Leben. Sie war mehr als achtzig. Treppen ging sie langsam und an einem Stock hinauf. Es fand sich ein Sessel für sie (Richard hatte dafür gesorgt). Leute, die Burma in den siebziger Jahren gekannt hatten, wurden immer zu ihr geführt. Wo war Peter hingeraten? Die beiden waren so große Freunde gewesen. Denn bei der Erwähnung Indiens, oder sogar Ceylons, nahmen Miss Parrys Augen (nur das eine war aus Glas) langsam ein tieferes Blau an, erblickten nicht Menschen – sie hatte keine zärtlichen Erinnerungen, keine stolzen Illusionen über Vizekönige, Generäle, Aufstände – sondern Orchideen waren, was sie sah, und Bergpässe und sie selbst, auf dem

Rücken von Kulis in den sechziger Jahren über einsame Höhen getragen; oder heruntergestiegen, um Orchideen zu entwurzeln (erstaunliche Blüten, nie zuvor erblickte), die sie in Wasserfarben malte; eine unbezwingliche Engländerin, verdrießlich, wenn, etwa durch den Krieg, der ihr eine Bombe dicht vor die Haustür fallen ließ, aus ihren tiefen Meditationen aufgestört, über Orchideen und ihren Schemen, der in den sechziger Jahren Indien bereiste, – aber hier war Peter.

»Komm und plaudre mit Tante Helena über Burma!« sagte Clarissa.

Und dabei hatte er den ganzen Abend noch kein einziges Wort mit ihr sprechen können!

»Später wollen dann wir plaudern«, sagte Clarissa und führte ihn zu Tante Helena, die in ihrem weißen Schal mit ihrem Stock dasaß.

»Peter Walsh«, sagte Clarissa.

Das bedeutete ihr nichts.

Clarissa hatte sie eingeladen. Es war ermüdend; es war lärmend; aber Clarissa hatte sie eingeladen. Also war sie gekommen. Es war sehr schade, daß sie in London lebten – Richard und Clarissa. Wenn auch nur für Clarissas Gesundheit, wäre es viel besser gewesen, sie hätten auf dem Land gelebt. Aber Clarissa hatte immer so viel für die Gesellschaft übrig gehabt.

»Er war einmal in Burma«, sagte Clarissa.

Ah! Sie konnte nicht widerstehn zu erzählen, was Charles Darwin von ihrem kleinen Buch über die Orchideen Burmas gesagt hatte.

(Clarissa mußte mit Lady Bruton sprechen.)

Gewiß sei es jetzt vergessen, ihr Buch über die Orchideen Burmas, aber es habe drei Auflagen vor 1870 erlebt, erzählte sie Peter. Sie erinnerte sich seiner jetzt. Er war in Bourton gewesen (und er hatte sie, erinnerte sich Peter Walsh, ohne ein Wort dort im Salon verlassen an jenem Abend, als Clarissa ihn aufforderte, Bootfahren zu kommen).

»Richard hat das Lunch bei Ihnen sehr genossen«, sagte Clarissa zu Lady Bruton.

»Richard war die denkbar größte Hilfe«, antwortete Lady Bruton, »er hat mir geholfen, einen Brief zu schreiben. Und wie geht's *Ihnen*?«

»Oh, ausgezeichnet!« sagte Clarissa. (Lady Bruton war Krankheit bei Frauen von Politikern verhaßt.)

»Und da ist ja Peter Walsh!« sagte Lady Bruton (denn es fiel ihr nie etwas ein, das sie zu Clarissa sagen könnte; obgleich sie sie recht gern hatte. Sie besaß eine Menge guter Eigenschaften; aber sie hatten nichts gemein – sie und Clarissa. Es wäre vielleicht für Richard besser gewesen, er hätte eine Frau von weniger Charme geheiratet, die ihm bei seiner Arbeit mehr geholfen hätte. Er hatte sich um seine Chance gebracht, ins Kabinett zu kommen). »Da ist ja Peter Walsh!« sagte sie und reichte diesem sympathischen Sünder die Hand, diesem sehr fähigen Menschen, der sich einen Namen hätte machen sollen, es aber nicht getan hatte (immer in eine Weibergeschichte verwickelt), und, ah ja, die alte Miss Parry. Wundervolle alte Dame!

Lady Bruton trat neben Miss Parrys Sessel, ein geisterhafter Grenadier in Schwarz, und lud Peter Walsh zum Lunch ein; herzlich; sie vermochte keine nichtige Konversation zu machen, erinnerte sich an gar nichts, was die Flora und Fauna Indiens betraf. Sie war selbstverständlich dort gewesen; zu Besuch bei drei Vizekönigen; hielt einige der Zivilbeamten dort für ungewöhnlich feine Kerle; aber was für eine Tragödie – der Zustand Indiens! Der Premierminister habe ihr soeben davon gesprochen (der alten Miss Parry, unter ihrem Schal zusammengesunken, war es gleichgültig, wovon der Premierminister ihr soeben gesprochen hatte), und Lady

Bruton hätte gern Peter Walsh' Meinung gehört, da er doch frisch von mittendrin komme, und sie wolle Sir Sampson mit ihm zusammenbringen, denn es raube ihr nachts den Schlaf, wie töricht dort vorgegangen werde, wie verbrecherisch, möchte sie als Tochter eines Militärs beinahe sagen. Sie sei jetzt eine alte Frau, tauge nicht mehr viel. Aber ihr Haus, ihre Dienerschaft, ihre gute Freundin Milly Brush – erinnere er sich ihrer? – seien alle da und wünschten sich nur, daß Gebrauch von ihnen gemacht würde, wenn – kurzum, wenn sie irgendwie helfen könnten. Denn sie sprach nie von England, aber diese Insel der Männer, dies teure, teure Land, lag ihr im Blut (ohne daß sie Shakespeare las), und wenn je eine Frau den Helm tragen und den Bogen spannen, Truppen zum Angriff führen und mit unbezwinglicher Gerechtigkeit über Barbarenhorden herrschen und mit abgebrochener Nase unter einem Wappenschild in einer Kirche liegen oder einen grünen Grashügel auf einem Urwaldabhang bilden hätte können, dann war diese Frau Millicent Bruton. Durch ihr Geschlecht und auch durch einiges Schuleschwänzen von der Fähigkeit zu logischem Denken ausgeschlossen (sie war nicht imstande, einen Brief an die *Times* zu verfassen), lag ihr der Gedanke an das Empire stets nahe, und sie hatte von ihrer Gemeinschaft mit jener gewappneten Göttin ihre Ladestockhaltung, ihr kraftvolles Auftreten, so daß man sie sich nicht einmal als im Tod von der Erde getrennt oder Gebiete durchschweifend vorstellen konnte, über welchen, in was für einer vergeistigten Gestalt immer, die britische Flagge zu flattern aufgehört hatte. Nicht englisch zu sein, sogar unter den Toten – nein, nein! unmöglich!

Aber war das Lady Bruton (die sie doch gekannt hatte)? War das Peter Walsh, aber grau geworden? Das fragte sich Lady Rosseter (die gewesene Sally Seton). Ganz gewiß war es die alte Miss Parry – die alte Tante, die immer so unwirsch gewesen war, wenn sie in Bourton zu Gast war. Nie würde sie vergessen, wie sie nackt durch den Korridor gelaufen und vor Miss Parry zitiert worden war! Und Clarissa! Oh, Clarissa! Sally faßte sie am Arm.

Clarissa blieb neben ihnen stehn.

»Aber ich kann nicht bleiben«, sagte sie. »Ich komme später. Wartet!« sagte sie, Peter und Sally anblickend. Sie sollten warten, meinte sie, bis alle diese Leute gegangen wären.

»Ich komme zurück«, sagte sie, ihre alten Freunde Sally und Peter anblickend, die einander die Hand schüttelten, und Sally, die sich zweifellos der Vergangenheit erinnerte, lachte dabei.

Aber ihrer Stimme war die alte, hinreißende Klangfülle entrungen; ihre Augen leuchteten nicht mehr so wie früher einmal, als sie Zigarren rauchte, als sie durch den Korridor lief, um ihren Schwamm zu holen, ohne das geringste anzuhaben, und Ellen Atkins sagte, wenn einer der Herren ihr begegnet wär! Aber jedermann verzieh ihr. Sie stibitzte ein Huhn aus der Speisekammer, weil sie eines Nachts hungrig wurde, sie rauchte Zigarren in ihrem Schlafzimmer; sie ließ ein unbezahlbares Buch in dem Flachboot liegen. Aber alle beteten sie an (ausgenommen vielleicht Papa). Es war ihre Wärme; ihre Vitalität – sie malte, sie schriftstellerte. Alte Frauen im Dorf vergaßen bis zum heutigen Tag nie, nach »Ihrer Freundin in dem roten Mantel, die so lebfrisch zu sein schien«, zu fragen. Sie hatte Hugh Whitbread, ausgerechnet ihn, beschuldigt (und dort war er, ihr alter Freund Hugh, im Gespräch mit dem portugiesischen Botschafter), sie im Rauchzimmer geküßt zu haben, um sie dafür zu strafen, daß sie gesagt hatte, Frauen sollten das Stimmrecht haben. Nur vulgäre Männer täten das, hatte sie gesagt. Und Clarissa erinnerte sich, daß sie ihr davon abreden mußte, ihn anzuklagen, sobald sich die Familie zum Beten versammeln würde, – was zu tun sie durchaus imstande gewesen wäre mit ihrer Tollkühnheit, ihrer Unbekümmertheit, ihrer theatralischen Vorliebe dafür, immer der Mittelpunkt zu sein, Szenen zu machen, und es könne gar nicht anders enden, pflegte sich Clarissa zu denken, als in irgendeiner gräßlichen Tragödie; mit ihrem Tod; ihrem Martyrium; statt wessen sie ganz unerwartet geheiratet hatte, einen kahlköpfigen Mann mit einem sehr großen Sträußchen im Knopfloch, der, so hieß es, Baumwollwebereien in Manchester besaß. Und sie hatte fünf Buben!

Sie und Peter hatten sich nebeneinandergesetzt. Sie plauderten: es schien etwas ihr so Vertrautes zu sein – daß die beiden miteinander plauderten. Sie sprachen wohl über die Vergangenheit. Mit den beiden (sogar mehr noch als mit Richard) hatte sie ihre Vergangenheit gemein; den Garten; die Bäume; den alten Joseph Breithaupt, wie er Brahms sang ohne jede Stimme; die Tapete des Salons; den Geruch der Strohmatten. Ein Teil davon würde Sally immer sein; würde Peter immer sein. Aber sie mußte die zwei verlassen. Dort waren diese Bradshaws, die sie nicht leiden konnte.

Sie mußte zu Lady Bradshaw hingehn (die dort in Grau und Silber, wie eine Seelöwin auf dem Rand ihres Bassins, balancierte und um Einladungen bellte, um Herzoginnen, die typische Gattin des erfolgreichen Mannes), sie mußte zu Lady Bradshaw hingehn und sagen...

Aber Lady Bradshaw kam ihr zuvor.

»Wir haben uns entsetzlich verspätet, meine liebe Mrs. Dalloway; wir getrauten uns kaum herein«, sagte sie.

Und Sir William, der sehr distinguiert aussah mit seinem Grauhaar und seinen blauen Augen, sagte ja, aber sie seien nicht imstande gewesen, der Versuchung zu widerstehn. Er sprach mit Richard, wahrscheinlich über diese Gesetzesvorlage, die sie im Unterhaus durchbringen wollten. Warum zog sich bei seinem Anblick, wie er so mit Richard sprach, alles in ihr zusammen? Er sah ganz danach aus, was er war: ein großer Arzt. Ein Mann ganz an der Spitze in seinem Beruf, sehr kraftvoll, aber ziemlich abgerackert. Man brauchte sich nur vorzustellen, was für Fälle ihm unterkamen – Leute im allertiefsten Elend; Leute auf der Schwelle des Wahnsinns; Ehemänner und Ehefrauen. Er mußte Fragen von entsetzlicher Schwierigkeit entscheiden. Dennoch – was sie empfand, war, daß man, wenn man unglücklich wäre, nicht gern Sir William vor die Augen käme. Nein, nicht diesem Menschen.

»Wie geht es Ihrem Sohn in Eton?« fragte sie Lady Bradshaw.

Er habe es gerade verpaßt, in die Elfermannschaft zu kommen, sagte Lady Bradshaw, weil er Mumps gehabt habe. Seinem Vater gehe das sogar noch näher als ihm, glaube sie, »denn«, sagte sie, »er ist selber nichts andres als ein großer Junge«.

Clarissa blickte auf Sir William, wie er mit Richard sprach. Er sah nicht aus wie ein Junge, nicht im geringsten wie ein Junge.

Sie hatte einmal jemand zu ihm begleitet, seinen Rat einzuholen. Er hatte durchaus recht gehabt; war äußerst vernünftig gewesen. Aber, Himmel! – was für eine Erlösung, wieder auf der Straße draußen zu sein! Irgend so ein armer Teufel hatte dort im Wartezimmer gesessen und geschluchzt, erinnerte sie sich. Aber sie wußte nicht recht, was es eigentlich war an Sir William; nicht genau, was sie an ihm nicht leiden konnte. Nur – Richard stimmte ihr bei, »mochte seinen Geschmack nicht, mochte seinen Geruch nicht«. Aber er war ein außerordentlich fähiger Mann. Sie redeten über diese Gesetzesvorlage. Sir William erwähnte irgendeinen Fall, dämpfte die Stimme dabei, der klar beweise, was er soeben über die verzögerte Wirkung von Explosionsschock gesagt habe. Dafür müsse in der Gesetzesvorlage Vorsorge getroffen werden.

Die Stimme senkend und Mrs. Dalloway in den Schutz einer gemeinsamen Weiblichkeit ziehend, eines gemeinsamen Stolzseins auf die glänzenden Fähigkeiten berühmter Ehemänner und ihre betrübliche Neigung, sich zu überarbeiten, murmelte Lady Bradshaw (arme dumme Gans – man hatte nicht einmal etwas gegen sie!): »Grade als wir weggehn wollten, wurde mein Mann am Telephon verlangt. Ein sehr trauriger Fall. Ein junger Mann (das erzählt Sir William eben Mr. Dalloway) hatte sich umgebracht. Er war im Feld gewesen.« Oh! dachte Clarissa, mitten in meiner Gesellschaft, da ist der Tod! dachte sie.

Sie ging weiter, in das kleine Zimmer, in das der Premierminister mit Lady Bruton gegangen war. Vielleicht war dort jemand. Aber niemand war da. Die Lehnstühle bewahrten noch den Eindruck des Premierministers und Lady Brutons; sie ergeben ihm zugewendet, er vierkant dasitzend, autoritativ dasitzend. Sie hatten über Indien gesprochen. Nun war niemand da. Der Glanz ihrer Gesellschaft erstarb, so befremdlich war es, allein hier hereinzukommen, in ihrem Putz.

Was fiel den Bradshaws nur ein, vom Tod zu reden auf ihrer Gesellschaft? Ein junger Mann hatte sich umgebracht, und sie redeten davon auf ihrer Gesellschaft. Die Bradshaws redeten vom Tod. Er hatte sich umgebracht – aber wie? Immer machte ihr Körper es mit durch, wenn ihr zum erstenmal, plötzlich, von einem Unglücksfall erzählt wurde; ihr Kleid flammte; ihr Körper brannte. Er hatte sich aus dem Fenster gestürzt. Der Boden war heraufgerast gekommen; in ihn, den jungen Mann, bohrten sich blindlings, brutal die rostigen Geländerspitzen. Da lag er, ein dumpfes Hämmern im Hirn, und dann ein Ersticken in Schwärze. So sah sie es.

Aber warum hatte er es getan? Und die Bradshaws redeten davon hier auf ihrer Gesellschaft!

Sie hatte einmal einen Schilling in den Serpentine-Teich geworfen; nie mehr als das. Aber er hatte es weggeworfen. Sie alle lebten weiter (sie würde zurückgehn müssen; die Zimmer waren noch immer gedrängt voll; noch immer kamen Leute). Sie alle (den ganzen Tag hatte sie an Bourton gedacht, an Peter, an Sally) würden alt werden. Es gab etwas, worauf es ankam; etwas in ihrem eigenen Leben von Geschwätz Umwuchertes, Entstelltes, Verdunkeltes, täglich in Verderbtheit, Lügen, Geschwätz, Fallengelassenes. Das hatte er sich bewahrt. Der Tod war ein Trotzbieten. Der Tod war ein Versuch, sich mitzuteilen, zu vereinen, weil Menschen die Unmöglichkeit fühlten, den Mittelpunkt zu erreichen, der sich ihnen auf geheimnisvolle Weise entzog; Nahsein wurde zu Trennung; Wonne verging; man war allein. Im Tod war Umarmung.

Aber dieser junge Mann, der sich umgebracht hatte, – hatte er sich, seinen Schatz festhaltend, hineingestürzt? »Und gälte es jetzt zu sterben, jetzt wär's mir höchste Wonne«, hatte sie sich einmal gesagt, als sie, ganz in Weiß, die Treppe hinunterging.

Oder die Dichter und Denker. Angenommen, er hatte diese Leidenschaft gehabt und war zu Sir William Bradshaw gegangen, einem großen Arzt, doch für sie auf dunkle Weise böse, ohne Geschlecht oder Lust, äußerst zuvorkommend zu Frauen, aber irgendeines unbeschreiblichen Frevels fähig – deine Seele zu zwingen, das war es – wenn dieser junge Mann zu ihm gegangen war und Sir William, auf diese Weise, ihn mit seiner Macht eingeschüchtert hatte, mochte er sich da nicht vielleicht gesagt haben, das Leben (ja, sie empfand das nun) sei unerträglich gemacht worden; sie machten einem das Leben unerträglich, solche Männer?

Und dann (sie selbst hatte sie erst heute morgen empfunden) diese schreckliche Angst; diese überwältigende Unfähigkeit, da die Eltern es einem in die Hände gelegt haben, dieses Leben zu Ende zu leben, heiteren Gemüts mit ihm einherzugehn; in der Tiefe ihres Herzens lauerte eine entsetzliche Angst. Sogar jetzt noch und sehr oft, wenn Richard, die *Times* lesend, nicht dagewesen wäre, so daß sie wie ein kauernder Vogel sich allmählich beleben, dieses unermeßliche Entzücken sausend emporschlagen lassen konnte, Holz an Holz, ein Ding am andern, reibend, hätte sie zugrunde gehn müssen. Sie war davongekommen. Doch dieser junge Mann hatte sich umgebracht.

Irgendwie war es ihr eigenes Unheil – ihre eigene Schmach. Es war ihre Strafe, da einen Mann, dort eine Frau in diese tiefe Finsternis versinken und verschwinden zu sehen und gezwungen zu sein, hier in ihrem Abendkleid zu stehn. Sie hatte Ränke geschmiedet; sie hatte geplündert. Sie war nie völlig untadelig. Sie hatte Erfolg haben, wie Lady Bexborough sein wollen und was noch alles. Und einst war sie auf der Terrasse von Bourton auf und ab gegangen.

Verwunderlich, unglaublich; sie war nie wieder so glücklich gewesen wie damals. Nichts konnte langsam genug sein; nichts zu lange dauern. Und kein Genuß konnte dem gleichkommen, dachte sie, die Sessel zurechtrückend, ein vorstehendes Buch ins Regal hineinschiebend, die Triumphe der Jugend abgetan zu haben, sich im Vorgang des Lebens verloren zu haben, und es mit einem Schock von Entzücken wiederzufinden, wenn die Sonne aufging, die Abenddämmerung herabsank. Viele Male war sie in Bourton, während die andern alle plauderten, weggegangen, um einen Blick auf den Himmel zu werfen; oder hatte ihn beim Abendessen zwischen den Schultern der Leute angeblickt; hatte in London zu ihm aufgesehn, wenn sie nicht schlafen konnte. Sie trat ans Fenster.

Er enthielt, so närrisch der Gedanke war, etwas von ihr

selbst, dieser Landhimmel, dieser Himmel über Westminster. Sie schob die Vorhänge auseinander; sie blickte hinaus. Oh, aber wie überraschend! – in dem Zimmer gegenüber sah die alte Dame geradeaus zu ihr her! Sie ging soeben zu Bett. Und der Himmel! Es werde ein feierlicher Himmel sein, hatte sie gedacht; es werde ein dunkler Himmel sein, der seine Wange in Schönheit abwendete. Aber da war er nun aschgrau, von riesigen langgezogenen Wolken überlaufen. Er war ihr neu. Ein Wind mußte sich erhoben haben. Sie ging zu Bett, die Frau in dem Zimmer gegenüber. Es war fesselnd, sie zu beobachten, wie sie sich umherbewegte, die alte Dame; durchs Zimmer ging, ans Fenster kam. Konnte sie sie sehn? Es war fesselnd, während die Leute im Salon noch lachten und laut redeten, diese alte Frau zu beobachten, wie sie ganz still und allein zu Bett ging. Jetzt zog sie die Rollgardine herab. Die Uhr begann zu schlagen. Der junge Mann hatte sich umgebracht, aber sie bemitleidete ihn nicht; wie da die Stunde schlug, eins, zwei, drei, bemitleidete sie ihn nicht, während all das fortdauerte. Da! Die alte Dame hatte ihre Lampe gelöscht! Das ganze Haus war nun dunkel, während all das fortdauerte, dachte sie abermals, und wieder fielen ihr die Worte ein: Fürchte nicht mehr Sonnenglut. Sie mußte zu ihren Gästen zurück. Aber was für eine außerordentliche Nacht! Sie hatte irgendwie das Gefühl, ihm sehr ähnlich zu sein – dem jungen Mann, der sich umgebracht hatte. Sie war froh, daß er es getan hatte; es weggeworfen hatte, während sie alle das Leben weiterlebten. Die Uhr schlug. Die bleiernen Ringe zergingen in der Luft. Aber sie mußte zurück. Sie mußte ihre Gäste um sich sammeln. Sie mußte Sally und Peter suchen. Und sie ging aus dem kleinen Zimmer in den Salon.

»Aber wo bleibt Clarissa?« fragte Peter. Er saß mit Sally auf dem Sofa. (Nach all den vielen Jahren konnte er sie wirklich nicht »Lady Rosseter« nennen.) »Wo ist diese Frau nur hin?« fragte er. »Wo bleibt Clarissa?«

Sally vermutete, und auch Peter vermutete es, daß bedeutende Leute unter den Gästen waren, Politiker, die keins von ihnen beiden anders als aus den Illustrierten kannte, zu denen Clarissa nett sein, mit denen sich Clarissa abgeben mußte. Mit denen war sie beisammen. Und doch war Richard Dalloway nicht im Kabinett. Er war auch kein erfolgreicher Mann, vermutete Sally. Sie selbst lese allerdings fast nie Zeitungen. Manchmal sehe sie seinen Namen erwähnt. Aber schließlich – nun ja, sie lebe ein sehr zurückgezogenes Leben, in der Wildnis, würde Clarissa sagen, unter großen Kaufleuten, großen Fabrikanten, Männern kurzum, die etwas taten. Auch sie hatte etwas getan!

»Ich habe fünf Söhne!« sagte sie ihm.

Du lieber Gott, welche Verwandlung über sie gekommen war! Die Sanftheit der Mutterschaft; auch deren Egoismus. Letztmals hatten sie einander, erinnerte er sich, zwischen den Blumenkohlköpfen gesehen, im Mondschein, die Blätter seien »wie rauhe Bronze«, hatte sie gesagt mit ihrem Hang zum Literarischen; und sie hatte eine Rose abgepflückt. Sie hatte ihn neben ihr auf und ab marschieren lassen, in jener entsetzlichen Nacht nach der Szene bei dem Springbrunnen; er sollte den Mitternachtszug nehmen. Himmel, wie er geweint hatte!

Das war sein alter Trick, sein Taschenmesser zu öffnen, dachte Sally; immer, wenn er in große Erregung geriet, sein Taschenmesser auf- und zuzuklappen. Sie waren sehr vertraut miteinander gewesen, sie und Peter, als er in Clarissa verliebt war. Und es hatte da diese gräßliche, lächerliche Szene beim Lunch gegeben, Richard Dalloways wegen. Sie hatte Richard »Wickham« genannt. Warum Richard nicht Wickham nennen? Clarissa war aufgebraust, und tatsächlich hatten sie einander seither nicht öfter gesehn, sie und Clarissa, als vielleicht höchstens ein halbes dutzendmal in den letzten zehn Jahren. Und Peter Walsh war nach Indien weg, und sie hatte nur ungefähr gehört, daß er unglücklich verheiratet sei, und sie wußte nicht, ob er Kinder habe, und sie konnte ihn nicht fragen, denn er hatte sich verändert. Er sah ziemlich eingegangen aus, aber er war freundlicher, fühlte sie. Und sie hegte eine wirkliche Zuneigung zu ihm, denn er war mit ihrer Jugend verknüpft, und sie besaß noch immer einen kleinen Band Emily Brontë, den er ihr geschenkt hatte, und ganz gewiß, er hatte doch selber schreiben wollen? Damals, in jener Zeit, wollte er Schriftsteller werden.

»Hast du etwas geschrieben?« fragte sie ihn und spreizte die Hand, ihre feste und wohlgeformte Hand, auf ihrem Knie auf eine Art, deren er sich erinnerte.

»Kein einziges Wort«, sagte Peter Walsh, und sie lachte.

Sie war noch immer anziehend, noch immer eine Persönlichkeit, Sally Seton. Aber wer war dieser Rosseter? Er trug zwei Kamelien im Knopfloch an seinem Hochzeitstag – das war alles, was Peter von ihm wußte. »Sie haben Myriaden von Dienerschaft und Meilen von Glashäusern«, hatte Clarissa geschrieben, oder etwas dergleichen. Sally gab es mit einem lauten Auflachen zu.

»Ja, ich hab' zehntausend im Jahr.« Ob vor Abzug der Steuer oder nach, dessen könne sie sich nicht erinnern, denn ihr Mann, »den du kennenlernen mußt«, sagte sie, »der dir gefallen wird«, sagte sie, besorge das alles für sie.

Und Sally pflegte in Fetzen umherzugehn! Sie hatte den Ring ihres Urgroßvaters versetzt, den Marie Antoinette ihm geschenkt hatte, ihn versetzt – erinnere er sich recht? – um nach Bourton zu kommen.

O ja, Sally erinnerte sich; sie habe ihn noch immer, einen Rubinring, den Marie Antoinette ihrem Urgroßvater geschenkt hatte. Sie habe nie auch nur einen Penny besessen, damals, und nach Bourton zu fahren, bedeutete immer irgendein schreckliches Knapsen. Aber nach Bourton zu fahren habe ihr so viel bedeutet – habe sie bei gesundem Verstand erhalten, glaube sie, so unglücklich sei sie daheim gewesen. Aber das seien längstvergangene Dinge – alle längst vorbei, sagte sie. Und Mr. Parry sei tot; und Miss Parry noch immer am Leben. Noch nie habe er einen solchen Schock gehabt! sagte Peter. Er sei ganz sicher gewesen, sie sei tot. Und die Ehe sei doch eine gute Ehe? vermutete Sally. Und diese sehr ansehnliche, sehr selbstbeherrschte junge Person sei also Elizabeth, dort drüben bei dem Vorhang, die in Rot.

(Wie eine Pappel, wie ein Fluß, wie eine Hyazinthe, dachte Willie Titcomb. Oh, wieviel schöner, auf dem Land zu sein und zu tun, was ihr gefiel! Sie konnte ihren armen Hund heulen hören, davon war Elizabeth überzeugt.) Sie sei Clarissa ganz und gar nicht ähnlich, sagte Peter Walsh.

»Oh, Clarissa!« sagte Sally.

Was Sally empfand, war einfach dies. Sie verdanke Clarissa ungeheuer viel. Sie seien Freundinnen gewesen, nicht Bekannte, Freundinnen, und sie sehe noch immer Clarissa ganz in Weiß im Haus umhergehn, die Hände voller Blumen – bis zum heutigen Tag ließen Tabakblüten sie immer an Bourton denken. Aber – verstehe Peter das? – es fehle ihr etwas. Es fehle ihr – was nur? Sie besitze Charme; sie besitze außerordentlichen Charme. Aber, um aufrichtig zu sein (und sie fühle, Peter sei ein alter Freund, ein wirklicher Freund – komme es auf Abwesenheit an? Mache Entfernung etwas aus? Sie habe ihm oft schreiben wollen, aber den Brief zerrissen, und fühle dennoch, er verstehe, denn Leute verstünden, ohne daß Dinge gesagt würden; wie man begreife, daß man alt werde. Und alt sei sie; sei diesen Nachmittag in Eton ihre Söhne besuchen gewesen, die dort Mumps hätten), um ganz aufrichtig zu sein, wie könne Clarissa das getan haben –

Richard Dalloway heiraten? Einen Sportsmann, der nur für Hunde etwas übrig habe. Buchstäblich, wenn er ins Zimmer hereinkomme, rieche er nach Pferdestall. Und dann dies alles hier? Sie schwenkte die Hand.

Hugh Whitbread, er war es, der da in seiner weißen Weste vorbeischlenderte; dick und blöd und blind über alles hinaus sah er aus, ausgenommen Selbstschätzung und Bequemlichkeit.

»Uns wird er nicht erkennen«, sagte Sally und, sie habe wirklich nicht den Mut – also das sei Hugh? Der untadelige Hugh!

»Und was tut er denn?« fragte sie Peter.

Er wichse des Königs Stiefel oder zähle die Flaschen im Weinkeller von Windsor, sagte ihr Peter. Peter besaß noch immer seine scharfe Zunge! Aber Sally müsse wirklich aufrichtig sein, sagte Peter. Dieser Kuß damals, den Hugh...

Auf den Mund, beteuerte sie ihm. Im Rauchzimmer, eines Abends. Sie sei geradeswegs zu Clarissa gegangen in ihrer Wut. Hugh tue so etwas nicht! habe Clarissa gesagt, der untadelige Hugh! Hughs Socken seien ausnahmslos die schönsten gewesen, die sie je gesehn habe – und nun sein Frackanzug. Vollkommen! Und habe er Kinder?

»Jedermann hier im Zimmer hat sechs Söhne in Eton«, sagte ihr Peter, ausgenommen er selbst. Er, Gott sei Dank, habe keine. Keine Söhne, keine Töchter, keine Frau. Na, er scheine sich nichts daraus zu machen, sagte Sally. Er sieht jünger aus, dachte sie, als irgendeiner von den andern.

Aber es sei doch eine Dummheit gewesen, in vieler Hinsicht, sagte Peter, so zu heiraten; »eine rechte Gans war sie, aber«, sagte er, »wir hatten dabei herrliche Zeiten.« Wie war das aber möglich? fragte sich Sally; was meinte er nur? Und wie sonderbar, ihn zu kennen, und doch von gar nichts zu wissen, was er erlebt hatte. Und sagte er das aus Stolz? Sehr wahrscheinlich, denn es mußte schließlich verbitternd für ihn sein (obgleich er ein wunderlicher Mensch war, eine Art von Kobold, durchaus nicht ein gewöhnlicher Mensch), es mußte einsam sein, in seinem Alter kein Heim zu haben, nirgends, wo er hingehn konnte. Aber er müsse zu ihnen kommen und wochenlang bleiben. Natürlich wolle er das; er würde schrecklich gern eine Weile bei ihnen sein, und auf diese Weise kam es heraus. Während all dieser Jahre waren die Dalloways kein einziges Mal bei ihnen gewesen. Immer wieder hätten sie sie aufgefordert. Clarissa (denn natürlich sei es Clarissa gewesen) habe einfach nicht kommen wollen. Denn, sagte Sally, Clarissa sei im Herzen ein Snob – man müsse es zugeben, ein Snob. Und das sei es, was zwischen ihnen stehe, davon sei sie überzeugt. Clarissa glaube, sie habe unter ihrem Stand geheiratet, denn ihr Mann sei – und sie sei stolz darauf – der Sohn eines Bergarbeiters. Jeden Penny, den sie besäßen, habe er sich selber verdient. Als kleiner Junge (ihre Stimme bebte) habe er riesige Säcke geschleppt.

(Und so würde sie weiterreden, fühlte Peter, Stunde auf Stunde; der Sohn des Bergarbeiters; die Leute glaubten, sie habe unter ihrem Stand geheiratet; ihre fünf Söhne; und was war das andre – Pflanzen, Hortensien, Flieder, sehr, sehr seltene Hibiskuslilien, die nie nördlich des Suezkanals blühten, aber sie, mit einem einzigen Gärtner in einer Vorstadt von Manchester, hatte ganze Beete von ihnen – buchstäblich ganze Beete. Also alldem war Clarissa entgangen, unmütterlich wie sie war.)

Ein Snob sei sie? Ja, auf vielerlei Weise. Wo stecke sie nur die ganze Zeit? Es werde spät.

»Und doch«, sagte Sally, »als ich hörte, Clarissa gibt eine Gesellschaft, fühlte ich, ich kann einfach nicht *nicht* kommen – muß sie wiedersehn (und ich wohne in der Victoria Street, so gut wie Tür an Tür). Also kam ich einfach ohne eine Einladung. Aber«, flüsterte sie, »sag mir, ich bitte dich, wer ist das?«

Es war Mrs. Hilbery, die den Ausgang suchte. Denn wie spät es schon werde! Und, murmelte sie, wenn es schon spät in der Nacht sei und die Leute bereits gingen, dann finde man alte Freunde; stille Winkel und Eckchen; und die wundervollsten Ausblicke. Wüßten sie, fragte sie, daß sie von einem Zaubergarten umgeben seien? Lichter und Bäume und wundervolle schimmernde Teiche und der Himmel. Einfach ein paar bunte Lampen im Hintergarten, habe Clarissa gesagt. Aber sie sei eine Zauberin! Es sei ein Park... Und sie wisse ihre Namen nicht, aber sie seien gewiß Freunde, das wisse sie, Freunde ohne Namen, Lieder ohne Worte, die seien immer die besten. Aber es gebe hier so viele Türen, so unerwartete Räume, sie könne den Weg nicht finden.

»Die alte Mrs. Hilbery!« sagte Peter. Aber wer sei das dort? Die Dame, die den ganzen Abend stumm neben dem Vorhang stehe? Er kenne ihr Gesicht, bringe sie mit Bourton in Verbindung. Ganz gewiß, sie pflegte Wäschestücke zuzuschneiden, an dem großen Tisch beim Fenster, nicht? Davidson, heiße sie nicht so?

»Oh, das ist Ellie Henderson«, sagte Sally. Clarissa sei wirklich sehr hart gegen sie. Eine Cousine, sehr arm. Clarissa *sei* hart mit Leuten.

Das könne sie wohl, sagte Peter. Und doch, sagte Sally auf ihre überschwengliche Art, mit einem Ansturm dieser Begeisterung, die Peter an ihr zu lieben pflegte, aber jetzt ein wenig fürchtete, so redselig könnte sie werden, – wie großherzig Clarissa zu ihren Freunden sei! Und wie selten man diese Eigenschaft finde und wie sie manchmal nachts oder am Weihnachtstag, wenn sie sich alles, womit sie gesegnet sei, vorzähle, diese Freundschaft an die erste Stelle setze. Sie seien damals jung gewesen, das sei es; und daß Clarissa ein lauteres Herz habe. Er werde sie für sentimental halten. Und das sei sie. Denn sie sei dahin gelangt, das Gefühl zu haben, es sei das einzige, was des Sagens wert wäre – das, was man fühle. Gescheitheit sei dumm. Man müsse einfach sagen, was man fühle.

»Aber ich weiß nicht«, sagte Peter Walsh, »was ich fühle.«

Armer Peter! dachte Sally. Warum kam Clarissa nicht und redete mit ihnen? Danach sehnte er sich. Sie wußte es. Die ganze Zeit dachte er nur an Clarissa und spielte mit seinem Taschenmesser.

Er habe das Leben nicht so einfach gefunden, sagte Peter. Sein Verhältnis zu Clarissa sei nicht einfach gewesen. Das habe ihm sein Leben verdorben, sagte er. (Sie waren so vertraut miteinander gewesen – er und Sally Seton. Es war lächerlich, es nicht zu sagen.) Man könne nicht zweimal lieben, sagte er. Und was konnte sie da antworten? Immerhin, es sei besser, geliebt zu haben (aber er würde sie für sentimental halten – er war immer so streng gewesen). Er müsse auf einen langen Besuch zu ihnen nach Manchester kommen. Das sei alles wahr, sagte er, alles sehr wahr. Er werde sehr gern kommen und einige Zeit bei ihnen bleiben, sobald er in London erledigt hätte, was er zu erledigen habe.

Und Clarissa habe mehr für ihn übriggehabt als je für Richard, dessen war Sally ganz sicher.

»Nein, nein, nein!« widersprach Peter (Sally hätte das nicht sagen sollen – sie ging zu weit). Dieser gute Kerl – dort stand er, am andern Ende des Zimmers, und dozierte, so wie immer, der gute alte Richard. Mit wem spreche er dort? fragte Sally. Wer sei dieser sehr distinguiert aussehende Mann? Wenn man in der Wildnis lebe, so wie sie, habe man eine unersättliche Neugier, zu wissen, wer Leute seien. Aber Peter hatte keine Ahnung. Ihm gefalle sein Aussehn nicht, sagte er. Wahrscheinlich ein Kabinettsminister. Von allen denen scheine ihm Richard der beste zu sein – der uneigennützigste.

»Aber was hat er geleistet?« fragte Sally. Arbeit für die Allgemeinheit, vermutete sie. Und seien sie glücklich miteinander? fragte Sally (sie selbst sei außerordentlich glücklich); denn, gab sie zu, sie wisse gar nichts über die beiden; ziehe nur übereilte Schlüsse, wie man das so tue. Denn was könne man schon sogar von Leuten wissen, mit denen man alle Tage lebe? fragte sie. Seien wir nicht alle Gefangene? Sie habe ein wundervolles Stück gelesen, über einen Mann, der an der Wand seiner Zelle kratzte, und sie habe gefühlt, daß das lebenswahr sei. Man kratze an der Wand. An menschlichen Beziehungen verzweifelnd (Leute seien so schwierig), gehe sie oft in den Garten und hole sich bei ihren Blumen einen Frieden, den Menschen ihr nie gäben. Nein, nein; er möge Kohlköpfe nicht; er ziehe Menschen vor, sagte Peter. Allerdings, die jungen seien schön, sagte Sally, während sie beobachtete, wie Elizabeth durchs Zimmer ging. Wie unähnlich Clarissa, als die in ihrem Alter gewesen sei! Könne er aus ihr klug werden? Sie öffne nie den Mund. Nicht sehr klug, noch nicht, gab Peter zu. Sie sei wie eine Lilie, sagte Sally, eine Lilie am Rand eines Teichs. Doch Peter stimmte ihr nicht bei, daß wir nichts wüßten. Wir wüßten alles, sagte er; zumindest er.

Aber diese zwei, flüsterte Sally, diese zwei, die nun gingen (und sie selbst müsse nun wirklich gehn, wenn Clarissa nicht bald komme), dieser distinguiert aussehende Mann und seine ziemlich gewöhnlich aussehende Frau, die mit Richard gesprochen hatten – was könne man von Leuten wie diesen wissen?

»Daß sie verdammte Schwindler sind«, sagte Peter und sah ihnen gleichgültig nach. Er brachte Sally zum Lachen.

Aber Sir William Bradshaw blieb an der Tür stehn, um sich ein Bild anzusehen. Er suchte in der Ecke nach dem Namen des Stechers. Auch seine Frau sah hin. Sir William Bradshaw interessierte sich sosehr für Kunst.

Wenn man jung sei, sagte Peter, sei man zu unruhig, um Menschen wirklich zu kennen. Nun, da man alt sei, zweiundfünfzig, um genau zu sein (Sally war fünfundfünfzig, körperlich, sagte sie, aber ihr Herz sei jung wie das einer Zwanzigjährigen), nun da man reif sei also, sagte Peter, vermöge man zu beobachten, vermöge man zu verstehn. Und man verliere die Fähigkeit zu fühlen nicht, sagte er. Ja, das sei wahr, sagte Sally. Sie fühle mit jedem Jahr tiefer, leidenschaftlicher. Es steigere sich, sagte er, leider, vielleicht. Aber man solle sich darüber freuen – nach seiner Erfahrung steigere es sich. Es gebe da jemand in Indien. Er würde Sally gern von ihr erzählen. Es wäre ihm lieb, Sally würde sie kennen. Sie sei verheiratet, sagte er; habe zwei kleine Kinder. Sie müßten alle nach Manchester kommen, sagte Sally. Er müsse es ihr versprechen, bevor sie weggingen.

»Elizabeth zum Beispiel«, sagte er. »Sie fühlt nicht die Hälfte dessen, was wir fühlen, noch nicht.« – »Aber«, sagte Sally und beobachtete, wie Elizabeth auf ihren Vater zuging, »man kann sehen, die beiden hängen sehr aneinander.« Sie merke das an der Art, wie Elizabeth auf ihren Vater zugehe.

Denn ihr Vater hatte zu ihr hingesehn, während er bei den Bradshaws stand und mit ihnen sprach, und er hatte sich gefragt, wer ist dieses liebliche Mädchen? Und plötzlich hatte er begriffen, daß es seine Elizabeth war. Und er hatte sie nicht erkannt. Sie sah so lieblich aus in dem rosa Kleid! Elizabeth hatte gespürt, daß er sie ansah, während sie mit Willie Titcomb redete. Darum ging sie zu ihm hin, und sie standen beieinander, nun, da die Gesellschaft fast vorbei war, und sahen zu, wie die Leute weggingen und die Zimmer immer leerer wurden und Dinge auf dem Fußboden umherlagen. Sogar Ellie Henderson ging nun, und fast als allerletzte, obgleich niemand mit ihr gesprochen hatte, aber sie hatte alles bis zu Ende sehen wollen, um es Edith erzählen zu können. Und

Richard und Elizabeth waren recht froh, daß es vorbei war, aber Richard war stolz auf seine Tochter. Und er hatte es ihr nicht sagen wollen, doch er konnte sich nicht zurückhalten. Er habe sie angesehn, sagte er, und habe sich gefragt, wer das liebliche Mädchen sei, und es sei seine Tochter gewesen! Das machte sie sehr glücklich. Aber ihr armer Hund heulte.

»Richard hat sich sehr zum Vorteil verändert. Du hast recht«, sagte Sally. »Ich werde hingehn und mit ihm reden. Ich werde Gutenacht sagen. Was ist das Hirn«, sagte Lady Rosseter aufstehend, »gegen das Herz!«

»Ich komme auch«, sagte Peter, aber er blieb noch für einen Augenblick sitzen. Was ist dieses Erschrecken? Was ist dieses Entzücken? dachte er. Was ist es, das mich mit solcher außerordentlichen Erregung erfüllt?

Es ist Clarissa, sagte er sich.

Denn da war sie.